“十二五”国家重点图书出版规划项目

综合客运枢纽规划建设

政策理论与实践探索

交通运输部规划研究院课题组　编著

内容提要

本书以我国综合客运枢纽的建设发展实践为基础，总结国内外在综合客运枢纽规划、建设与政策研究过程中探索形成的经验，针对当前我国综合客运枢纽的布局规划以及综合客运枢纽项目建设发展中面临的诸多问题，提出了有关综合客运枢纽规划建设与管理的基本理念、基本原则、理论方法、政策体系等，为综合客运枢纽的健康可持续发展提供技术参考。

本书可供从事综合客运枢纽规划设计、政策研究的专业人员参考使用，也可供行业管理、教学培训等相关工作人员参考阅读。

图书在版编目(CIP)数据

综合客运枢纽规划建设政策理论与实践探索 / 交通运输部规划研究院课题组编著．—北京：人民交通出版社股份有限公司，2017.5

ISBN 978-7-114-13321-3

Ⅰ.①综… Ⅱ.①交… Ⅲ.①客运站—枢纽站—建设—中国 Ⅳ.①U115

中国版本图书馆 CIP 数据核字(2016)第 219191 号

书　　名：综合客运枢纽规划建设政策理论与实践探索
著 作 者：交通运输部规划研究院课题组
责任编辑：杨丽改　姚　旭
文字编辑：张　洁
出版发行：人民交通出版社股份有限公司
地　　址：(100011)北京市朝阳区安定门外外馆斜街 3 号
网　　址：http://www.ccpress.com.cn
销售电话：(010)59757973
总 经 销：人民交通出版社股份有限公司发行部
经　　销：各地新华书店
印　　刷：北京鑫正大印刷有限公司
开　　本：720×960　1/16
印　　张：14
字　　数：220 千
版　　次：2017 年 5 月　第 1 版
印　　次：2017 年 5 月　第 1 次印刷
书　　号：ISBN 978-7-114-13321-3
定　　价：60.00 元

编审委员会
Bianshen Weiyuanhui

主编单位： 交通运输部规划研究院

主　　编： 金敬东　李鹏林

副 主 编： 张立彬

主　　审： 王压帝

编写人员： 李鹏林　金敬东　王压帝　张立彬　朱苍晖　陈宇毅　何　明　赵　凛　李　悦　孔　哲　李绪龙　张晓光　刘　晨　崔　愿　刘　影　朱　超　李　伟　李　可　陈　璟　胡贵麟　林奇东　马衍军　邓小兵　马　明　杨　伯　杨　霞

前言

目前，我国正处于全面建成小康社会的决胜阶段。为进一步提高经济运行质量和效率，满足经济社会日益增长的多层次、个性化、高品质运输需求，交通运输行业必须加快推进供给侧结构性改革，转变发展方式，充分发挥综合交通运输的整体优势和组合效率，着力构建安全、便捷、高效、绿色的综合运输体系。

推进综合交通运输体系建设，重点在于加强各类交通运输方式的衔接和运输组织的协调，使各种交通运输方式之间、城际交通与城市交通之间实现物理和逻辑上的紧密衔接，实现交通运输全方位、全过程的无缝化。综合客运枢纽作为综合交通运输体系的重要组成部分，是各种交通运输方式及城市交通间实现高效衔接的关键环节。推进综合客运枢纽的建设，是整合各种运输资源、构建现代综合交通运输体系、提升客运服务品质和效率、体现交通发展“以人为本”的重要举措。加快综合客运枢纽建设，对于促进多种交通运输方式高效衔接、方便旅客出行和换乘、优化城市交通结构均具有重要的意义。

在我国综合交通运输管理体制尚未完全改革到位的背景下，交通运输部针对长期以来我国各运输方式客运站场各自为政、独立建设、互不衔接的现象与问题，在“十二五”期间采取了以中央车购税资金对综合客运枢纽相关设施进行补助的激励政策，加快推进综合客运枢纽建设。为有效指导综合客运枢纽的规划与管理工作，交通运输部通过开展《综合客运枢纽工可编制指南》《综合客运枢纽设计指南》等课题研究，实施《“十二五”综合客运枢纽建设规划》,印发《综合客运枢纽投资补助项目管理办法》,制定《综合客运枢纽术语》《综合客运枢纽通用要求》系列标准等,有效地指导了我国综合客运枢纽的科学发展。

综合交通运输管理体制的融合是一个循序渐进的过程,综合客运枢纽的规划建设理论也是一个不断总结探索、创新提高的渐进过程。“十三五”期仍是我国促进各种运输方式衔接的关键时期和推进综合客运枢纽建设的战略机遇期。及时总结我国综合客运枢纽规划建设发展经验,结合我国对综合客运枢纽规划与管理工作的实践探索,逐步建立和完善适合我国国情的综合客运枢纽规划建设理论与协调管理机制,对推进综合客运枢纽规划与管理工作,具有重要的参考价值。

本书主要内容是在交通运输部委托开展的《综合客运枢纽布局规划理论与建设实践研究》《“十三五”期综合客运枢纽政策研究》等技术课题研究成果的基础上提炼而成,补充了部分综合客运枢纽规划设计案例。本书是在我国综合交通运输管理体制机制环境逐步改善的背景下,以服务于交通运输行业主管部门加快推进综合客运枢纽建设的重点工作为指向,总结近年来我国在推进综合客运枢纽规划建设中取得的基本经验,聚焦综合客运枢纽规划管理中的重点问题,基于实践探索,提炼形成相关理论、方法与政策,书中一些政策措施与技术建议已被相关政府部门采纳并付诸实践,此时整理成册,以期能对下阶段的综合客运枢纽规划与管理工作有所指导。

本书由交通运输部规划研究院主持编制完成。全书分为基础篇、政策篇、理论篇、案例篇四个主题,共十章内容。其中,前言由金敬东、李鹏林撰写,第一章由李鹏林、金敬东、张立彬编写,第二、三、四章由李鹏林、李悦、朱苍晖编写,第五、六、七章由李鹏林、王压帝编写,第八章由李鹏林、陈宇毅、朱苍晖、李悦编写,第九章由李鹏林、何明、孔哲、陈宇毅、李悦等编写,第十章由朱苍晖、赵凛、何明、孔哲编写。案例篇由朱苍晖、陈宇毅负责整理。李鹏林、朱苍晖、赵凛、李伟等参与了案例一的研究,陈宇毅、李鹏林、李绪龙等参与了案例二的规划设计,李鹏林、李绪龙负责了案例三的设计工作。案例二、案例三分别是在交通运输部规划研究院与同济大学建筑设计研究院集团有限公司、澳大利亚GHD公司合作完成的《兰州中川国际机场综合交通枢纽工程项目可行性研究》《长沙汽车南站综合交通枢纽方案设计》成果基础上整理完成,在此特别向参与项目工程可行性研究与设计的全体人员致谢。全书由李鹏林统稿,王压帝主审。

在以上课题的研究过程中,得到了交通运输部张大为、范振宇、李颖、刘东、毛睿、杜彩军等领导的大力支持。交通运输部部长政策咨询小组成员刘鹏,中国交通报社蔡玉贺,交通运输部水运科学研究院刘占山,交通运输部科学研究院石宝林、孙小年、景春光,国家发改委综合运输研究所董焰、肖昭升、程世东,铁道经济规划研究院洪雁,北京市交通委员会陈金川,重庆市交通运输委员会任洪涛、杨树明,江苏省交通运输厅王珺,辽宁省交通运输厅吴森,四川省道路运输管理局张志坚,深圳市交通运输委员会翟华联、刘松,成都市交通运输委员会陆辉,北京交通发展研究中心孙明正、杜华兵,广东省交通运输规划研究中心朱信山,北京交通大学何世伟、袁振洲,北京工业大学关宏志,清华大学杨新苗等专家在课题研究的各阶段及本书编制过程中,提供了诸多素材和有益建议,在此致谢。此外,编写组在本书编写过程中引用了众多综合客运枢纽项目案例和图纸,在此一并对相关规划设计单位致谢。

综合客运枢纽是我国现代综合交通运输体系建设与发展的关键,其规划建设的政策、理论尚需在实践中不断检验和完善。本书是编写人员在既往课题研究过程中的阶段性总结,限于研究水平,书中难免存在诸多不足之处,有些观点可能也存在一定的争议,敬请行业内外的专家、学者和领导批评指正。

编著者

2016年3月

基础篇

第一章　综合客运枢纽的概念内涵 …… 3
第一节　综合客运枢纽相关概念 …… 3
第二节　客运枢纽发展形态的一般演变过程 …… 4
第三节　我国综合客运枢纽发展的现实背景与概念内涵 …… 5
第二章　综合客运枢纽的类型与级别划分 …… 8
第一节　综合客运枢纽类型划分 …… 8
第二节　综合客运枢纽级别划分 …… 14
第三章　国内综合客运枢纽规划建设实践与成效 …… 21
第一节　国内综合客运枢纽规划建设历程 …… 21
第二节　国内综合客运枢纽建设实践成效 …… 27
第四章　国内外综合客运枢纽规划建设经验与启示 …… 33
第一节　国外综合客运枢纽规划与建设实践经验 …… 33
第二节　国外综合客运枢纽规划与建设相关理论 …… 40
第三节　国内外综合客运枢纽建设发展的经验与启示 …… 43
第五章　我国综合客运枢纽发展面临的问题与建设着力点 …… 47
第一节　面临问题与成因剖析 …… 47
第二节　推进我国综合客运枢纽建设发展的着力点 …… 51

政 策 篇

第六章　综合客运枢纽政策的定位与目标导向 …… 57
第一节　综合客运枢纽的产品属性 …… 57
第二节　政府在综合客运枢纽建设发展中的地位与作用 …… 59
第三节　综合客运枢纽政策体系的定位与作用 …… 60
第四节　综合客运枢纽政策体系目标导向 …… 61
第七章　综合客运枢纽政策体系框架方案设计 …… 62
第一节　基本原则 …… 62
第二节　综合客运枢纽政策体系框架 …… 62
第八章　综合客运枢纽发展政策研究与建议 …… 66
第一节　规划管理政策 …… 66
第二节　建设管理政策 …… 72
第三节　技术政策 …… 74
第四节　投融资政策 …… 77
第五节　市场监管政策 …… 79
第六节　可持续发展政策 …… 82

理 论 篇

第九章　综合客运枢纽布局规划理论 …… 87
第一节　规划理念 …… 87
第二节　综合客运枢纽布局规划的关键技术要点 …… 87
第三节　规划协调管理模式 …… 108
第十章　单体综合客运枢纽规划建设理论 …… 111
第一节　建设内容 …… 111
第二节　基本理念 …… 113

第三节　单体枢纽规划建设的关键环节 …………………………… 114
第四节　换乘量预测思路与方法 …………………………………… 115
第五节　建设规模测算思路与方法 ………………………………… 122
第六节　服务水平评价与分级标准 ………………………………… 129
第七节　换乘距离与时间标准 ……………………………………… 135
第八节　集疏运系统配置标准 ……………………………………… 138
第九节　建设开发协调管理机制 …………………………………… 141

案 例 篇

案例一　深(圳)(东)莞惠(州)经济圈综合客运枢纽布局规划 ……… 151
案例二　兰州中川国际机场综合交通枢纽项目总体规划 ………… 174
案例三　长沙汽车南站综合客运枢纽概念性方案设计 …………… 191

参考文献 ………………………………………………………………… 208

基础篇

第一章　综合客运枢纽的概念内涵

第一节　综合客运枢纽相关概念

“枢纽”在《辞海》中的解释为比喻重要的地点，事物的关键之处。交通运输领域中的“枢纽”就是多种交通运输方式的交叉与衔接之处，共同办理客货的中转、发送、到达所需各种交通运输设施的综合体。综合客运枢纽概念的提出源于社会经济发展与进步、城市化快速推进和机动化的迅猛发展。随着城市规模的不断扩张、各交通方式线路的完善以及旅客一体化出行需求的逐步增长，迫切要求在同一区域或空间内将多种交通运输方式的基础设施、信息系统以及运输组织管理在服务功能上实现一体化。

目前行业内有关综合客运枢纽概念的理解尚不统一，国内外研究机构和专家学者从不同的视角定义综合客运枢纽的概念与属性，如苏联的 K. Ю. 斯卡洛夫在《城市交通枢纽的发展》一书开篇提出，“综合运输枢纽是国家统一运输体系的组成部分，它是由若干种运输方式（其中包含不少于两种干线运输方式）所连接的固定设备（构筑物）和活动设备（载运工具、装卸器具）组成的一个整体，共同完成着货物及旅客运输的中转与地方作业。”苏联的 H. B. 普拉夫金和涅格列依在《枢纽内各种运输的协调》一书中，也阐述了统一运输体系发展的基本规律，并指出“运输枢纽自成体系，地处两条或几条干线运输方式的交叉点上，是运输过程和为实现运输过程所拥有的设备之综合体，包括了旅客运送过程、技术设备（车站、港口、干线、仓库等）和监督及管理手段。”我国交通运输行业内部分专家也提出了自己的观点，如胡思继教授提出综合客运枢纽是指在两条或者两条以上交通运输线路的交汇、衔接处形成的具有运输组织与管理、旅客中转换乘、装卸存储、信息流通和辅助服务等功能的综合性设施。罗霞教授提出综合客运枢纽是一种及以上对外交通方式和两种及以上城市交通方式的交汇点,是具有运输组织与管理、中转换乘、信息流通和辅助服务等功能的综合性设施。罗仁坚研究员认为综合客运枢纽通常是指由两种及以上对外运输方式组成,各种运输方式运输设备集中布局的站场,是旅客换乘的具体场所。

总而言之,尽管专家和学者对综合客运枢纽的名称和定义角度有所不同,但对综合客运枢纽的基本认识、具备条件、重要特征在以下四个方面是形成共识的:

(1)综合客运枢纽位于不同运输方式或者同种运输方式两条以上线路交汇处,具有优越的区位优势。

(2)综合客运枢纽拥有办理旅客运输作业、中转换乘等业务的各种技术作业设备。

(3)综合客运枢纽具有运输组织与管理、信息流通和辅助服务等功能。

(4)综合客运枢纽实体表现形式为多个站场的综合体或者综合性站场。

第二节　客运枢纽发展形态的一般演变过程

从国内外客运枢纽建设实践看,现代化的综合客运枢纽集中体现的是技术设施和土地空间利用的高度集约、运输组织的高效、换乘的便捷、环境的舒适、人文文化和服务功能的多元化,但从综合客运枢纽的发展历程看,综合客运枢纽的发展并非一蹴而就,而是随着交通发展呈现出从简单到复杂、低级到高级的演变过程。对综合客运枢纽概念的认识也是随着枢纽功能的逐步完善而递进演化的。在很多国家,客运枢纽的发展大都起步于单一对外运输方式站场与城市交通对接的站场建设,逐步发展为多种对外运输方式相衔接的联合车站,进而形成集合了多项城市功能和交通功能的城市综合体(当前阶段发达国家综合枢纽的普遍表现形态),发展到高级阶段时将会通过发达的轨道网络衔接各类枢纽节点,实现在一个区域或一个城市甚至整个城市群范围内的一体化网络衔接,其中的综合客运枢纽成为整个公共交通换乘网络系统的支点,如图 1-1 所示。在此发展过程中,对综合客运枢纽概念的认识也是随着枢纽功能的逐步完善而递进演化。

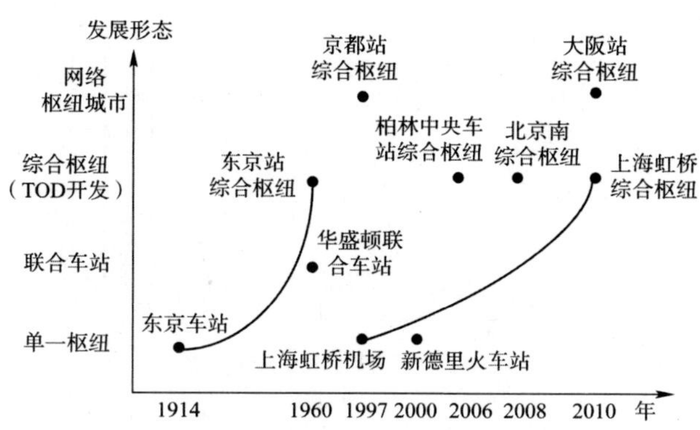

图1-1　客运枢纽发展形态演变规律示意图

第三节　我国综合客运枢纽发展的现实背景与概念内涵

我国人口规模大，城市数量多，城市间的交往密切，从而形成了富有中国特色的丰富、多样的公共客运交通体系，见图1-2。

长期以来受管理体制影响，我国的公共客运体系通常划分为城际公共客运交通与城市公共交通两类，在客运枢纽的规划建设中，也习惯于将客运枢纽划分为城市对外客运枢纽和城市公交换乘枢纽两类。对外客运枢纽一般主要承担省际、城际之间区域性旅客运输及其与城市内部交通方式之间的换乘功能，而城市公交换乘枢纽通常是指一个城市内部不同的公共交通方式或同一种公共交通方式的不同线路之间的换乘。

城市对外客运枢纽主要是指依托火车站、长途汽车站、机场、客运码头等设施进行功能拓展，与城市交通方式相衔接建设的站场。在现有管理体制下，中国民用航空局负责全国民航机场的布局规划，并报送国务院审批；铁路枢纽的规划建设主体一般是中国铁路总公司（原铁道部改组）主导，与地方人民政府相协调确定布局，由于铁路站场依附于线路建设，其布局选址需要同步考虑铁路线路线位的影响、车辆调度运输组织的要求以及车站城市服务功能等，一般城市政府在铁路车站规划选址方面的自主性或协调力度相对较弱；公路客运枢纽、水运客运码头的布局规划一般均由枢纽城市的交通运输主管部门完成，报

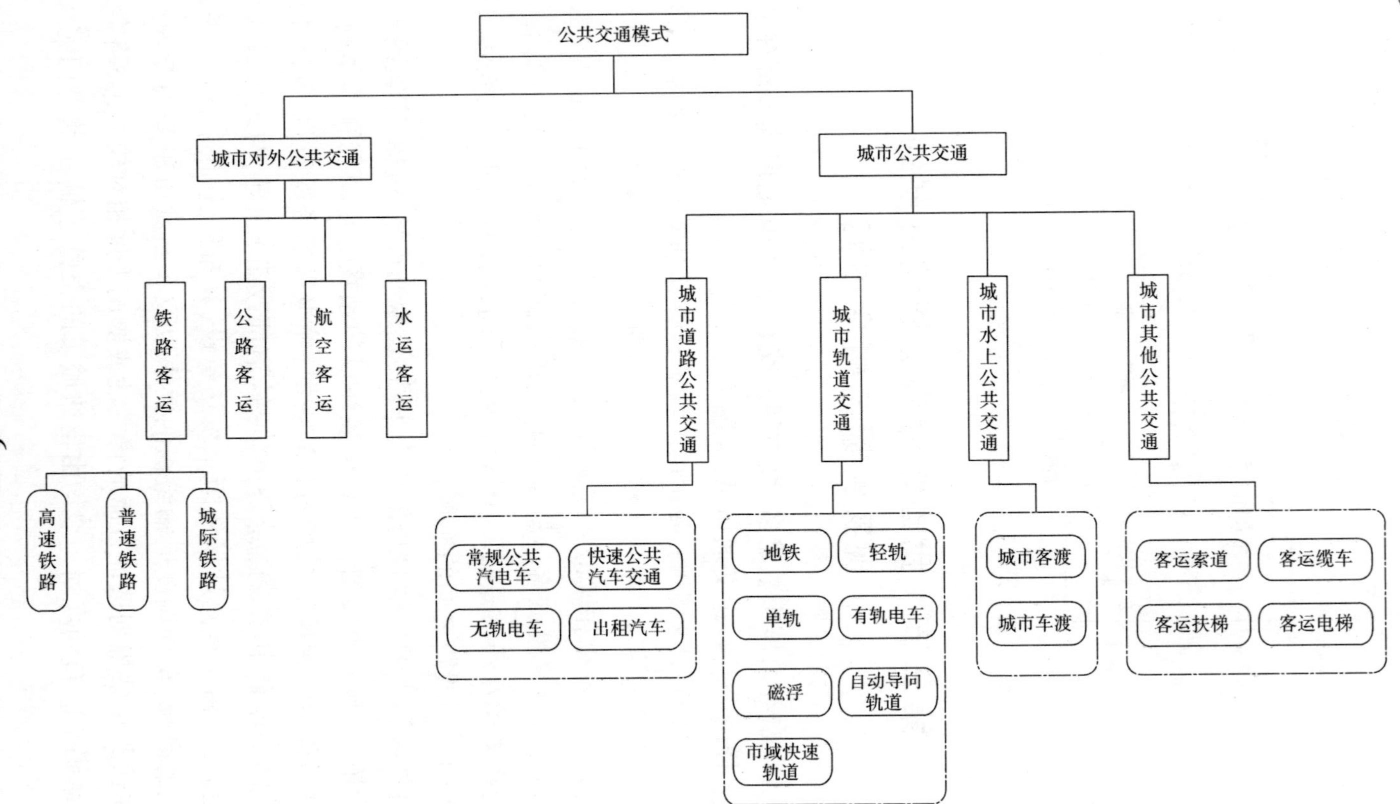

图1-2　中国公共客运交通方式组成示意图

省级交通运输主管部门组织行业审查后，再报当地人民政府审批并反馈至城市总体规划部门，原则上是城市总体规划的组成部分。城市公交换乘枢纽，包括城市轨道交通枢纽、城市公交枢纽等，均由城市人民政府负责规划，根据各地分工不同，一般情况下由城市规划建设部门或交通运输主管部门组织编制。

中国客运枢纽的规划管理体制现状决定了城市客运枢纽在建设发展过程中必然面临多方式、多部门的协同。现实的情况是，围绕单一运输方式进行规划建设的客运枢纽，均可由单一方式管理部门与城市政府予以协调解决，而对于衔接了多种运输方式的客运枢纽的衔接协调问题则需要“一事一议”，给予特别指导。为此，引申出具有鲜明体制烙印的特定意义上的“综合客运枢纽”概念，也即交通运输部在历经试点的基础上总结提出的综合客运枢纽概念：综合客运枢纽是指在综合运输网络的特定节点上，将两种及以上对外运输方式与城市交通的客流转换场所在同一空间（或区域）内集中布设，综合运用自动化、信息化等现代先进技术手段，使各种运输方式的基础设施、技术装备、运输组织、公共信息等实现有机衔接而形成的具有一定规模的一体化客运服务系统。

以上对综合客运枢纽概念的介绍强调了四点内涵：

（1）综合客运枢纽的本质是各种运输方式的功能融合而非线路交汇；

（2）综合客运枢纽的灵魂是实现城市对外交通与城市交通的无缝衔接，而非单纯的城市交通方式间的换乘；

（3）综合客运枢纽功能建设的关键手段是通过现代化、一体化的运输组织实现；

（4）综合客运枢纽功能表征重点体现在枢纽中各种交通方式软、硬件设施的一体化。

2016 年交通运输部发布的交通运输行业标准《综合客运枢纽术语》（JT/T 1065—2016）对综合客运枢纽做了规范表述：将两种及以上对外运输方式与城市交通的客流转换场所在同一空间（或区域）内集中布设，实现设施设备、运输组织、公共信息等有效衔接的客运基础设施。

第二章　综合客运枢纽的类型与级别划分

第一节　综合客运枢纽类型划分

一、现状类型划分方式

总结目前我国综合客运枢纽规划建设实践，发现各地对综合客运枢纽类型划分的要素主要体现在枢纽规模流量、衔接方式、服务辐射范围等几个方面。

1. 规模流量

规模流量一般表现为综合客运枢纽的旅客总发送量或各运输方式的对外旅客发送量，是体现综合客运枢纽服务能力和建设规模的核心指标。无论从单一运输方式站场还是现有综合客运枢纽的分类方式可以看出，依据枢纽的规模流量对枢纽进行分类是枢纽类型划分最常见的分类方法，其作用尤其体现在指导枢纽合理确定设计规模指标上。

2. 衔接方式

按照综合客运枢纽衔接了多少种运输方式或以哪种运输方式为主导方对综合客运枢纽种类进行划分，大致可将综合客运枢纽分为公铁衔接型、公航衔接型、公水衔接型等不同类型的综合客运枢纽。交通运输部在《"十二五"综合客运枢纽建设规划》中就采取了这种划分方式。此分类方法清晰简明，分类的结果也便于主管部门针对不同类型的综合客运枢纽进行行业管理等。

3. 服务或辐射范围

按照枢纽的服务或辐射范围划分枢纽类型，如在辐射范围上以国际、国内、城际中短途对外运输服务为主，或服务于整个大区域、城市片区的运输服务。国家发展与改革委员会2016年印发的《关于打造现代综合客运枢纽　提高旅客出行质量效率的实施意见》，以及江苏省、大连市、广州市综合客运枢纽规划中体现了以上分类要素。

4. 枢纽区位

在城市交通规划中，有按照综合客运枢纽所处城市区位，将综合客运枢纽划分为中心区枢纽、边缘地区枢纽、市郊枢纽等方式。

除以上主流划分方式外，还有按照枢纽在区域中或者城市中承担的运输组织功能作用，将综合客运枢纽划分为中转型综合枢纽（中转港）、终端型综合枢纽（目的港）等，强调不同功能作用的枢纽，其客流特点和服务需求也是不一样的，以上类型划分方式在规划层面也有着一定的实际意义。

我国现有部分省市对综合客运枢纽分类情况见表2-1，既有综合客运枢纽主要类型划分方式及适用条件总结详见表2-2。

我国现有枢纽规划中对综合客运枢纽的分类　　表2-1

规划对象	分　类	考虑要素
江苏省	国际客运枢纽、国内中长途客运枢纽和城际中短途客运枢纽三类	服务范围、规模流量和主导方
河南省	门户枢纽、重要枢纽、一般枢纽三类	服务范围和辐射范围
深莞惠区域	一类（对外门户型）、二类（城际中转型）两类	服务范围、主体功能和规模流量
上海市	A、B、C、D四类	主导方和规模流量
重庆市	区域性、地区性、城市综合换乘枢纽三类	服务范围和规模流量
大连市	全国型、区域型、城际型、辅助型四类	辐射范围和规模流量
广州市	全国型、区域型、城际型、城市型四类	辐射范围和规模流量

既有综合客运枢纽类型划分及适用条件　　表2-2

分类指标	具体说明	分类方案	适　用　性
规模流量	按照枢纽总客流量或对外方式旅客发送量	一级、二级、三级、四级	有利于确定枢纽整体建设规模、配套设施的配置数量等
衔接方式	按照枢纽衔接了多少种运输方式	公铁衔接型、公铁航衔接型、公航衔接型、公水衔接型、公铁水衔接型	有利于明确项目交通方式构成特点与衔接形态

续上表

分类指标	具体说明	分类方案	适用性
服务或辐射范围	按照服务区域面积和服务人口，是枢纽功能发挥的外在表现	按照服务范围，分为国家级、省级、市县级；按照辐射范围，分为国际、省际、城际和城乡	有利于明确枢纽功能与影响力，确定枢纽发展定位
位置特性	按照枢纽所在城市的区位	中心区枢纽、边缘地区枢纽、市郊枢纽	有利于枢纽布局，衔接城市总体规划

二、基于主导方的类型划分理论探索

本书认为，综合客运枢纽的分类是贯穿综合客运枢纽规划、设计、建设、运营和管理全过程的重要基础性指标。通过分类明确各类综合客运枢纽的功能属性，依据不同功能属性，可以有效指引枢纽布局、建设、设施配置、管理协调等。因此，本书从交通运输行业服务特点出发，根据综合客运枢纽主导方的不同，将综合客运枢纽划分为四种类型：航空主导型、水运主导型、铁路主导型和公路主导型综合客运枢纽，以便于更有针对性地指导综合客运枢纽规划、建设。

各种类型枢纽判别标准及功能特征如下：

1）航空主导型综合客运枢纽

航空主导型综合客运枢纽一般出现在枢纽机场和干线机场，依托机场航站楼进行建设并与航站楼融为一体。在我国，通常情况下航空主导型综合客运枢纽的构建大都是出现在机场吞吐量达到一定规模需要规划建设第二、三航站楼或者第二、三跑道时，借助机场改扩建规划契机，引进多种集疏运方式，尤其是引入轨道交通（包括轻轨、地铁等；对于门户型枢纽机场，还可以根据其服务范围，引入高铁、城际铁路等），共同构建航空主导型的综合客运枢纽。国内航空主导型综合客运枢纽有上海虹桥机场综合客运枢纽、西安咸阳国际机场综合客运枢纽、武汉天河机场综合客运枢纽等。国外有法国巴黎戴高乐机场综合枢纽、德国法兰克福机场综合枢纽等。

专栏 2-1　综合客运枢纽主导方概念

对外运输方式在综合客运枢纽的组成结构中起着重要作用，本书将在综合客运枢纽形成过程中起到主导作用的对外运输方式认定为主导方，主导方即是在枢纽的站址选择、功能布局，乃至空间形态、建设规模确定中发挥主导作用的某一对外运输方式。具体体现在：①某一种对外运输方式站场受特定工程建设条件（如空域、水域、线位、净空、地质条件、土地资源等）限制，使其在选址、布局等活动中处于主导地位；②某一种对外运输方式客流特征处于主导地位，其建设标准约束和影响了其他交通运输方式站场建设。

说明：主导方未必是综合枢纽中承运客流量最大的运输方式。识别和界定主导方的关键，可以理解为：在构建综合客运枢纽过程中，由于一些特定条件的制约，需要优先考虑的运输方式，即为主导方运输方式。例如，在城市繁华地区需要通过对既有站场设施的改造来构建综合客运枢纽，被改造的主体可以认定为主导方；某种运输方式的站场受天然地理条件约束，优先存在于某个位置（如沿海、内河等港口码头），或者站场选址的客观约束条件和控制性因素相对较多，需要其他运输方式配套对接方能形成综合客运枢纽（如航空对空域、净空等要求），或者是某种方式的集中发送、到达量较大，需要借助于其他运输方式的集疏配套（如干线铁路、城际铁路），方能形成综合客运枢纽，以上运输方式均可认定为主导方。

该类枢纽的主要特点：①受机场选址条件约束，离所在城市中心较远；②旅客对多向性、多方式选择的需求较高，集疏运交通方式较多，快速集疏运特征明显，枢纽更多关注周围集疏运系统与主导型运输方式的便利衔接问题；③目标旅客出行目的十分明确，服务需求层次较高，服务水平和品质的要求相对较高；④航站楼陆侧空间有限，换乘区域相对集中，交通流线类型丰富；⑤空间上大多采用多层立体设计，平面与垂直换乘相结合的方式；⑥在突出交通主体功能前提下，兼顾考虑枢纽内部的商业开发问题。

2）水运主导型综合客运枢纽

水运主导型综合客运枢纽主要存在于沿海、沿江的大城市内或者旅游城市,表现为城市对外客运码头或者大型游轮母港,连同与之配套建设的其他对外运输方式站场(含旅游车场等)和城市公共交通站场等一起构建为综合客运枢纽。我国现有的案例有珠海九洲港综合客运枢纽、深圳蛇口邮轮母港综合客运枢纽、大连皮口陆港中心等。国外典型案例有英国南安普顿五月花码头综合枢纽、日本横滨港综合枢纽等。相对于其他运输方式而言,由于水路运行速度较慢、航线受限等特点,当前我国该类综合客运枢纽的数量不多,但随着我国经济的发展和国际影响力的提升,特别是我国正逐步成为国际主要旅游目的地国,加之国内以休闲、度假为主的水上旅游交通快速发展,使得以旅游、口岸等服务功能为主,为旅客提供多元化交通出行服务的该类型综合客运枢纽的建设日益受到关注。

该类枢纽的主要特点:①受选址条件制约,均位于大江大河或主要沿海港口码头后方或重要的旅游风光带沿岸,与客运码头一体化建设;②多见于口岸城市或旅游城市,多位于主城区之内,与多种城市交通方式对接;③由于受航线影响,辐射范围有限,旅客流量一般不会太大,但在旅游旺季或闲暇假日中会出现小高峰客流,枢纽整体规模体量不大,受班线影响上下船瞬间客流人员较多,应急交通组织是该类枢纽需要重点考虑的因素之一;④多与口岸通关、旅游专线或者机场候机楼等功能综合设置,需要提供水陆接驳、区域中转等综合服务。

3)铁路主导型综合客运枢纽

铁路主导型综合客运枢纽一般指以完成干线铁路(包括高速铁路、普速铁路、城际铁路)枢纽站场的客流集散和中转为基本需求,集公路客运、轨道交通、普通公交以及出租等各类交通方式于一体,实现不同方式间衔接和联运、转换的综合型客运枢纽。该类型枢纽目前是我国综合客运枢纽的建设主体。国内现有案例如成都沙河堡综合客运枢纽、深圳北站综合客运枢纽、南京南站综合客运枢纽等;国外的有德国柏林中央火车站综合枢纽、日本东京站综合枢纽等。

该类枢纽的主要特点:①布局形态多样,是目前综合客运枢纽类型中分布最为广泛的主体类型,其大部分处于城市中心或城市新城区内,由于功能特征的不同以及配套运输方式的不同,存在多种布局形态;②功能流线多样,普通铁路“等候式”和高速铁路“通过式”的性能特征对总体布局和功能流线的需求有着较大差别；③衔接方式多样，可与各类型轨道交通、公路乃至民航机场及城市交通相结合，是构建综合运输体系的重要节点；④开发功能多样，新建的铁路主导型综合客运枢纽现阶段大多位于城市的新城区，在承担交通功能的同时往往被赋予以交通带动城市拓展开发及区域内商业开发等多种功能。

4)公路主导型综合客运枢纽

公路主导型综合客运枢纽主要是指依托公路运输枢纽站场与城际轨道、城市公共交通共同构建的综合客运枢纽。公路运输站场与城际轨道交通的结合，扩大了枢纽的辐射范围，对外运输方向更加深广，为旅客提供了多元化选择方式，成为城市对外交通与城市内部交通转换的重要场所。国内案例有重庆两路综合客运枢纽、惠州新汽车南站综合客运枢纽、长沙汽车南站综合客运枢纽等。

该类枢纽的主要特点：①客流到发密集、长短班线班次不均衡分布，高峰小时周期相对较长；②各种交通方式(出租车、公交车、社会车辆)混杂、周边道路交通组织条件复杂，易形成对城市交通的压力，对与城市道路网直接衔接的道路条件要求较高；③在黄金周、小长假、旅游旺季以及春运等时段，该类型枢纽往往是我国老百姓优先选择的重要交通出行方式之一，对枢纽站场交通应急组织能力要求较高；④选择此类枢纽出行的群体大多为普通百姓，枢纽内服务设施、交通标识等设置要求较高，人文关怀的建设内容需要更具有针对性，也直接影响枢纽换乘效率；⑤此类枢纽一般均与城市轨道交通衔接，并承担城市内部交通换乘功能。

四种不同类型的综合客运枢纽表现特征与典型示例见表2-3。

对于三种及以上对外运输方式衔接的综合客运枢纽主导方的选择，需要按照项目工程前置条件及建设标准进行判定。如上海虹桥综合客运枢纽具备航空、铁路、公路三种对外运输方式，项目工程前置条件为航空，则判定为航空主导型综合客运枢纽。又如，深圳宝安国际机场综合客运枢纽具备航空、铁路、水运、公路四种对外运输方式，项目工程前置条件为航空，则判定为航空主导型综合客运枢纽。

实践证明，以主导方进行综合客运枢纽的类型划分具有一定现实意义，对指导综合客运枢纽的规划落地和建设标准的合理确定非常重要。

四类综合客运枢纽特征与典型示例　　表 2-3

类　型	特　征	案　例
铁路主导型综合客运枢纽	(1)受铁路选址影响,多位于城市中心或新城区; (2)普速铁路"等候式"和高速铁路"通过式"特征对设施配置及服务水平需求差别较大	南京南站综合客运枢纽、成都沙河堡综合客运枢纽、深圳北站综合客运枢纽等
公路主导型综合客运枢纽	(1)多依托于改扩建的公路客运站,并引入城际铁路线路; (2)客流到发密集,长短班线班次不均衡分布,高峰小时周期相对较长	惠州新汽车南站综合客运枢纽、长沙汽车南站综合客运枢纽等
水运主导型综合客运枢纽	(1)受水域条件制约,均位于大江大河或主要沿海港口码头后方或重要的旅游风光带沿岸; (2)受航线影响,旅客流量一般不会太大,但在旅游旺季或闲暇假日中会出现小高峰客流	珠海九洲港综合客运枢纽、舟山蜈蚣峙旅游交通集散中心、大连皮口陆港中心、大连湾综合交通枢纽等
航空主导型综合客运枢纽	(1)受机场选址条件约束,离所在城市中心较远; (2)旅客服务需求层次较高,服务水平和品质的要求相对其他类型综合客运枢纽高	深圳机场地面交通中心、武汉天河机场交通中心、南京禄口国际机场交通中心等

第二节　综合客运枢纽级别划分

一、现状单方式站场分级标准

1. 公路客运站

《汽车客运站级别划分和建设要求》(JT/T 200—2004)将公路客运站等级划分为五个级别、简易车站和招呼站,主要是根据车站设施和设备配置情况、地理位置和设计年度平均日旅客发送量。具体等级划分标准见表 2-4。

公路客运站等级划分　　表 2-4

公路站等级	设施和设备符合要求,并具备下列条件之一
一级车站	(1)日发量在 1 万人次以上的车站; (2)省、自治区、直辖市及其所辖市、自治州(盟)人民政府和地区行政公署所在地,如无日发量 1 万人次以上的车站,可选取日发量在 5000 人次以上具有代表性的一个车站; (3)位于国家级旅游区或一类边境口岸,日发量在 3000 人次以上的车站

续上表

公路站等级	设施和设备符合要求,并具备下列条件之一
二级车站	(1)日发量在5000人次以上,不足1万人次的车站; (2)县以上或相当于县人民政府所在地,如无日发量5000人次以上的车站,可选取日发量在3000人次以上具有代表性的一个车站; (3)位于省级旅游区或二类边境口岸,日发量在2000人次以上的车站
三级车站	日发量在2000人次以上,不足5000人次的车站
四级车站	日发量在300人次以上,不足2000人次的车站
五级车站	日发量在300人次以下的车站
简易车站	达不到五级车站要求或以停车场为信托,具有集散旅客、停发客运班车功能的车站

2. 铁路车站

根据《铁路车站等级核定办法》(〔1980〕铁人字2184号),按照规模(业务量)、地理条件划分为六个等级,分别为特、一、二、三、四、五等站,详见表2-5。

铁路客运站等级划分 表2-5

铁路站等级	办理客运、货运业务并担当货物列车解编技术作业的综合业务的车站	办理客运单项业务为主的客运站
特等站	日均上下车及换乘旅客在2万人次以上,并办理到发、中转行包在2500件以上的客运站	日均上下车及换乘旅客在6万人次以上,并办理到发、中转行包在2万件以上的客运站
一等站	日均上下车及换乘旅客在8000人次以上,并办理到发、中转行包在500件以上的客运站	日均上下车及换乘旅客在1.5万人次以上,并办理到发、中转行包在1500件以上的客运站
二等站	日均上下车及换乘旅客在4000人次以上,并办理到发、中转行包在300件以上的客运站	日均上下车及换乘旅客在5000人次以上,并办理到发、中转行包在500件以上的客运站
三等站	日均上下车及换乘旅客在2000人次以上,并办理到发、中转行包在100件以上的客运站	—

续上表

铁路站等级	办理客运、货运业务并担当货物列车解编技术作业的综合业务的车站	办理客运单项业务为主的客运站
四等站	办理综合业务，但按核定条件，不具备三等站条件者	—
五等站	只办理列车会让、越行的会让站与越行站	—

根据《铁路旅客车站建筑设计规范》(GB 50226—2007)，客货共线和客运专线铁路旅客车站的建筑规模，应分别根据最高聚集人数和高峰小时发送量确定，如表2-6和表2-7所示。

客货共线铁路旅客车站建筑规模划分 表2-6

建筑规模	最高聚集人数 H(人)	建筑规模	最高聚集人数 H(人)
特大型	$H \geqslant 10000$	中型	$600 < H < 3000$
大型	$3000 \leqslant H < 10000$	小型	$H \leqslant 600$

客运专线铁路旅客车站建筑规模划分 表2-7

建筑规模	高峰小时发送量 PH(人次)	建筑规模	高峰小时发送量 PH(人次)
特大型	$PH \geqslant 10000$	中型	$1000 < PH < 5000$
大型	$5000 \leqslant PH < 10000$	小型	$PH \leqslant 1000$

3. 港口码头

根据《交通客运站建筑设计规范》(JGJ/T 60—2012)，港口客运站依据年平均日旅客发送量划分为四个等级，如表2-8所示。

港口客运站分级 表2-8

分级	年平均日旅客发送量(人次/天)	设计旅客集聚人数(人)
一级	≥3000	≥2500
二级	2000~2999	1500~2499
三级	1000~1999	500~1499
四级	≤999	100~499

4. 机场

根据《民用机场工程项目建设标准》(建标 105—2008),机场旅客航站区按机场建设目标年年旅客吞吐量划分为六个等级,如表 2-9 所示。

机场旅客航站区分级 表 2-9

分 级	年旅客吞吐量 P(万人次)	分 级	年旅客吞吐量 P(万人次)
一级	$P<10$	四级	$200\leqslant P<1000$
二级	$10\leqslant P\leqslant 50$	五级	$1000\leqslant P<2000$
三级	$50<P<200$	六级	$P\geqslant 2000$

二、综合客运枢纽的级别划分

综合客运枢纽的级别是反映其在影响区域范围内,提供旅客中转换乘服务能力与水平的重要指标,是衡量综合客运枢纽建设规模大小的重要参数,也是制定综合客运枢纽政策的重要依据。

划分综合客运枢纽级别,关键是从综合客运枢纽服务能力视角考虑对外运输方式旅客发送总量、枢纽内各交通方式发送总量等因素对枢纽内不同交通运输方式之间公共换乘区域、换乘设施、交通建筑构造及总体建设规模的影响,注意突出枢纽的功能定位。

综合客运枢纽级别划分需统筹各种交通方式站场设计年度,选取枢纽内主导方站场的设计年度作为综合客运枢纽设计年度,其他交通运输方式站场设计应与此年度保持一致。如其他交通运输方式站场设计规范所规定的设计年度与此不一致时,应从整体枢纽建设发展的前瞻性角度考虑,在站场规划时预留用地规模,保障枢纽总体使用效果。

考虑综合客运枢纽与单一运输方式客运站场标准规范的兼容性,同时为体现不同类型枢纽客流特征的差异性,本书采取了类型与级别相结合的思路,对不同类型的综合客运枢纽采用不同的客流规模标准进行分级,将综合客运枢纽划分为四个级别,具体如表 2-10 所示。

级别划分成果是参考了我国当前各单一运输方式客运站场级别划分规范、现有各类客运站场实际运营旅客发送量,以及国内目前已建和在建综合客运枢纽实际设计能力的基础上确定的。

综合客运枢纽级别划分 表 2-10

级别＼指标	铁路主导型		公路主导型		水运主导型		航空主导型	
	枢纽总发送量	对外方式总发送量	枢纽总发送量	对外方式总发送量	枢纽总发送量	对外方式总发送量	枢纽总发送量	对外方式总发送量
一级	≥20	≥10	≥10	≥5	≥4	≥2	≥10	≥5
二级	[10,20)	[5,10)	[2,10)	[1,5)	[2,4)	[1,2)	[6,10)	[3,5)
三级	[5,10)	[2,5)	[1,2)	[0.5,1)	[0.5,2)	[0.2,1)	[2,6)	[1,3)
四级	<5	<2	<1	<0.5	<0.5	<0.2	<2	<1

注:级别确定时需综合考虑对外方式总发送量和枢纽总发送量两项指标,二者中取高值作为确定依据。

本书收集了我国东部、中部、西部地区不同规模城市的 140 个铁路客运站的设计年度旅客发送量,200 个机场的设计年度旅客吞吐量(已统一折算为发送量),部分港口客运站的实际运营数据,以及 90 余个综合客运枢纽的设计年度总换乘量和对外运输方式发送量作为分析依据,详见表 2-11 ~ 表 2-13、图 2-1。

我国主要铁路客运站设计年度旅客发送量案例数据 表 2-11

旅客发送量(万人/日)	个数	铁路客运站名称	按照目前规范划分
≥20	8	北京南站、上海虹桥、成都东站、重庆北站、西安北站、广州南站、南京站、长沙南站	特大型
10 ~ 20	8	南京南站、杭州东站、广州北站、深圳北站、沈阳北站、沈阳南站、西宁站、贵阳北站	特大型
7 ~ 10	15	哈尔滨西站、哈尔滨站、兰州西站、合肥南站、武汉站、汉口站、武昌站、宁波站、长沙南站、长春西站、济南西站、苏州站等	大型
5 ~ 7	12	南昌西站、许昌东站、天津站、吉林站、齐齐哈尔南站、乌鲁木齐南站、郑州东站等	大型
3 ~ 5	24	青岛北站、福州南站、襄阳站、绍兴北站、海口站、绍兴北站、天津西站、蚌埠南站、邯郸东站、四平东站、黄山北站等	大型
2 ~ 3	17	德州东站、宜昌东站、涪陵北站、内江北站、莆田站、泉州站、恩施站、松原站、防城港北站等	中型
1 ~ 2	26	宿州东站、余姚北站、璧山站、辽阳站、宣城站、荆州站、广安南站、枣庄站、宜春站等	中型

续上表

旅客发送量（万人/日）	个数	铁路客运站名称	按照目前规范划分
≤1	30	孝感北站、永川东站、梧州南站、德惠西站、吐鲁番北站、绩溪北站、鹤壁东站等	中型、小型
合计	140	—	—

我国主要民航机场设计年度旅客发送量案例数据　表2-12

旅客发送量（万人/日）	个数	机场名称	按照目前规范划分
≥10	4	北京首都、上海浦东、广州白云、北京新机场	6级
7～10	0	—	—
5～7	7	成都双流、深圳宝安、上海虹桥、昆明长水、西安咸阳、郑州新郑、成都新机场	6级
3～5	13	重庆江北、杭州萧山、厦门高崎、南京禄口、武汉天河、长沙黄花、乌鲁木齐、海口美兰、天津滨海、大连周水子、沈阳桃仙、福州长乐、青岛新机场	6级
2～3	7	青岛流亭、三亚凤凰、贵阳龙洞堡、南宁吴圩、济南遥墙、长春龙嘉、石家庄正定	5级
1～2	13	哈尔滨太平、太原武宿、兰州中川、南昌昌北、温州龙湾、宁波栎社、合肥新桥、桂林两江、丽江三义、银川河东、珠海金湾、无锡硕放、烟台蓬莱	5级、4级
≤1	156	西双版纳、西宁曹家堡、泉州晋江、揭阳、拉萨、包头、呼伦贝尔、常州、喀什等	4级、3级、2级、1级
合计	200	—	—

我国主要港口客运站旅客发送量运营数据　表2-13

旅客发送量（人/日）	个数	港口客运站名称	按照目前规范划分
≥3000	2	大连港客运站、大连湾新港客运站	1级
2000～3000	1	烟台环海路客运站	2级
1000～2000	3	重庆万州港客运站、烟台北马路客运站、大连湾客运站	3级
≤1000	2	大连新海航运有限公司客运站、武汉港客运站	4级
合计	8	—	—

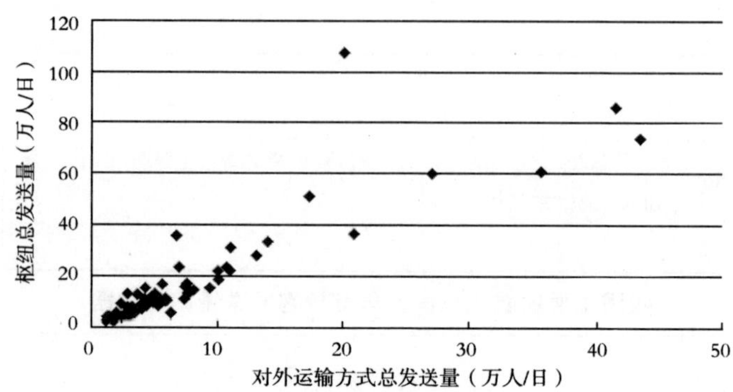

图 2-1　我国已建和在建综合客运枢纽主要设计指标

第三章　国内综合客运枢纽规划建设实践与成效

第一节　国内综合客运枢纽规划建设历程

在我国客运枢纽发展进程中，政府对枢纽规划建设的推进工作起步较早，从编制全国公路主枢纽布局规划、国家公路运输枢纽布局规划，到综合客运枢纽建设规划，在不同发展阶段均提出了客运枢纽发展的相关政策，有力推进了我国客运枢纽的规划建设。

一、公路主枢纽规划和实施情况

20 世纪 80 年代末，原交通部提出了“三主一支持”的交通长远发展战略，计划从“八五”时期开始，用几个五年计划的时间，在发展以综合运输体系为主轴的交通运输业方针指导下，统筹规划，条块结合，分层负责建设公路主骨架、水运主通道、港站主枢纽和交通支持系统，以适应国民经济和社会发展需要。

1992 年，在“三主一支持”长远发展战略的指导下，原交通部组织编制了《全国公路主枢纽布局规划》，确定了全国 45 个公路主枢纽（城市）的布局方案，拉开了交通行业推进公路客运枢纽站场建设的序幕。这 45 个公路主枢纽覆盖了全国 30 个省（自治区、直辖市），80.6% 的百万以上人口的大城市，73.3% 的百亿工业产值以上的城市。全国 45 个公路主枢纽城市共规划建设公路客运站 328 个、货运站 337 个、信息中心 46 个。

“公路主枢纽”建设时期重点着眼于 45 个公路主枢纽城市中单一运输方式的公路客运站场的建设。

二、国家公路运输枢纽规划实施情况

2007 年，为适应新时期公路交通发展的要求，加快与国家高速公路网相协

调,与铁路、港口等其他运输方式紧密衔接,原交通部又组织编制了《国家公路运输枢纽布局规划》,在全国范围内规划布局了179个国家公路运输枢纽,其中12个为组合枢纽,共计196个城市,并出台了《公路运输枢纽总体规划编制办法》,要求国家公路运输枢纽城市的交通主管部门负责组织编制枢纽总体规划,以确定枢纽城市内具体公路客、货运输站场的规模、数量与布局等。截至2012年年底,90%以上的枢纽城市已完成了国家公路运输枢纽总体规划编制工作,其中140个枢纽总体规划已经完成了部省联合审查。

"国家公路运输枢纽"建设时期,总体规划中开始出现了不同类型的客运站场,既有单一的公路客运站场,也有与铁路、民航、城市轨道等交通方式相衔接的综合客运枢纽。

三、综合客运枢纽建设规划及实施情况

2008年,交通运输部成立,推进综合运输体系建设成为大部制改革下的主要职责之一,国务院在交通运输部"三定方案"中明确其"指导交通运输枢纽规划与管理"的职能(2013年修订为"指导综合交通运输枢纽规划与管理")。交通运输部在调研分析基础上,开始将加快综合客运枢纽建设作为推进综合运输体系建设的重要切入点。为有序推进综合客运枢纽规划和建设工作,交通运输部开展了一系列工作:2009年年底,交通运输部启动了综合客运枢纽建设试点,遴选出6个具有代表性的综合客运枢纽项目予以资金支持。在试点经验总结评估基础上,2010年交通运输部组织编制了《"十二五"综合客运枢纽建设规划》,明确了"十二五"期间综合客运枢纽发展的基本原则、发展目标、建设重点,以及利用中央车购税资金补助支持综合客运枢纽加快建设的政策。为规范项目管理、加强技术指导,交通运输部进一步在2012年研究制定了《综合客运枢纽项目计划管理暂行规定》,提出了综合客运枢纽项目前期工作的管理程序及对综合客运枢纽项目的主要功能技术要求。2013年,交通运输部对"十二五"期综合客运枢纽建设规划的执行情况、实施成效和存在问题进行了全面系统地评估,以评估为基础,结合我国交通运输发展的新形势、新任务、新要求,完成了《"十二五"综合客运枢纽建设规划》(中期调整),对"十二五"后三年规划实施的思路、原则、方案及措施提出了新的要求。2015年,交通运输部正式出

台了《综合客运枢纽投资补助项目管理办法》，进一步明确了综合客运枢纽的主要功能技术要求。

"十二五"期受"车购税"资金补助适用范围限制，交通运输部推进"综合客运枢纽建设"的主导方向是通过关注单一公路客运枢纽站场建设，积极鼓励公路客运站场与铁路、机场等其他运输方式站场实行一体化衔接，更加强调枢纽规划的统筹、布局的合理、衔接的顺畅、服务的便捷，倡导"统一规划、统一设计和同步建设"。

除交通运输部之外，中央政府层面其他部委也积极关注和促进综合客运枢纽的规划建设。2007 年，国务院审议通过了《综合交通网中长期发展规划》，确定了 42 个全国性综合交通枢纽（节点城市），并要求在北京、上海等 8 个城市进行综合交通枢纽规划试点工作。铁道部在 2008 年全国铁路工作会议上，提出要大力推进新建铁路客站与其他交通方式的紧密衔接，构建现代化的综合交通枢纽，在全国建成六大枢纽性的客运中心（北京、上海、广州、武汉、成都、西安）和十大区域性客运中心。《中国民用航空发展第十二个五年规划》提出建设以枢纽机场为核心，多种交通方式汇集的"零换乘"、"一体化"的综合交通枢纽。2011 年，《中华人民共和国国民经济和社会发展第十二个五年规划纲要》指出，按照客运零距离换乘、货运无缝化衔接的要求，加强铁路、公路、港口、机场、城市公共交通的有机衔接，加快综合交通枢纽建设。2013 年，国家发展和改革委员会发布《促进综合交通枢纽发展的指导意见》，在主要任务中明确"加强以客运为主的枢纽一体化衔接"，按照"零距离换乘"的要求，将城市轨道交通、地面公共交通、市郊铁路、私人交通等设施与干线铁路、城际铁路、干线公路、机场等紧密衔接，使各种运输方式有机衔接，鼓励采取开放式、立体化方式建设枢纽，缩短换乘距离。2016 年，国家发展和改革委员会进一步发布《关于打造现代综合客运枢纽　提高旅客出行质量效率的实施意见》，明确到 2020 年，基本建成内涵更加丰富、服务更加优质、布局更加合理、运行更加高效、功能更加完善的现代综合客运枢纽系统，一体衔接、综合服务、中转集散、内外辐射能力进一步增强，客运现代化水平显著提升，有效满足人们日益提升的出行需求。上述文件的相继颁布实施，使各级政府及社会各界在推进综合客运枢纽发展理念上逐步达成共识，开始积极倡导和推进综合客运枢纽的建设。

区域层面综合客运枢纽规划

表 3-1

<table>
<tr><th rowspan="2">区域</th><th rowspan="2">规划研究范围</th><th colspan="2">经济规模</th><th colspan="2">人口规模</th><th colspan="2">客运规模</th><th rowspan="2">枢纽分类分级</th><th rowspan="2">布局规模</th></tr>
<tr><th>现状</th><th>预测</th><th>现状</th><th>预测</th><th>现状</th><th>预测</th></tr>
<tr><td rowspan="3">江苏</td><td rowspan="3">江苏省内所有民航机场、二等以上铁路客运站、二级以上公路汽车客运站</td><td rowspan="3">GDP 为 40903 亿元，人均GDP 53000 元</td><td rowspan="3">—</td><td rowspan="3">7700 万人</td><td rowspan="3">—</td><td rowspan="3">2010 年总客运量 22.6727 亿人次，其中公路 21.585 亿人次，铁路 0.97 亿人次，民航 0.048 亿人次，水运 0.059 亿人次</td><td rowspan="3">2020 年总客运量 52 亿人次，其中公路 43 亿人次，铁路 7.8 亿人次，民航 1.04亿人次</td><td>国际客运枢纽</td><td>3</td></tr>
<tr><td>国内长途客运枢纽</td><td>21</td></tr>
<tr><td>中短途城际客运枢纽</td><td>30</td></tr>
<tr><td rowspan="3">河南</td><td rowspan="3">两种对外交通方式与城市交通衔接的综合客运枢纽</td><td rowspan="3">GDP 为 26931 亿元，人均 GDP28661 元</td><td rowspan="3">2020 年 GDP 为 55583 亿元，2030 年 GDP 为 91579 亿元</td><td rowspan="3">常住人口 10489 万人</td><td rowspan="3">2020 年 10780 万人，2030 年 11075 万人</td><td rowspan="3">2011 年总客运量 19.39 亿人次，其中公路 18.42 亿人次，铁路 0.9 亿人次，水运 0.268 亿人次，民航 0.434 亿人次</td><td rowspan="3">2020 年总客运量 27 亿人次，其中公路 59.36 亿人次，铁路 5.42 亿人次，水运 0.26 亿人次，民航 1.789亿人次</td><td>A 类综合客运枢纽</td><td>16</td></tr>
<tr><td>B 类综合客运枢纽</td><td>19</td></tr>
<tr><td>C 类综合客运枢纽</td><td>14</td></tr>
<tr><td rowspan="3">广东</td><td rowspan="3">广东省域内实体综合客运枢纽</td><td rowspan="3">GDP 为 53210.28 亿元，人均 GDP50807 元</td><td rowspan="3">2020 年 GDP 为 137000 亿元</td><td rowspan="3">常住人口 10505 万人，其中珠三角 5646.51 万人</td><td rowspan="3">2020 年 12400 万人</td><td rowspan="3">2011 年总客运量 52.2 亿人次，其中公路 49.36 亿人次，铁路 1.79 亿人次，水运 0.26 亿人次，民航 0.798 亿人次</td><td rowspan="3">2020 年总客运量 66.83 亿人次，其中公路 59.36 亿人次，铁路 5.42 亿人次，水运 0.26 亿人次，民航 1.789 亿人次</td><td>一类综合客运枢纽</td><td>9</td></tr>
<tr><td>二类综合客运枢纽</td><td>35</td></tr>
<tr><td>三类综合客运枢纽</td><td>49</td></tr>
</table>

续上表

区域	规划研究范围	经济规模		人口规模		客运规模		枢纽分类分级	布局规模
		现状	预测	现状	预测	现状	预测		
深莞惠	承担经济圈对外以及内部城际客流转换为主的区域性综合客运枢纽	GDP2.03万亿,人均GDP 86453元	2020年GDP为35700亿元;人均GDP14万元	常住人口2351万	常住人口2541万	2012年达到28.1亿人次	2020年达到40亿人次,2030年达到54亿人次	一类综合客运枢纽	13
								二类综合客运枢纽	10

城市层面的综合客运枢纽规划　　表3-2

城市	规划研究范围	经济规模		人口规模		客运规模		当地规划的枢纽类型与功能	布局规模
		现状	预测	现状	预测	现状	预测		
重庆	综合客运枢纽(两种以上对外运输方式),同时考虑轨道交通枢纽与一种对外运输方式衔接的综合枢纽	GDP11459亿元	2020年32100亿元,2030年43000亿元	常住总人口约3000万人	2020年3550万人,2030年3800万人	2011年客运总量14.12亿人次	2020年27.5亿人次,2030年34亿人次	区域性综合客运枢纽	9
								地区性综合客运枢纽	23
								城市综合换乘枢纽	8

续上表

城市	规划研究范围	经济规模		人口规模		客运规模		当地规划的枢纽类型与功能	布局规模
		现状	预测	现状	预测	现状	预测		
武汉	武汉市域内各类客运枢纽站场	GDP为6762.20亿元，人均GDP6.74万元	2020年20000亿元，2030年30000亿元	常住人口1002万人	2020年1175.54万人,2030年1405.12万人	2014年客运总量2.8亿人次	2020年4.0亿人，2030年5.6亿人	一类枢纽发挥国家综合交通网运输功能	7
								二类枢纽服务区域经济发展	9
								三类枢纽满足市内运输需求	37
大连	大连市域内具有对外交通服务功能的枢纽站场	GDP为7002.8亿元，人均GDP突破16000美元	2020年17788亿元，2030年39232亿元	685万人	2020年850万人	2012年客运枢纽旅客吞吐量0.95亿人次	2020年客运枢纽旅客吞吐量2.42亿人次	一级客运枢纽:全国性	2
								二级客运枢纽:区域性	3
								三级客运枢纽:城际性	7
								四级客运枢钮:辅助性	6

从地方层面上看，“十一五”以来，各级地方政府也开始认识到综合客运枢纽在区域经济社会发展中的重要作用，部分发达省份、城市群、中心城市开始探索通过规划引领规范本区域内综合客运枢纽的建设发展，完成了各类规划成果。表3-1和表3-2分别是部分区域和城市的经济规模、人口规模、客运需求及综合客运枢纽的布局方案。

比较分析以上区域或城市的综合客运枢纽布局数量与经济规模、人口规模的关系，结论显示：

①综合客运枢纽的数量与服务区域人口总量、对外客运出行总量呈正相关关系；

②单个综合客运枢纽的服务辐射范围不等，分别对应50万～200万的城市人口规模；

③单个综合客运枢纽服务能力大约为日均旅客发送量7万～30万人次；

④综合客运枢纽的服务能力与规划区域人口集约程度正相关，辐射区域单位面积内人口总量越大，综合客运枢纽的服务能力和效率越高。

第二节 国内综合客运枢纽建设实践成效

“十二五”以来，交通运输部鼓励公路客运站主动对接其他运输方式站场，加快推进综合客运枢纽建设。截至2015年年底，交通运输部重点支持规划建设的综合客运枢纽项目共116个，其中已建成运营60余个项目。

一、区域分布特征

根据对我国综合客运枢纽的区域分布情况分析，东部地区约占项目总数的47%，西部地区仅占项目总数的19%，与我国区域经济发展水平及城镇化程度基本一致。从项目所在城市的性质和特征看，位于42个全国性综合交通枢纽城市的项目为37个；位于城区人口100万人以上大城市47个，位于城区人口50万～100万人的中等城市24个，如图3-1所示。

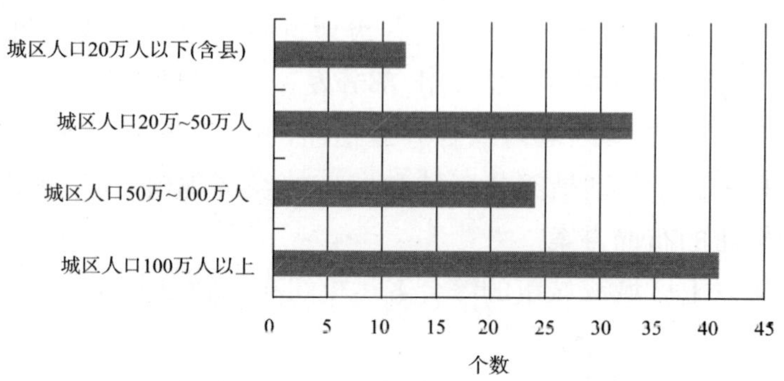

图 3-1 综合客运枢纽建设项目城市分布情况

二、枢纽类型与衔接交通方式

前述综合客运枢纽类型划分方式,综合客运枢纽分为铁路主导型、公路主导型、水运主导型和航空主导型四种类型,其中:铁路主导型 106 个,公路主导型 2 个,水运主导型 1 个,航空主导型 7 个。铁路主导型综合客运枢纽均做到了与铁路二等站以上级别站场的衔接,其中与国家铁路“四纵四横”客运专线衔接项目 66 个,如图 3-2 所示。50% 以上的项目规划有城市轨道交通衔接,促进了公路、铁路运输方式及与城市交通间的有效衔接,如图 3-3 所示。部分综合客运枢纽项目的衔接的具体情况见表 3-3。

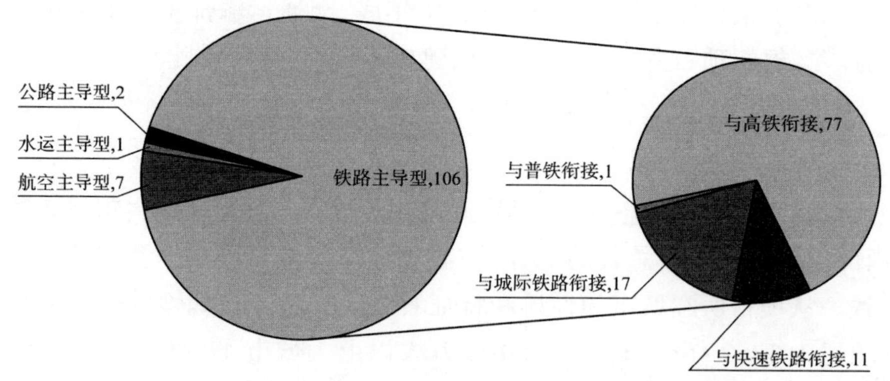

图 3-2 综合客运枢纽建设项目类型情况(单位:个)

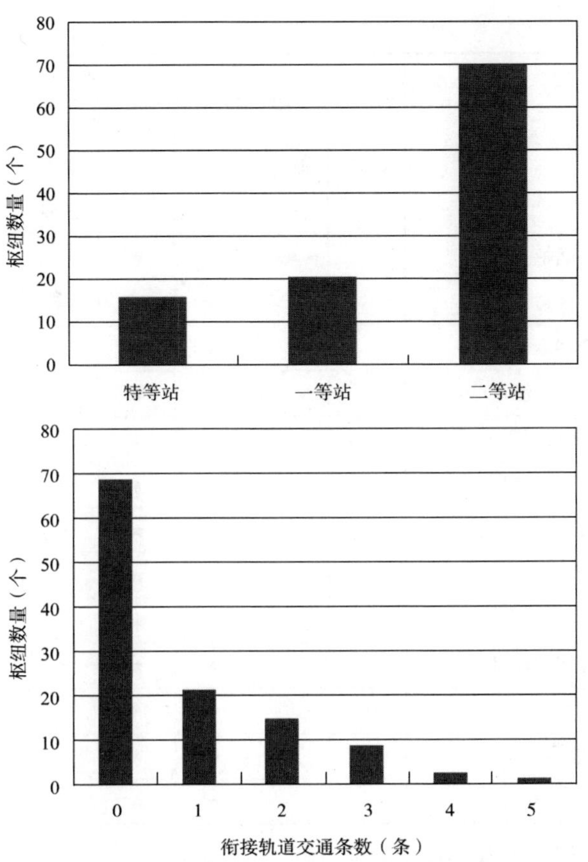

图 3-3　综合客运枢纽项目与铁路站场和城市轨道衔接情况

部分综合客运枢纽交通方式衔接情况　　表 3-3

项目名称	衔接交通方式							
	水运	航空	铁路	公路长途客运	城市轨道交通	常规公交	出租车	社会车辆
南京南站综合客运枢纽			★	★	★	★	★	★
武汉杨春湖客运换乘中心			★	★	★	★	★	★
成都沙河堡综合枢纽			★	★	★	★	★	★
长沙南站综合客运枢纽			★	★	★	★	★	★
上海虹桥综合客运枢纽		★	★	★	★	★	★	★

续上表

项目名称	衔接交通方式							
	水运	航空	铁路	公路长途客运	城市轨道交通	常规公交	出租车	社会车辆
重庆两路客运枢纽		★		★	★	★	★	★
天津西站综合客运枢纽			★	★	★	★	★	★
哈尔滨西综合客运枢纽			★	★	★	★	★	★
合肥综合客运枢纽			★	★	★	★	★	★
济南西综合客运枢纽			★	★	★	★	★	★
深圳北综合客运枢纽			★	★	★	★	★	★
西咸机场综合客运枢纽		★		★	★	★	★	★
贵阳机场综合客运枢纽		★		★	★	★	★	★
舟山蜈蚣峙交通集散中心	★			★		★	★	★
乌鲁木齐综合客运枢纽			★	★	★	★	★	★
常州新北综合客运枢纽			★	★		★	★	★
郑州东综合客运枢纽			★	★	★	★	★	★
沈阳南综合客运枢纽			★	★	★	★	★	★

注：★表示该枢纽衔接相应交通方式。

三、与所在城市关系

交通运输部投资补助的116个综合客运枢纽项目覆盖了62%的全国性综合交通枢纽城市、69%的中心城市、73%的公交都市创建城市，有效地体现了国家意志和发展重点。

上述116个综合客运枢纽项目内各交通运输方式设计年度旅客发送总量超过1600万人次/天，其中建成运营的60个综合客运枢纽总发送量超过600万人次/天，已成为承担我国区际、城际、城乡间中长距离旅客出行与换乘的重要枢纽。例如京沪高铁沿线已建成的7个综合客运枢纽项目中，高铁旅客发送量占整条京沪高铁旅客发送总量的70%以上，承担的城市对外客运量占枢纽所在城市对外客运总量的30%～40%，已经成为所在城市综合交通运输网的公共客运组织中枢。综合客运枢纽的集聚、整合效应优化了城市功能,带动了地方经济发展,在民生保障和经济开发方面的功能和作用也得到了加强。

综合客运枢纽项目按照所处城市区位大致可分为四个层次:中心区、郊区、新城、外围区县,见表3-4。

枢纽与所在城市的关系 表3-4

中心城区	郊区	新城	外围区县
天津站枢纽、南京站枢纽、苏州站枢纽、无锡站枢纽、哈尔滨西枢纽、宁波南站枢纽	上海虹桥枢纽、天津西枢纽、南京南站枢纽、武汉杨春湖枢纽、长沙南枢纽、无锡东站枢纽、成都东站枢纽	广州南站枢纽、郑州东站枢纽、济南西站枢纽、韶关站枢纽、余慈中心枢纽	福州南站枢纽、徐州东站枢纽、德州东站枢纽、曲阜东站枢纽

从处于同一城市内两个枢纽对城市影响的比较情况(表3-5)看,处于城市建成区内的枢纽多以改扩建为主,由于可利用土地面积有限,对现有城市整体发展格局影响不大;处于城市建成区边缘或外围的枢纽多以新建为主,周边可用土地面积充足,往往可以带动城市建设新城或主城拓展,如广州南站,广州市提出要依托广州南站综合客运枢纽打造广州市最重要的高品质门户地区和以商务、商贸为主导功能的现代服务业集聚区,并将依托其建设穗港澳现代服务业合作先行先试区。

同一城市内不同枢纽对城市的影响比较 表3-5

枢纽	衔接轨道交通条数(条)	与主城区的位置关系	距市中心距离(km)	对所在城市空间发展的影响	用地供给条件
南京站	3	城市建成区内	5	未对整体城市空间格局产生明显影响,但带来了城市空间结构的优化,并推动了城市再城市化	前临玄武湖,后依小红山,可开发用地面积约0.7km^2
南京南站	4	城市建成区边缘	8.5	带动周边35km^{2}的南京南部新城核心区建设,促进江宁东区、宁南地区及主城联动发展	可开发用地面积充足,约2km^2

四、组合方式与衔接换乘标准

综合客运枢纽空间衔接方式主要包括了立体衔接、通道衔接及广场衔接三种，交通运输部投资补助的项目在设计中基本体现了“以人为本”、“安全、便捷、舒适”的建设要求，其中10%的项目实现了立体式、一体化衔接，52%的项目通过换乘通道实现了便捷衔接，其余通过广场衔接的项目也设置了风雨廊等换乘设施，显著提高了旅客换乘的舒适程度。目前已投入运营的项目中，不同交通方式站场间的旅客换乘距离基本控制在300m以内，如图3-4所示。

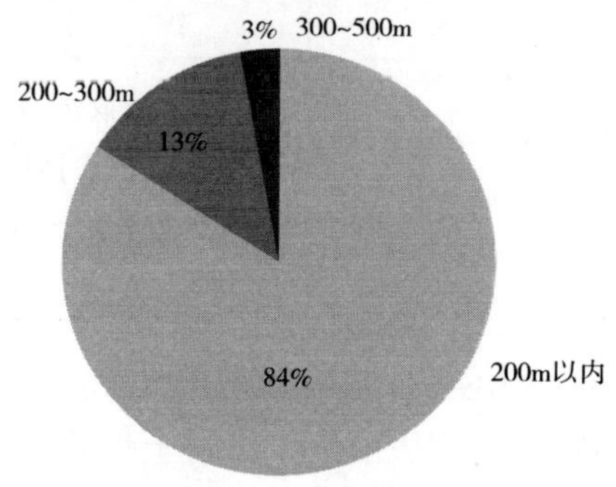

图3-4　综合客运枢纽中各交通方式平均换乘距离统计图

第四章　国内外综合客运枢纽规划建设经验与启示

第一节　国外综合客运枢纽规划与建设实践经验

国外部分大城市在综合客运枢纽规划建设方面实践较早,目前基本形成了较为稳定的客运枢纽结构,虽然国情不同导致在综合客运枢纽概念理解上有所不同,但国外成熟经验值得我国在推进综合客运枢纽建设中学习借鉴。

一、枢纽与城市发展的关系

国外经验总结显示,发展公共交通是人口众多的国家和城市解决城市交通问题的主要出路,推进不同交通方式一体化发展是发达国家交通政策共同的引导方向。高密度开发的城市往往优先通过集约化的交通方式,如轨道交通等方式来疏解客流,以提高单位用地面积所能承载的客流量,集约利用城市土地资源如图 4-1 所示。

通过围绕对外交通方式站场建设综合客运枢纽,将多种交通方式以及同一交通方式内多条线路在枢纽地区集中布局,有效衔接,成为外部客流进出城市交通网的主要衔接点。通过建设综合客运枢纽,提高旅客换乘的便利性,引导城市居民选择公共交通方式出行,满足城市客流转换需求,支撑城市高密度开发建设,以上思路成为国外很多国家在解决特大型或大型城市交通拥堵问题,提升综合交通运行效率等问题的共同选择。

本书通过对纽约、莫斯科、巴黎、伦敦、东京、柏林、马德里七个国外典型的大城市客运枢纽发展进程的分析,发现存在较多共同点:枢纽布局与城市形态相互协调,枢纽类型、所处区位对枢纽综合服务功能、城市功能的疏解或引导密切相关。国际七大城市内的航空与铁路综合枢纽在城市中的形态如

图 4-2 ~ 图 4-8 所示。

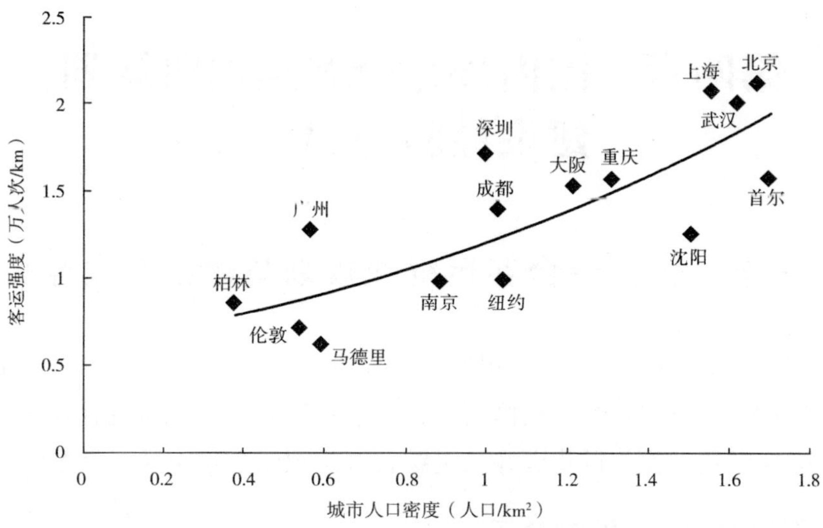

图 4-1　世界部分城市人口密度与轨道交通客流强度关系

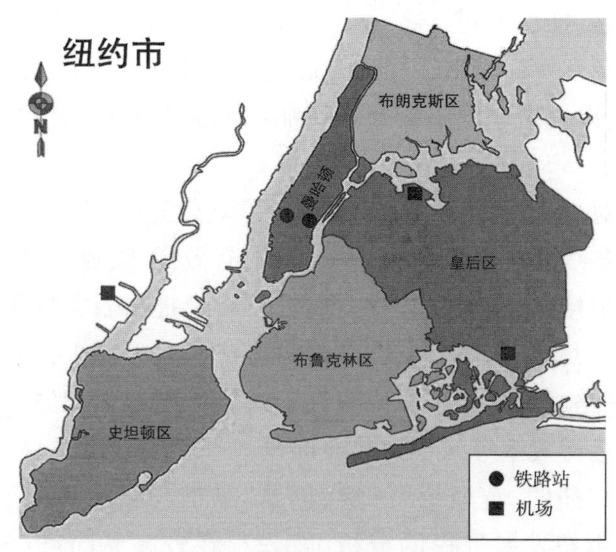

图 4-2　纽约市航空与铁路综合枢纽分布示意图

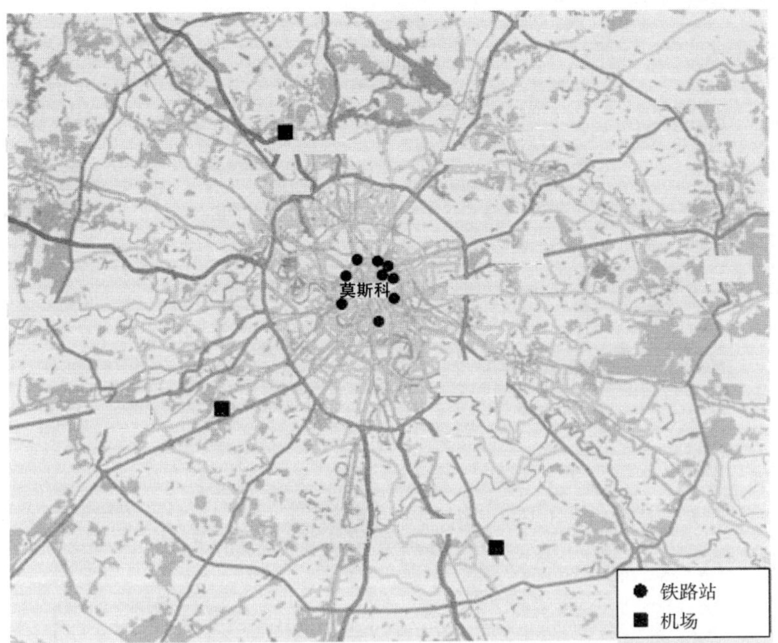

图 4-3　莫斯科市航空与铁路综合枢纽分布示意图

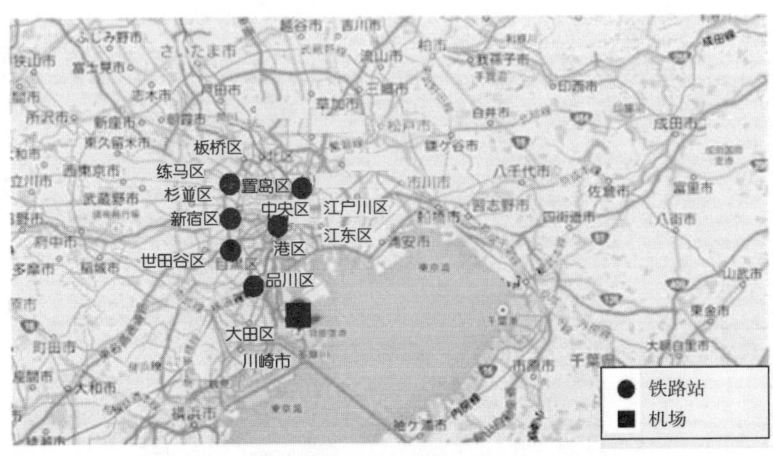

图 4-4　东京市航空与铁路综合枢纽分布示意图

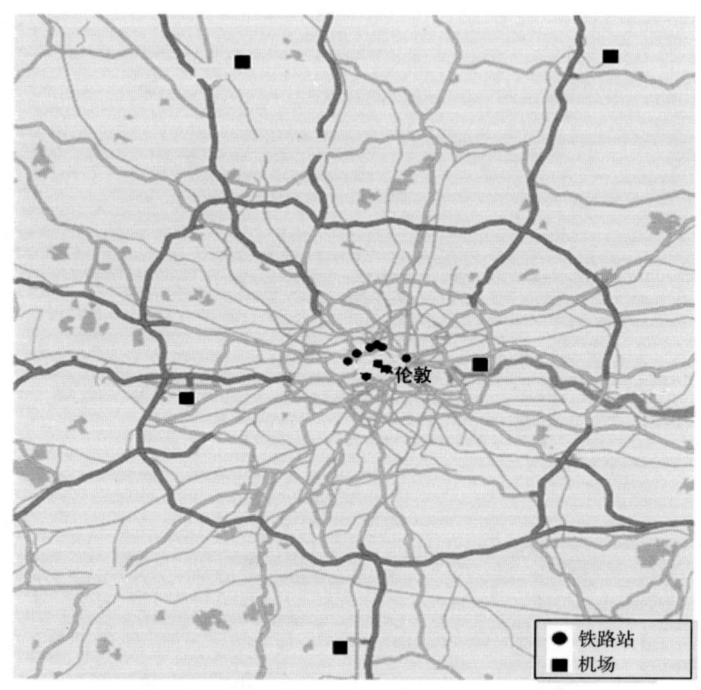

图 4-5　伦敦地区航空与铁路综合枢纽分布示意图

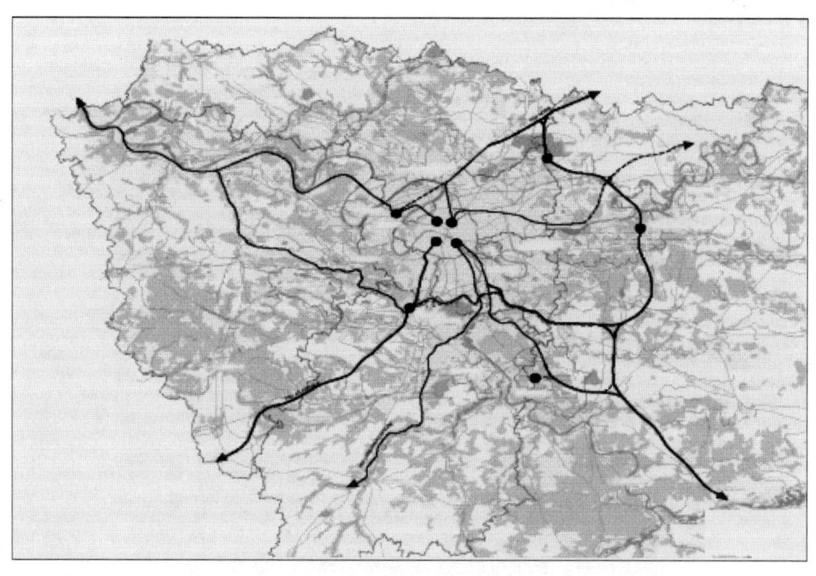

图 4-6　巴黎地区航空与铁路综合枢纽分布示意图

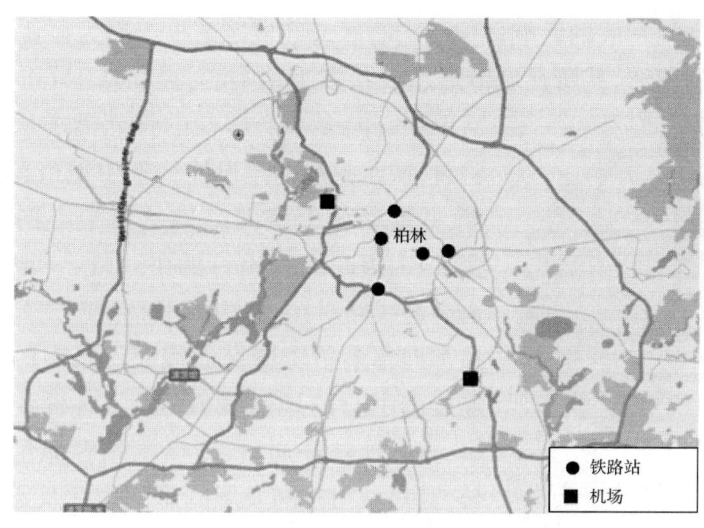

图 4-7 德国柏林综合客运枢纽分布示意图

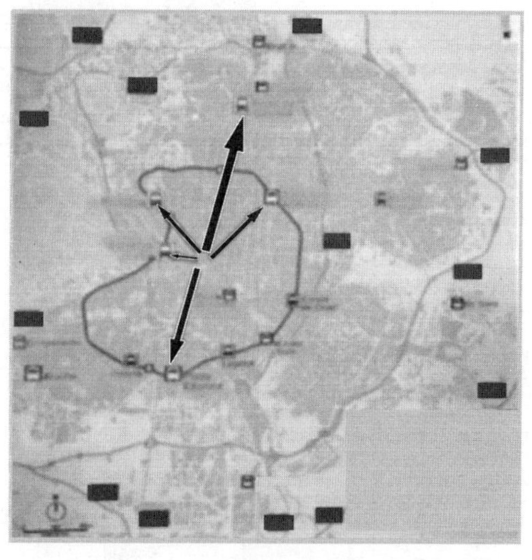

图 4-8 西班牙马德里综合客运枢纽分布示意图

根据对世界上 66 个主要机场的统计数据分析,75% 的民航机场与市中心的距离在 10 ~ 30km 范围内如图 4-9 所示。相比之下新建机场距离城市中心的距离比老机场更远,如美国新机场与市中心的平均距离约为 27km,老机场与市中心的平均距离约为 12km。机场与城市间的距离越来越远,客观上更加迫切需要城市交通无缝接驳,以减少乘客地面交通出行换乘时间,因此国外大型机场一般均将多种方式融合在一起,形成综合客运枢纽,如法兰克福机场接驳了城际高铁线、城市轨道、长途巴士、城市公交等多种方式。

铁路主导型的综合客运枢纽一般均呈环状布局于城市各个方向,与城市对外通道走向和铁路线路敷设关系较大,且显示出以下特点:①铁路枢纽大都位于城市的核心区,距离城区中心距离不超过 10km。②位于城市建成区外围的铁路枢纽对城市空间发展的影响较位于中心区或建成区的枢纽更为显著，这是由于在建成区外围的枢纽，其所在城市形态现状多为单中心，存在从中心向周边扩展或从单中心向多中心转变的强烈需求从国际发展经验看，铁路枢纽的建设往往催生城市新的空间增长极，并推动城市空间结构从单中心向多中心的转变，但为提高旅客出行的可达性，一般均有多条轨道交通线路对接，如法国里昂拉帕迪站和里尔欧洲站都拥有多条轨道交通线路。日本的新横滨站在连接市中心的地铁线开通前，枢纽客流量一直偏少，直到地铁开通后，新横滨站客流量开始明显增长，其对城市空间发展的影响力才日益显现国外部分典型铁路综合枢纽与城市的关系如表 4-1 所示。

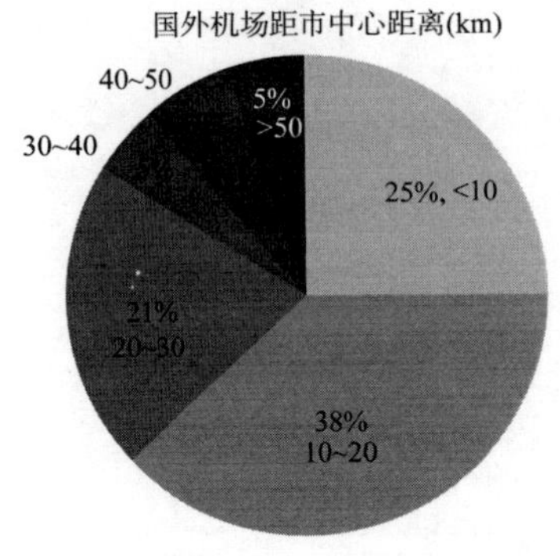

图 4-9　国外主要枢纽机场距市中心的距离分布图

国外部分铁路枢纽与城市发展的关系　　表 4-1

枢纽	衔接轨道通条数	与主城区的位置关系	距市中心距离（km）	对所在城市空间发展的影响	用地供给条件
新大阪站	1	城市建成区内	4	围绕枢纽形成新的城市增长极，牵引城市向北跨越沱川河发展，对城市空间影响较显著	位于沱川河以北，可供用地约 $1km^2$
新横滨站	1	城市建成区外围	7	1974—1989 年期间客流量较少，站点周边发展缓慢；1989 年后客流量大增，站点周边发展迅速，成为横滨市副中心，促成了横滨市的“中心 + 副中心”的空间结构	周边用地以农田为主，可供开发用地充裕
里昂拉帕迪站	2	城市中心区内	3	推动了拉帕迪地区的二次开发，催生了新的城市空间增长极，推动了城市空间结构的重组，对城市空间影响效果显著	城市原货运站所在地，可供开发用地面积约 $1.01km^2$
里尔欧洲枢纽	3	城市中心区内	1.5	形成“欧洲里尔”商务办公中心，使里尔由传统单中心空间结构转变为双中心空间结构，效果显著	毗邻老火车站，现状可供开发用地 $1.2km^2$

二、枢纽总体能力与规模

对国外综合客运枢纽经验总结发现，世界上多数国家综合客运枢纽的主体形态是以民航站场或铁路客运站为主导方建设而成。根据行业经验，综合客运枢纽中机场跑道、铁路股道的数量基本决定了枢纽整体对外运输能力，因此，本书对国外枢纽总体能力与规模的考察重点放在对外运输能力与所在城市人口、面积等关系上。世界上七个典型大城市的基本概况及综合枢纽的能力规模情况分别如表4-2及表4-3所示。

世界七个典型大城市基本概况　　表4-2

指标 / 城市	GDP（亿美元）	人口（万人）	面积（km^2）	机场（个）	铁路站场（个）
纽约	12100	836	789.4	2	2
莫斯科	5201	1151	1081	5	9
东京	15200	1328	2189	2	6
巴黎	8134	1206	12000	2	6
伦敦	2847	751	1577	7	7
马德里	970	452	8000	1	3
柏林	1433	343	892	3	2

世界七个典型大城市综合枢纽能力规模情况　　表4-3

城　　市	机场跑道数	铁路股道数
东京	6	123
纽约	9	100
伦敦	7	79
巴黎	7	157
马德里	4	59
柏林	4	—
莫斯科	8	108

根据对以上各大城市及其所在城市圈的人口与机场、铁路等对外出行设施供需分析，大致呈现同一规律，即基本保持在每200万人约1条跑道及10条铁路股道的匹配规模，各城市因区域人口的密集程度不同和铁路性质的不同略有区别。

三、枢纽间的衔接与建设协调

国际经验总结显示，各城市内衔接多种交通方式的综合客运枢纽基本上多是围绕对外交通站场进行集中布局，是外部客流进出城市交通网的主要衔接点，不同综合客运枢纽之间通过环线轨道或快速通道联系，保证旅客可在多个功能不同的枢纽间有效流动。如东京市枢纽网络层次清晰，各枢纽在网络中功能定位明确，枢纽间通过轨道交通紧密衔接，组成了一个依托轨道交通车站形成内外交通方式紧密衔接、完善高效的枢纽体系，即便是日本的两大国际机场也可以通过区域快速轨道交通满足中远途的集疏运要求，通过市域轨道系统和高速公路网络与周边地区形成良好的衔接。同时，依靠轨道网络，又可将不同层次的各个综合客运枢纽之间连接起来，形成更广大区域范围的换乘与衔接，带动日本整个运输服务效率、服务水平的提高。

综合客运枢纽的建设均是政府和市场的共同推动、交互作用的结果。在建设初期，中央政府在资金支持方面均提供了大力扶持，以引导多种方式的衔接；地方政府在枢纽建设、运营管理中也发挥着重要作用，在土地上给予支持，在规划布局上具有相当的话语权，甚至作为管理方参与具体枢纽的运营。如东京综合枢纽建设中的轨道线路的引入事宜等，一般均由政府管理决策；伦敦交通署还专门发布了枢纽建设与运营的指导意见，指出伦敦所有客运枢纽均应满足“效率、实用、理解、质量”的要求。但是无论伦敦还是东京，政府的主导作用并没有完全替代市场配置资源的基础作用，枢纽建设较多采用了政府协调、公私共建模式。

第二节　国外综合客运枢纽规划与建设相关理论

国外在综合客运枢纽领域的理论研究方面起步较早，特别是欧美、日本等发达国家和地区的特大城市中，城市轨道交通线路已经成网，由多种交通方式组成的综合客运体系日趋完善，实现各种交通运输方式之间无缝接驳的各类综合客运枢纽已经成为推动综合运输发展的重点。发达国家的理论积淀对推进我国综合客运枢纽的发展可以起到指导借鉴作用。

一、布局规划方面

国外主要针对客运枢纽空间布局、内部设施的规模和布局进行了相关理论方法研究,并在许多的大城市得到了广泛的应用。如在20世纪80年代,斯卡洛夫全面系统地论述了城市交通运输枢纽的合理布局、各种交通方式的适用范围,探讨了城市各种运输设备的合理配置及其相互衔接与协调问题。A. von Knobloeh介绍了Stein further Allee换乘站和Nordeistedi换乘枢纽内部换乘设施情况。Ian S. J. Dickins通过对欧洲和北美51个都市进行调查,说明各大城市轻轨换乘设施的使用情形,并提出了换乘设施的效益和影响因素,对于换乘设施的位置、配置以及规模大小也提出了适当的建议。Chen和Sascha等针对各类运输方式与轨道交通枢纽换乘关系进行了相关研究。J. de Cea和Enrique Fernández建立了多种交通方式换乘的框架模型,提出了3种整合模式和路径选择方式。

二、建设标准方面

为了提高枢纽内部换乘效率,国外学者们对出行者方式选择进行了一系列研究,并通过仿真模拟乘客在枢纽内的流动,寻找影响客流换乘效率的参数。如Bates E. G主要针对公路、城际客运等方面,探讨了既有交通系统换乘设施改善的问题,提出了综合客运枢纽吸引旅客量与枢纽内各类设施的关系,以及在旅客吸引量确定的情况下,枢纽内各种设施应具有的规模。Xia Jin对公共交通服务因素进行了研究,提出了将这些因素融入出行方式划分中,并利用二项Logit模型来探讨影响交通方式选择的因素。Bate在论文中研究了设施改善程度与城市综合客运枢纽换乘人数变化的关系,说明了接驳车站各种设施应具备的规模。Davis. D. G和B. John. P在换乘枢纽步行设施服务标准的基础上,提出了综合客运枢纽内通道设施人群步行的服务标准。Kitti等人对枢纽内部的换乘服务水平、换乘设施建设、维护、运行成本和乘客的期望值进行了研究,得出了不同条件下的乘客最优占有空间。

通过对以上主要城市综合客运枢纽建设情况的研究发现,美国没有针对各类交通枢纽出台专门标准规范;英国、法国、德国、西班牙等欧洲国家的综合客运枢纽的建设与改造也仅仅是参考了欧盟 PIRATE 项目的统一指导,各城市根据本地实际情况提出了一些细化的建设标准规范,如英国伦敦交通署针对不同交通方式在综合客运枢纽内的导向标识问题,专门出台了《换乘导向标识设置标准》,对不同交通方式、不同方向、不同线路的导向标识都进行了明确的规定,并对公共换乘区域的标识设置标准进行了详细说明,以确保枢纽内交通导向标识的连续、统一;马德里在 2000 年出版了多模式枢纽官方设计手册,对垂直换乘设施、残疾人无障碍设施以及座位的设计等制定了设计标准和方法。

三、运营管理方面

国外对交通枢纽换乘问题的研究,最早是在概率统计的基础上,充分考虑换乘的交通方式及线路间的换乘时间,对车辆的运行时刻表进行优化。1985 年,Hall 通过对铁路与公共汽车间换乘关系的研究,提出优化各种交通方式松弛时间来提高换乘效率的问题。Peter 通过对乘客到达换乘站点时间的统计分析,对最适合的换乘时间进行了定义。Lee 与 Schonfeld 在分析交通方式间换乘关系的基础上,对同步换乘区间的安全极限和发车间隔进行了优化。Jollffe 和 Hutchinson 认为换乘等待时间具有随机性,且与公共交通的发车间隔具有一定的关联性。Meyer 认为在公交需求强度大的城市区域范围内,乘客的出行需求往往是由各种交通方式共同满足,提出对换乘枢纽内部各种交通方式的时刻表进行同步优化,这样可以有效缩短在枢纽的换乘时间。

四、建设模式方面

由于城市开发与交通设计管理体制分割或方法异构,各国在城市及交通联合开发中都面临着公私关系和部门关系的协调管理。在美国城市土地协会编著的《联合开发——房地产开发与交通的结合》中,对如何加强与运输投资有关的经济开发、公共和私人团体间的协议安排作了详细论述,并就费城的东市场走廊、华盛顿特区的 1101 康涅狄格大道与国际广场、加拿大蒙特利尔的波纳文图尔广场等项目经验,介绍了开发实际操作过程中遇到的难题及解决办法。

第三节　国内外综合客运枢纽建设发展的经验与启示

我国综合客运枢纽建设尚处于起步阶段,未来具有广阔的发展空间。总结国外与国内综合客运枢纽建设发展的经验,对推动我国综合客运枢纽科学发展具有重要借鉴意义。

(1)综合客运枢纽的发展与经济社会、科技进步、城镇化进程和人民出行的愿望密切相关。在不同历史阶段和体制环境下,综合客运枢纽的表现形态也是不断变化发展的。

国内外综合客运枢纽发展经验显示,经济发展到一定水平,迫切需要解决大城市(大都市)交通拥堵的通病,强调集约化、高效化地利用土地资源,强调以人性化、精细化的手段为旅客提供一体化运输服务,综合客运枢纽应运而生。经济社会发展水平高、公共交通出行比例高的国家和城市,对综合客运枢纽的需求相应较大。城市化水平越高,城市建成区人口密度越大,更需要集约化的公共交通方式来疏解客流,吸引旅客从私人交通转向更为环保集约的公共交通,就需要提升公共交通换乘效率和服务水平,综合客运枢纽的需求应运而生。随着科技水平的提高,以及人们对出行舒适度的要求变高,更多的现代运输组织技术、建筑技术、管理方式等需要综合运用到客运枢纽的建设中来,使得综合客运枢纽的一体化运输组织程度和换乘环境的舒适度逐步提升。

对综合客运枢纽类型的总结和划分过程,体现出综合客运枢纽的表现形态也是不断变化发展的。由起初重视多交通方式的对接而形成的交通枢纽,逐步强调融合各类城市功能综合开发,形成城市综合体形态,进而结合城市精细化建设,利用发达的轨道网络实现枢纽之间的便捷连通,演变为网络化枢纽,促进城市从"紧凑型城市"转变为"网络城市"的发展过程。

我国人口众多,100 万人口以上的大城市就有 100 多个,超过了世界上最为发达的 7 个国家(G7)百万人口城市数量总和。300 多个地级以上城市的城镇化进程差异较大,城镇化水平较高的特大型、大型等中心城市人口密集、出行频率和客流规模远超过城镇化水平低的中小城市,在多种交通方式集中的地区,建设综合客运枢纽已经成为特大、大型城市缓解城市交通拥堵、发挥不同交通方式优势、避免多种交通方式站场独立运营引起的人员高峰期过渡集中等问题的主要选项之一。在综合客运枢纽发展形态选择和功能设置上应科学分析、合理判断。

(2)随着时代进步,综合客运枢纽的概念和认识也是不断深化、发展的,不同国家、不同体制环境下,解决的重点问题有所不同。

从国内外枢纽发展阶段看,国外发达国家在长期交通设施建设过程中,经历了不同运输方式之间以及多个部门和多方利益之间关系的博弈问题,最终实现能够"坐在一起"商量的根本原因在于"以人为本"理念的贯彻、体制环境的改善以及市场机制的完善。如德国政府在1996年建设柏林车站时,将铁路、轨道、公交等不同运输方式主管部门在一个平台下有效协调,由柏林市政府作为主要推动和促进力量,提倡以利益共享为基础的市场化组织运作模式,到2006年建成一体化的枢纽后,各方式运营管理部门公司均能享受到资源与信息共享所带来的好处。

国内各地对综合客运枢纽的建设探索开始于"十一五"末期,到"十二五"进入快速建设时期。在经济发达、城镇化水平较高的东部沿海江苏、浙江等省份,地方政府对综合客运枢纽的认识和重视程度高。如由江苏省人民政府牵头,江苏省交通运输厅、财政厅、建设厅联合出台了一系列办法,促进了京沪、沪宁高铁配套的南京南站、南京站、无锡站、苏州站、常州中心站、镇江站等采用多项人性化设计,采用地下通道、换乘大厅等方式将不同运输方式站场衔接在一起。而在我国西部地区的一些城市,受体制、资金、认识水平等问题影响,在建的综合客运枢纽多以广场衔接或局部通道衔接为主,"方式拼盘"现象明显。

国内外发展经验告诉我们,综合客运枢纽中各站场的组合形态是随着体制机制的不断改善和管理者、运营者的理念认识逐步深入而渐进提升的过程,对于我国当前综合交通运输管理体制尚需完善,对综合客运枢纽一体化的推进进程也需要把握规律,循序渐进,不能用"一刀切"的建设标准要求每个枢纽都按照立体方式建设,而应由"统一规划、统一设计、各自投资、各自建设、协同管理"逐步推进,最终实现"统一规划、统一设计、共同投资、同步建设、一体运营"。

(3)综合客运枢纽与城市的关系是相互影响、互为促进,在综合枢纽的规划建设中应强调根据城市形态和枢纽定位合理界定功能、科学布局。

从国内外枢纽与城市的关系看,国外综合客运枢纽,尤其是铁路主导型综合枢纽一般均位于城市中心区,位于城市外围的枢纽距离中心区一般也不超过10km,往往通过实施综合开发战略进行客流培育并成长为城市的重要功能组团。如以日本新横滨站为例,枢纽位于市中心北部约7km,从1974年建成后到1989年的15年间,平均每天客流量只有1万人次,枢纽周边地区的开发不理想,但是1989年随着连接新横滨站和城市中心的地铁线建成后,客流量有明显的飞跃,达到2.7万人次,周边新区也逐渐形成,成为横滨市副中心。

我国当前重点推进的高铁系统,与国外相比存在较大的差异。根据分析显示:目前高铁站的布设,在我国特大型、大型城市中,基本上均能设置在城市中心区范围内,虽多在中心区边缘地带,但是周边客流规模巨大,需要高度重视一体化公共交通换乘系统的构建,以便做到旅客在中心城区的快速疏散,功能建设上应突出交通服务功能(图4-10);而在大多的中小城市,新建高铁站往往距离城市中心区较远,位于城市边缘区或者外围新区,在枢纽发展模式上可以借鉴国外城市综合体的做法,积极推进功能多元化交通综合体的建设,积极培育客流,并建设高效快速的集疏运系统和换乘系统,方能实现与中心区的互动国内铁路客运站与中心城区的关系如图4-10、图4-11所示。

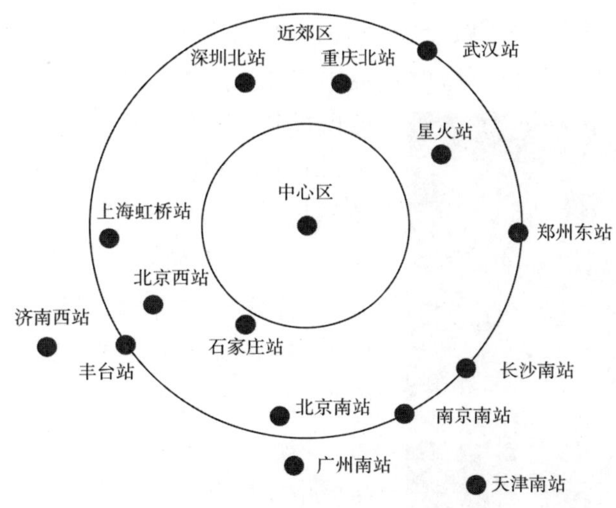

图4-10　我国大型城市高铁站和中心城市的区位关系

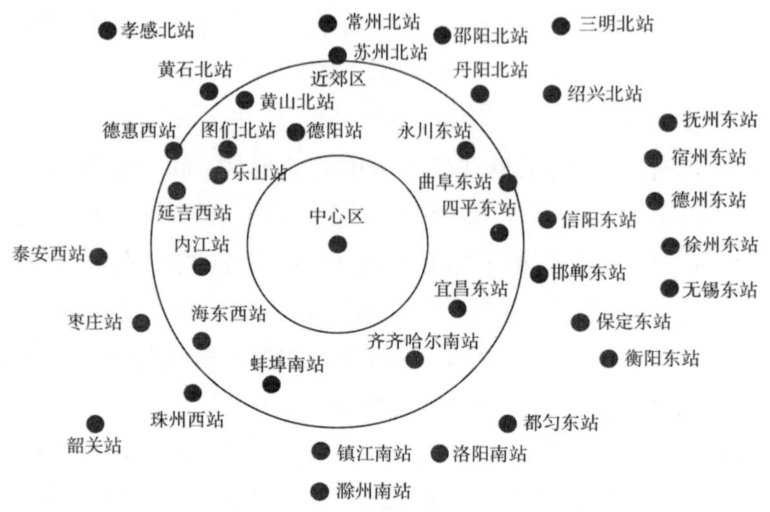

图4-11　我国中小城市高铁站和中心城区的区位关系

(4)加强综合客运枢纽标准规范建设,提升综合客运枢纽的规划管理水平,引导枢纽合理开发,是各国政府对社会、城市提供公共服务的重要体现。

国外发展经验显示,无论是日本的国土交通省,还是德国的联邦交通建设与城市发展部,统一的大交通管理体制保障了不同运输方式主管部门可以在一个平台下的有效协调。其次,城市政府在综合客运枢纽建设过程中发挥了重要的推动和促进作用,除给予资金支持外,非常重视通过标准规范提升综合客运枢纽建设水平。如在德国、新加坡、英国等国家,均对客运换乘枢纽的交通导向标识进行了规范,凡是带有图4-12中标志的,均表明该站同时有多条城际、城市轨道和公共汽车线路停靠,可实现多方式换乘,并实现同一个站场"一票、一价、一张时刻表"。此外,在综合客运枢纽的建设开发过程中,各国均重视以利益共享为基础的市场化组织运作模式,通过组建统一的开发公司、市场化的综合开发模式等实现枢纽建设与城市发展、经济开发等相互协调一致。在我国综合客运枢纽建设发展过程中可以积极借鉴。

图4-12　德国(左)与新加坡(右)的综合客运换乘枢纽标识系统

第五章　我国综合客运枢纽发展面临的问题与建设着力点

第一节　面临问题与成因剖析

综合客运枢纽作为综合交通运输体系建设的重要载体和民生工程，其规划建设得到了各地、各部门的普遍重视，各地对加快综合客运枢纽建设必要性和紧迫性的认识更加一致。经过“十二五”建设实践，我国综合客运枢纽规划、建设及运营管理水平显著提升，但在发展过程中依然面临诸多问题，主要表现在以下四个层面。

一、体制机制

综合客运枢纽面临多主体投资、多行业管理、多部门运营等现实问题，各个行业主管部门之间较难协调，体制机制的理顺仍需要一个过程。由于体制机制的原因，存在如下现象：

(1)各方式站场建设时序不统一，枢纽建设进度和效果不佳。

近年来“四纵四横”高速铁路、国家快速铁路等主要干线铁路建设速度明显加快。京沪、京广、哈大、宁杭、沪杭等高铁线路相继通车，沿线近100个铁路客站投入运营，但在已开通的高铁线路上，综合客运枢纽的整体建设速度远远滞后于高速铁路的建设配套要求。例如2008年京广高铁开通之日，沿线在建或已建成的综合客运枢纽站仅有不到10%，大部分城市与高铁客站配套的综合客运枢纽未能做到适时对接，且不少综合客运枢纽有其名无其实，在土地综合利用、设施衔接和服务功能的一体化等方面差距较远，已建成的综合客运枢纽建筑实体庞大、雄伟，但在运营过程中仍存在旅客换乘不便的遗憾工程，说明在综合运输管理体制尚未完善、建设协调力度不够的前提下，综合客运枢纽整体衔接效果难以保证。

(2)枢纽站场用地难以落实,建设运营管理水平不高。

从城市管理层面看,综合客运枢纽涉及公、铁、水、航及城市交通等多种交通运输方式,各方式线位、站区以及公共服务区等在项目用地方面涉及城市规划、国土等多部门、多环节的管理。地方政府如不能统筹协调枢纽规划与城市总体规划、土地利用规划等上位规划的关系,将导致枢纽站场虽有规划却难以落地。

此外,综合客运枢纽建设、运营主体较多,根据对交通运输部已补助枢纽项目的统计,在建设中专门成立了统一的枢纽建设管理公司的项目数量不足15%,多数项目仍然采取多个建设主体各自建设的方式,导致各方式站场虽然在空间上做到了相对集中布局,但实际上无论在建设还是运营管理阶段,由于多主体模式及彼此间存在的协调障碍,部门之间各自的利益关系无法得到有效平衡,导致综合客运枢纽在建设、运营上无法做到有效融合。如建设阶段,在功能空间共享、交通导向系统、市政管网系统、机电系统等方面很难实现统一建设和整体开发,后期运营管理上也无法在班线调度、应急管理等方面做到协同一致,不利于一体化综合客运组织的实施。

二、布局规划

(1)枢纽建设零敲碎打,缺乏统筹总体规划。

综合客运枢纽作为城市重要的基础设施,必须与其他运输站场、城市道路、运输线路等有效衔接、系统整合,才能形成衔接顺畅、运转高效、能力充分的城市综合客运服务体系。总结我国综合客运枢纽建设实践经验,在现有体制下,交通运输部虽然做了很大努力,但投资补助支持项目中仍有40%左右均属于平面组合式的枢纽,建筑形态上是多方式的拼盘和车站的集合,尚未形成真正意义的一体化综合客运枢纽。其中一个重要的原因是我国各城市建设综合客运枢纽,大多是站在一个“点”上研究单体枢纽站场自身建设,片面追求各种运输方式设施设备的齐备、土地的综合开发,各行业标准对多方式站场赋予了过多过全的功能,还要兼顾安全运营,必然导致所建枢纽既大又散,在很大程度上影响了综合客运枢纽效果的发挥。解决这类问题迫切需要从城市规划、综合运输规划等上位规划阶段统筹考虑综合客运枢纽的布局规划问题，明确在城市或城市群区域内，需要布设多少枢纽，各枢纽在对外交通与城市交通转换过程的各自分工与服务功能。

(2)缺乏系统理论指导，影响枢纽规划效果。

我国东、中、西区域发展的差异性明显，不同城市的人口规模、国土面积、城市所处的发展阶段均不同，各类交通运输方式的分布及容量也不同，使得不同城市对综合客运枢纽的布局规划和建设需求不尽一致。而且，由于我国综合客运枢纽理论研究相对滞后，各地对综合客运枢纽的内涵、本质及技术经济特征的理解不统一，在综合客运枢纽的功能定位、系统构成、换乘衔接、运能匹配等多项内容上缺乏理论指导，认识不清，使得地方在规划目标、规划内容、建设方案等理解不一。目前，国内对以下主要问题尚缺乏系统的理论和实证研究，如综合客运枢纽与城市的互动关系、城市对外交通与城市交通转换的总规模及分布特征、综合客运枢纽在城市内的空间布局和功能分工问题等，导致在区域和城市综合客运枢纽布局规划过程中，一些重点的技术理论，如城市对外客运总量与换乘总量预测、枢纽网络布局方法、枢纽的集疏运体系及枢纽网络间的交通衔接等缺乏有效的理论支撑和参考，难以发挥“规划”在枢纽建设管理中的引领作用，迫切需要将综合客运枢纽作为城市交通规划的重要组成部分，从整个城市交通资源合理配置的角度，以功能为导向，采取分散、集中多模式组合的方式，提供灵活的解决方案，从规划层面研究促进多交通方式的无缝衔接，发挥枢纽对城市空间拓展、完善的引导作用。

三、技术标准

(1)缺乏统一的理念认知，部分项目建设效果欠佳。

“十二五”以来，各地建设综合客运枢纽的热情高涨，但由于规划理念及建设标准缺乏统一认识，出现了不同区域建设枢纽衔接效果差异大、在布局规划阶段枢纽之间在相互分割、建设技术标准缺乏指导等问题。

从区域建设枢纽的效果看，经济发达、城镇化水平较高的东部沿海，如上海、江苏、浙江、山东等省直辖市行业主管部门在实践中不断探索，寻找枢纽内多种运输方式间的合理的换乘时间与换乘距离，制定本地区的管理建设标准，政府推进力度较大，所建的综合客运枢纽的服务功能能够得到充分体现，如沪宁、沪杭、京沪等铁路沿线的综合客运枢纽衔接换乘距离就控制在200m以内，并相应配置了提高旅客换乘效率和舒适度的换乘设施；而中西部地区综合客运枢纽的建设模式则大都停留在“方式拼盘”上或者广场衔接上，没有真正实现“功能融合”。

(2)缺乏明确技术要求，建设难以达到应有服务水平。

建设标准方面，目前仅有各单一方式站场建设技术标准及相关规范，缺少相互衔接的公共服务区域建设标准和服务水平的技术要求。

枢纽布局方面，由于缺少综合客运枢纽整体建设方案的统一规划，各运输方式建设时序无法协调，站场用地不能保证，导致当前在建的综合客运枢纽内各方式功能设施布局不尽合理，不是依据旅客换乘流线进行设计布局，而是在主导方确定下来后，通过其他运输方式与之衔接的方式集合而成，多数存在拼盘现象。

设施衔接方面，由于缺少交通建筑的统一设计，综合客运枢纽内主导方站场设施的建设往往具有优先权，建设序列是在主导方站场设计方案已定情况下，再考虑其他枢纽方式与之衔接，往往通过换乘天桥、廊道、大厅、广场等设施去实现综合换乘服务功能，无形中拉长了旅客的换乘距离，达不到安全舒适、便捷、高效的服务要求。

信息建设方面，全国范围内已建和在建的综合客运枢纽均未做到不同运输方式之间交通导向标识的统一，没有做到不同运输方式间信息交互、传递、发布和共享。全国范围内由于没有交通导向设计的国家标准造成综合客运枢纽内交通导向信息不统一、不连续，需要换乘的旅客必须要在不同城市、不同的综合枢纽内熟知不同交通方式的导向标识才能体验换乘服务，即增加了旅客公共出行难度，也增大了综合枢纽公共换乘区域的管理难度。由于枢纽内不同运输方式间信息互不共享，增大了交通安全管理的隐患。

安全管理方面，不同交通运输方式共同作用于同一综合客运枢纽，在紧急状态下安全应急机制如何建立、如何管理，安全疏散对设施规模的建设要求等方面，国家没有提出明确的要求，综合客运枢纽安全管理的制度规范不健全、主要责任方不明确，是综合客运枢纽管理的重大缺失，需要地方政府对此问题高度重视,可根据地方管理工作的实践经验,解决相应问题。

四、投融资

综合客运枢纽在建设开发阶段,融资渠道单一,土地综合开发缺乏规范引导。根据对已建设的约100个综合客运枢纽项目投资主体的统计分析,目前我国综合客运枢纽主要依靠政府或国有企业以公共投资的模式开发建设,其中由政府直接投资的占到了11%左右,由政府投资公司或国有运输公司投资的占到了79%左右,仅有10%左右为民营企业或股份公司投资,社会资本介入比例偏低,收入来源单一,将会影响枢纽后期可持续运营的效果。

此外,汇集了大量客流、信息流的综合客运枢纽,不但集合了各种交通资源,也吸引了大量经济活动,强化了城市商业、休闲、商务等经济开发功能,但交通功能与经济功能如何处理,特别是经济开发所带来的非交通客流对交通设施的影响,至今我国还没有规范的指导意见,这些都是综合客运枢纽建设中亟待解决的问题。

第二节　推进我国综合客运枢纽建设发展的着力点

我国各省市经济条件、交通条件各不相同,综合客运枢纽建设与发达国家相比,会面临更多复杂问题,需要试点探索、循序渐进、逐一发展解决。从提升一体化客运服务的视角考虑,当前推进我国综合客运枢纽建设亟待完善以下几个环节。

一、理顺综合客运枢纽规划建设管理机制

2013年大部制改革后,交通运输部已汇集公路、水路、铁路、民航等多个部门,为综合客运枢纽的规划建设创造了较好的体制环境,对综合客运枢纽的管理机制也提出了更高的要求。交通运输部在统筹规划各种运输方式线网的同时,应重点关注与高铁衔接、与民航机场衔接的综合客运枢纽,充分发挥综合运输体系规划协调、指导综合交通运输枢纽规划和管理职责,利用高铁线路规划建设、民航机场新建或改扩建的契机,促进各种运输方式站场管理部门、投资主

体、运营主体的协调,促进综合客运枢纽一体化建设,各种运输方式有效衔接,提高枢纽服务水平,方便旅客换乘。综合客运枢纽规划建设管理机制亟须理顺与完善,从现有实践模式中及时总结经验、教训,提出综合客运枢纽在规划、设计、建设、管理阶段的协调机制,以保障枢纽规划建设的实施效果。

二、加强中心城市综合客运枢纽规划指导

综合客运枢纽作为城市基础设施的组成部分,对城市的整体发展、城市运行秩序以及提升公共客运服务的便利性等均具有直接、重大影响。下阶段应发挥地方政府主体作用,在城市综合客运枢纽规划过程中统筹做好发改委、国土、规划、交通等多个部门的协调工作。地方政府作为主导者,可以统筹考虑更集约有效地利用土地资源的建议方案,保证交通服务功能符合城市发展要求,保障规划站场的用地落实。从目前推进效果及方式看,可以先在中心城市试点逐步向中小城市推进。

试点内容包括:从城市总体长远发展战略考虑,运用综合运输规划的思想,积极主动统筹解决城市内综合客运枢纽空间布局、服务功能、设施规模、开发模式、集疏运交通等问题,从体制机制角度,探索提出相应的措施、建议;依据客运需求规模,合理确定占地面积需求,及时反馈给城市总规等上位规划进行调整;妥善处理对外交通与城市交通的关系,通过统筹考虑综合客运枢纽的功能配置和交通衔接,提升整个城市客运服务系统的运行效率和服务水平,加快形成科学的行之有效的规划管理协调机制和工作推进流程等多个方面。

本书案例篇中深莞惠区域综合客运枢纽布局规划,就是以中心城市为核心,探索综合客运枢纽在区域内的功能定位、对外交通与城市交通合理衔接等问题。

三、完善单体综合客运枢纽项目建设标准

目前国内各单一运输方式客运站场的建设标准相对较为齐备,但将多种运输方式汇集为综合客运枢纽后的公共空间区域、公共服务区域缺乏统一的技术标准,综合客运枢纽换乘服务质量难以保证。随着城镇化进程的加快,综合客运枢纽建设项目会越来越多,客观上要求尽快建立综合客运枢纽站场建设的标

准规范,尤其是在综合客运枢纽建设内容、设施配置、换乘效果等方面提出规范要求,弥补标准的缺失。当务之急,应结合综合客运枢纽的分类分级标准,系统总结综合客运枢纽建设成果,优先提出相应等级枢纽的建设规模标准、服务水平以及旅客步行换乘设施、自动步行道、风雨廊等设备的配置要求,以指导各地综合客运枢纽建设。

四、探索枢纽投融资及建设开发管理模式

随着我国经济体制改革逐步深化,市场在资源配置中的作用越来越重要。综合客运枢纽作为交通基础设施,具有一定的自然垄断性。目前枢纽中各运输站场的投资主体、运营主体容易从自身利益出发考虑枢纽的建设方案,这样会影响运输市场的公平竞争,也会降低枢纽的使用效果,因此我国综合客运枢纽应在充分发挥市场作用的前提下,探索政府与市场在枢纽建设开发、运营管理及投融资方面的合作方式,建立相应的机制和明确的制度,推进枢纽的一体化建设运营,发挥综合枢纽在社会经济活动中应有的服务作用。

政策篇

第六章　综合客运枢纽政策的定位与目标导向

第一节　综合客运枢纽的产品属性

根据公共经济学理论,社会产品分为公共产品和私人产品。公共产品是指具有消费或使用上的非竞争性和受益上的非排他性的产品。私人产品是指具有效用上的可分割性、消费上的竞争性和受益上的排他性的产品。介于二者之间的产品称为准公共产品。

综合客运枢纽的主体功能是公共交通服务,服务对象是全社会公众,它的经济属性特征主要表现在基础性、公共性、服务性和外部性几个方面。

一、基础性特征

从经济及社会层面来看,综合客运枢纽作为综合交通运输基础设施的重要组成部分,它所提供的产品和服务,是居民出行和生产经营等活动的基础条件,是必需的投入品;它提供的产品和服务价格最终将成为其他行业部门产品或服务成本中的一部分。因此,综合客运枢纽基础性特征明显。

二、公共性特征

综合客运枢纽具有很显著的公共性属性,主要表现在:枢纽由全体公民享有,任何人对枢纽的使用都不会让其他消费者的利益受到损害,任何人都不能拒绝其他消费者对枢纽进行消费。枢纽所占有的土地资源归国家或农村集体所有,枢纽在建设过程中,项目的立项、征地、搬迁等工作必须要政府进行协调配合才能顺利完成。枢纽内的公共平台和交通导向系统等设施是为政府进行行业管理和为公众提供信息服务的,均有很强的公益性。

三、服务性特征

从综合客运枢纽的基本功能来看,它属于服务产业,能够为经济和社会带来巨大的效益。主要表现在:一是枢纽不仅提供旅客基本位移服务,也提升了旅客把交通出行作为一种生活体验的价值。二是综合客运枢纽的建设为资源的集约利用提供了共享公共空间,属于基本平台。三是综合客运枢纽本身提供的公共的、便捷的交通服务可以创造出明显的空间效用和时间效用,对于大多数使用者来说,交通便利、顾客和物品较容易到达的地方会是较为理想的商品交换场所。四是枢纽的衍生产品也间接地为提高经济效益提供了服务,如交通信息服务、休息区、加油站、食宿、广告宣传等。

四、外部性特征

枢纽的建设和供给会产生巨大的正外部性,它所能带来的经济和社会利益已经超过了人们直接对其支付的费用,难以向受益者收取投资回报,主要体现在:综合枢纽建设规模的扩大及采用的技术更新等因素,使得综合客运枢纽所在的交通区位优势得以改善,投资环境不断优化,对缩小地区差异、优化生产力布局等具有重大作用。枢纽的建设在其他社会福利方面也有极大的促进作用,如促进劳动力市场自由流动、增加就业机会、推动边远落后地区的发展等。

细分综合客运枢纽中的核心基础设施,如客运站房设施、设备以及公共换乘设施、交通导向和公共信息平台系统等均是为公众提供基础性服务所必需的公共设施。综合客运枢纽中的生产性辅助服务设施也是为提供各项社会服务所需的必要辅助产品,因此,从整体上将综合客运枢纽归属为准公共产品。

因此,在综合客运枢纽规划建设中,政府应对综合客运枢纽内部各类型交通站场、换乘服务、公共信息设施设备等一视同仁,加强投入,充分发挥体制机制等行政职能和战略规划、投资补助、标准规范等政策引导功能,促进综合客运枢纽的健康、快速发展。

围绕在综合客运枢纽周边的经济开发功能应属于市场行为、属于私人产品,政府不应干预。相反,从合理使用土地稀缺资源、为社会公众提供多样化综合服务角度出发,政府应该在理念和政策上支持市场配置资源的决定性作用,鼓励对综合客运枢纽上盖及周边区域实行综合开发。

第二节　政府在综合客运枢纽建设发展中的地位与作用

《中共中央关于全面深化改革若干重大问题的决定》指出："政府要加强发展战略、规划、政策、标准等制定和实施，加强市场活动监管，加强各类公共服务提供。加强中央政府宏观调控职责和能力，加强地方政府公共服务、市场监管、社会管理、环境保护等职责。"综合客运枢纽作为重要的交通基础设施产品，是各级政府需要加强协调、监管，行使政府服务职责的重要领域。

(1)综合客运枢纽具有很强公益性，需要政府加大投入保障供给。

综合客运枢纽作为综合交通运输体系的重要组成部分，是各种运输方式之间及其与城市交通间实现有效衔接和一体化客运组织的关键节点，直接服务于社会大众，具有公益性和服务性的基本特征。推动综合客运枢纽的建设和发展是政府履行为公众提供公共服务，保证综合运输体系协调发展，实现交通功能"以人为本"的重要体现。

(2)综合客运枢纽的垄断性和战略性，要求政府对资源实施管控。

综合客运枢纽是锚固综合交通运输网络、完善城市服务功能的重要功能节点，尤其是具有对外交通运输功能的综合客运枢纽大都位于国家运输主通道上，是综合运输组织和管理的中枢骨架，事关综合交通运输发展全局的垄断性、战略性资源，属于市场不能充分发挥作用的领域，需要政府以国家发展战略和规划为导向，增强对其宏观调控的前瞻性、针对性、协同性，管控枢纽区位资源。

(3)综合客运枢纽系统的复杂性和市场影响力，需要政府统筹管理。

综合客运枢纽集合了多种运输方式，是一个复杂的系统工程，其建设发展和市场运营涉及公路、铁路、水路、民航等多个行业部门，以及交通、规划、国土、城建、环保等地方职能部门，只有各级政府共同协调配合方能实现枢纽系统公共服务功能和社会效益，因此需要政府加强统筹协调、做好服务管理。

(4)综合客运枢纽是政府推进基本公共服务均等化的重要载体。

中国人口众多,公共交通是发展的必由之路。随着城镇化进程的加快、城市人口规模快速扩张、城市数量急剧增加,公共客运换乘需求持续扩大,客观上需要政府参与供给综合客运枢纽公共服务,提高区域之间、城市之间、城乡之间的交通通达性,提升经济社会活动联系的便利性。综合客运枢纽是各级政府指导城市优化功能布局结构、提高新型城镇化发展品质、惠及大众民生、推进基本公共服务均等化的重要手段。

(5)综合客运枢纽节能减排、公共安全影响需要政府强化市场监管。

综合客运枢纽是多种运输资源集结地,合理规划、科学建设可以有效整合和集约利用资源,提高能源利用效率,增强节能减排功效。综合客运枢纽是客流高度集中的重要公共场所,一旦发生突发事件或安全风险,破坏性巨大,社会影响力巨大。因此,政府在综合客运枢纽建设和管理中,增加供给、强化监管、做好服务是责无旁贷的重要职责。

第三节　综合客运枢纽政策体系的定位与作用

政策是政府推进经济社会及相关领域发展的重要手段,具有约束、引导、调控和分配等多种目标匹配的功能。推进综合客运枢纽建设发展,需要建立分类管理的政策体系,通过可操性的政策工具实现系统治理。

一般性的行业公共政策体系涵盖了布局政策、结构政策、技术政策、组织政策以及可持续发展政策等多个方面。

综合客运枢纽政策体系的定位:属于公共政策范畴,是政府指导规范综合客运枢纽建设、管理和发展的重要手段,是一种政府导向而非市场性质的经济调控方式,是政府引导行业发展的基本工具。综合客运枢纽政策体系是综合交通运输发展政策的组成部分,是综合交通运输发展政策的细化。

综合客运枢纽政策的主要作用:

(1)运用政府力量加快公共服务设施建设,保障超常规发展效果。

(2)加快综合运输体系构建,推动结构转型,促进资源合理配置。

(3)强化政府市场监管,弥补市场失灵缺陷,提升民生服务水平。

(4)增强行业治理能力,促进综合运输服务和管理水平的提升。

第四节　综合客运枢纽政策体系目标导向

政策是政府推进经济社会及相关领域发展的重要手段，具有约束、引导、调控和分配等多种目标匹配的功能。推进综合客运枢纽建设发展，需要建立分类管理的政策体系，通过可操性的政策工具实现系统治理。

(1)注重通过规划引导手段，推动综合客运枢纽健康发展。

积极推动国家开展综合交通运输体系中长期发展规划编制工作，研究新时期在构建全国性、公共型综合客运换乘系统的必要性、战略方向、重点任务和政策导向，明确综合客运枢纽在国家综合客运换乘服务系统中的支撑作用，强化国家对稀缺性交通资源的战略管控，全面推动综合交通运输公共服务均等化进程，体现交通发展"以人为本"，引导制定和实施一体化、集约化、综合化发展的综合客运枢纽发展政策。

(2)切实发挥标准规范作用，促进综合客运枢纽功能结构优化升级。

以政府积极支持综合客运枢纽发展政策为切入点，加大对综合客运枢纽设施供给与功能优化的支持，从而推动综合客运枢纽的一体化规划建设，通过完善综合客运枢纽的各类标准规范，协调各交通运输方式，指导综合客运枢纽建设合理布局、优化功能、共享资源、协同管理和服务的一体化。

(3)改革完善市场调节机制，引导建立综合客运枢纽一体化建设开发与运营管理模式。

随着我国市场经济体制的不断完善，政策应更加着眼于调整、强化、改善和规范市场机制，切实发挥市场在资源配置中的决定性作用，通过政府引导和规范，为综合客运枢纽的建设发展创造良好的市场环境，培育适合我国国情的多样化投资建设和运营管理模式。

(4)建立健全管理政策体系，将依靠政府直接干预转向依靠法规标准间接管控。

政策工作将由过去出台行业管理政策逐渐转变为制定和完善行业准入管理制度，充分利用标准规范、信息发布等间接调控和引导工具，建立健全市场秩序、强化服务监管为主要内容的功能性政策。

第七章 综合客运枢纽政策体系框架方案设计

第一节 基本原则

综合客运枢纽政策的制定，应遵循的基本原则：

1. 分类指导

依据区域之间的发展差异，按照枢纽类型和服务范围的不同，制定差异化政策，突出重点、兼顾公平，分类指导综合客运枢纽建设发展。

2. 综合施策

依据枢纽存在的环境差异，通过政策工具组合，促进多方式有效衔接，引导综合客运枢纽以一体化、集约化、综合化等多样化的形态科学发展。

3. 渐进改革

依据体制改革的条件差异，循序渐进地制定综合客运枢纽的规划建设管理的各项政策，推动行政事权分工管理、政府与市场“双轨设计”的政策实施思路。

4. 公共保障

依据市场培育的水平差异，厘清政府与市场的界限，扩大和保障政府对综合客运枢纽公共服务的供给。加强综合客运枢纽公共换乘服务区域基础设施、运营服务、信息共享、公共安全等标准研究，明确政府支持的公共服务建设内容。

第二节 综合客运枢纽政策体系框架

根据综合客运枢纽政策制定的原则和政策导向，设计我国综合客运枢纽政策框架由规划管理、建设开发、市场监管、投融资、技术标准、可持续发展六类政策构成。

一、规划管理

综合客运枢纽规划是综合交通运输体系规划的重要组成部分，是交通运输主管部门指导交通运输行业发展综合客运枢纽的纲领性文件，是政府实施宏观调控的公共政策体系组成部分。规划管理政策重点是履行政府经济调节、资源优化职责，从行业规划管理职责出发，完善综合客运枢纽的规划体系。

二、建设管理

建设管理是行业主管部门实施经济调控和严格项目管理的执行政策，是按照市场经济规律，保障综合客运枢纽公共服务功能建设与供给的重要手段。政策设置重点是建立综合客运枢纽建设协调机制、完善综合客运枢纽项目管理制度、提出综合客运枢纽建设指导意见。

三、市场监管

市场监管政策是政府履行规范市场秩序、加强服务监管、保障市场有序竞争的基本政策工具。政策设置的重点是解决好政府与市场关系，明确界定政府职责范围，放开综合客运枢纽中市场可以自主调节的运行管理领域，加大政府对综合客运枢纽公共换乘服务功能的监管，促进综合客运枢纽运输组织方式的创新和服务管理水平的提高。

四、投融资

投融资政策是政府调控和平衡交通资源合理配置、加快综合交通协调发展的重要手段之一。政策设置重点是明确综合客运枢纽属性，建立稳定的投融资渠道和来源。探索以企业为主体、资本为纽带的市场化投融资方式，建立多元化、多渠道、跨领域的融资机制。积极研究交通服务与城市开发多功能融合的“TOD”发展模式，鼓励社会资本进入。明确政府支持的综合客运枢纽的公共服务领域，完善综合客运枢纽投资补助政策与项目管理办法。

五、技术政策

建立综合客运枢纽技术政策体系，核心是制定相关标准规范，促进技术创新和应用，保障综合客运枢纽系统服务功能的实现。政策设置重点在于明确政府对综合客运枢纽的交通公共服务要求，以改革创新的思维，针对中国实际情况，在多方式集合的衔接时间、衔接距离、衔接形态以及多方式信息共享、互联互通等方面提出明确的建设标准规范，促进多方式融合，为构建国家综合客运换乘系统提供支撑。

六、可持续发展

落实"综合交通、智慧交通、平安交通、绿色交通"发展目标。综合客运枢纽需要开展土地与交通资源集约发展，综合客运换乘系统智能化网络建设，低碳、节能、环保的交通建筑设计理念，提高运输组织效率，建立公共安全保障体系等方面系列政策研究；保障综合客运枢纽持续健康发展。

综合客运枢纽政策体系框架如表7-1所示。

综合客运枢纽政策体系框架 表7-1

序号	政府职能	政策分类	主要内容	制定目的
1	经济调节	规划管理	发展规划； 建设规划； 布局规划； 规划导则等	履行政府资源优化配置职责，提出综合客运枢纽发展的战略目标、建设重点、总体布局与规划管理要求
2	公共服务	建设管理	指导意见； 管理规定； 开发模式	规范项目管理，实施经济调控，保障公共服务供给的重要手段。政策设置重点是建立综合客运枢纽建设协调机制、完善综合客运枢纽项目管理制度、提出综合客运枢纽建设指导意见
3		投融资	枢纽属性； 投资政策； 融资渠道； 补助管理	投融资政策是政府调控和平衡交通资源合理配置、加快综合交通协调发展的重要手段之一。政策设置重点是明确综合客运枢纽属性，建立稳定地投融资渠道和来源；完善政府投资补助政策与管理

续上表

序号	政府职能	政策分类	主要内容	制　定　目　的
4	市场监管	运营管理	市场准入； 事先功能监管； 事中服务监管； 事后绩效监管； 安全监管等	履行政府市场监管责任，明确政府对于综合客运枢纽建设、运营的监管政策，提升枢纽整体服务能力和水平
5	技术促进	技术标准 技术创新	分类分级标准； 设施建设标准； 信息共享标准； 服务质量标准； 评价标准； 科技创新等	制定建立综合客运枢纽标准规范体系，是交通运输部行使对各种运输方式协调管理，保障综合客运枢纽系统服务功能实现的重要支撑和手段。政策设置重点在于明确政府对综合客运枢纽的公共服务要求，提出综合客运枢纽未来发展的标准规范体系、评价体系、技术创新重点领域等，引导综合客运枢纽技术提升
6	环境保护等	可持续发展政策	资源节约； 节能减排； 环境保护等	落实低碳、节能、环保的交通建筑设计理念，保障综合客运枢纽持续健康发展

第八章　综合客运枢纽发展政策研究与建议

第一节　规划管理政策

规划是政府管理经济和社会、配置公共资源的重要政策手段。综合客运枢纽衔接了多种运输方式,具有连接全国交通运输网络和城市交通网络的功能,是综合交通运输体系建设的关键。因此,有必要强化国家对综合客运枢纽的统筹规划权,开展系列研究和规划制定。

本书着重从中央事权研究视角出发,提出应加强四方面的规划研究。

1.研究编制《国家综合客运换乘系统发展规划》

国家综合客运换乘系统是指建立在铁路、公路、民航、水运等各种运输方式构成的综合运输通道上的不同交通枢纽节点城市之间的客运换乘时空服务系统。国家综合客运换乘系统是现代综合交通运输体系的重要组成部分。国家综合客运换乘系统发展规划是统筹有序推进综合客运枢纽建设发展的上位规划。研究编制国家综合客运换乘系统发展规划,就是要结合我国区域经济发展的阶段特征和需求,合理界定国家公共客运的时空圈层服务目标,从综合运输服务视角对我国综合交通基础设施网络的供给总量、质量的适应性、各运输方式建设时序的合理性进行有效评估和反馈,根据客运换乘服务目标合理规划综合运输网络布局系统,并以综合客运枢纽方式,积极主动的衔接各类交通方式线路设施,构建国家层面上的综合客运服务体系,支持国家现代化建设和新型城镇化的发展。

《国家综合客运换乘系统发展规划》的提出,基于以下考虑:首先,我国人口众多,50 万以上人口城市数量占全世界的 1/4,100 万以上人口规模的城市数量超过了整个欧洲和美洲 100 万人口以上城市数量之和。我国新型城镇化进程和机动化发展速度的不断加快，特大城市、城市群，乃至城际与区际快速增长的交通需求与基础设施供给之间的矛盾日趋尖锐，受资源条件的刚性约束要求我国交通运输必须集约发展，因此有必要结合我国国情特点探索走出一条区际、城际、城乡、城市公共客运一体化联动发展的道路，通过在全国范围内构建一套便利的综合客运换乘系统，以优质的公共客运服务为旅客出行提供基本交通服务保障，合理引导公众公共客运出行。其次，我国地区之间、城市之间、区域之间经济社会发展不平衡状态将会长期存在，值此全面建成小康社会的攻坚阶段、建设现代化国家的新起点时期，需要从社会公平的视角，通过研究不同区域、不同城市、城乡间的交通联系需求，确定不同区域不同城市的公共客运换乘服务目标，加强不同交通运输方式的有效衔接，促进不同地域的民众共享改革成果，减少社会阶层分化，满足公众对便捷、舒适、高效的交通出行和换乘公共服务的新要求。再次，随着交通大部制改革的推进，交通运输部逐步开始全面行使综合交通运输管理职责，通过明确综合客运换乘系统的发展目标、管理手段、促进政策等，有助于加强各运输方式的协调，可以更好地发挥综合交通运输管理职责。

综合客运枢纽是综合客运换乘系统的骨架，“十二五”期间综合客运枢纽大规模建设的示范，已为新时期推进综合客运换乘系统的发展提供了实践经验，为编制《国家综合客运换乘系统发展规划》创造了基础条件。

编制《国家综合客运换乘系统发展规划》，核心是进行国家综合客运换乘系统发展的顶层设计。其内容重点是总结我国城际、城乡、城市公共客运系统的发展历程，分析我国综合客运换乘系统发展面临的国情条件和趋势要求，客观评价综合客运换乘系统建设中存在的问题，明确我国综合客运换乘系统构建的价值取向、战略目标，提出综合客运枢纽在综合客运换乘系统中的地位、作用、服务能力，结合公、铁、水、航等各种方式线网中长期发展规划和新型城镇化发展目标，宏观判断不同城市旅客出行换乘的特征和总规模，明确综合客运枢纽在不同时期、不同阶段的建设发展目标，提出促进和规范综合客运换乘系统建设发展的政策体系，加快形成国家综合客运换乘系统，对支持和平衡国民经济和社会发展发挥公共运输保障作用。

《国家综合客运换乘系统发展规划》应由中央政府组织编制和批准实施，

在时机成熟的条件下，可考虑作为交通运输现代化发展目标之一，上升为国家战略规划，强化规划在战略引领中的作用。

本书基于初步研究，建议《国家综合客运换乘系统发展规划》至少应开展5个方面的研究，如图8-1所示。

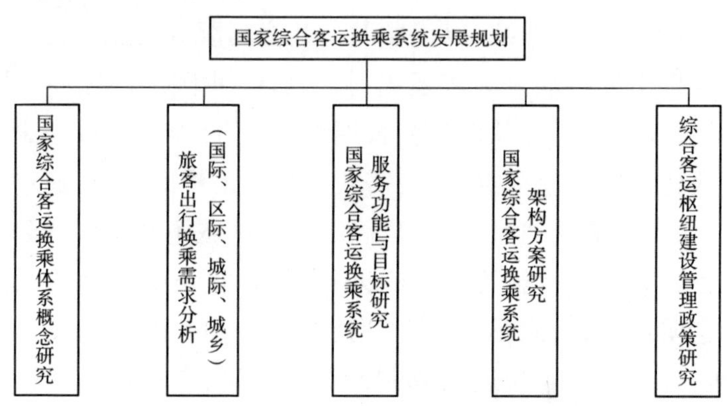

图8-1　国家综合客运换乘系统发展规划体系架构

2. 编制五年期综合客运枢纽建设规划

五年期综合客运枢纽建设规划是在《国家综合客运换乘系统发展规划》指导下的中期执行规划，是对总体规划的落实，属于中央政府组织编制的专项建设规划。

规划内容主要根据《国家综合客运换乘系统发展规划》目标要求，确定综合客运枢纽发展的指导思想、阶段性建设目标，界定中央政府与地方政府对综合客运枢纽公共服务支持的建设内容；重点协调做好铁路、公路、水运、民航等各专项建设规划与综合客运枢纽的衔接方案；明确特定时期内综合客运枢纽的建设重点，提出具体的项目支持政策，提升交通行业对综合客运服务市场的整体治理水平，全面指导未来五年内我国综合客运枢纽的建设和发展。

3. 开展国家级城市群综合客运枢纽总体布局规划研究

"十三五"期《国家新型城镇化规划》全面实施，解决区域协调发展、明确城市群区域综合客运枢纽的总体部署，是推动城市群综合交通一体化发展的核心任务之一。《国家新型城镇化规划》中确定的国家级城市群内的区域综合客运枢纽的布局规划涉及多方式、跨区域的协调，属于中央政府应当发挥作用的领域。组织编制国家级城市群区域综合客运枢纽总体布局规划，是顺应国家加快区域经济、区域交通一体化发展战略，探索以综合客运枢纽的分级布设作为引导解决城市群组团之间大众出行的运营模式、合理规划出行的运行时间与运行距离的有效途径。

城市群综合客运枢纽布局总体规划，需要有针对性地明晰四个问题：

①城市群内部各城市之间的综合交通网络互联互通基础设施的建设内容，综合客运枢纽在综合交通网络中的定位与功能；

②汇集多种运输方式的综合客运枢纽布局对城市群功能空间结构的影响，对城市开发建设的影响，对产业经济、通勤商务旅客出行的影响；

③配套城市群建设的综合客运枢纽，重点研究如何通过增量调整，优化存量结构，减少交通资源消耗与浪费，发挥综合运输"更加集约、更加高效、少走弯路"的后发优势作用；

④既有客运枢纽改造升级为综合客运枢纽的路径、模式和衔接形态。

城市群综合客运枢纽总体布局规划研究，本质上是研究若干不同规模的城市构建的城市群内部的综合客运枢纽规划建设问题，属于交通领域综合治理、协调平衡、统筹布局、协同发展的研究规划，是交通行业促进城市群发展的社会实践，规划研究成果具有重要的技术指导意义。

具体实施过程中，可按照事权划分原则，将涉及跨省协调的城市群枢纽规划由中央交通主管部门负责组织编制，本省内的城市群综合客运枢纽规划事权由省级政府负责组织编制。可由中央政府在近20个国家级城市群中首先遴选示范项目、部省市共同主导编制规划研究，各级政府可根据实践效果，制定鼓励城市群综合客运枢纽建设的发展政策，以保证国家级城市群区域战略规划的有效实施。

4. 开展大城市综合客运枢纽网络布局规划研究

城市综合客运枢纽的规划事权在地方政府，但考虑到综合客运枢纽作为重要的交通基础设施，其规划建设涉及城市规划、国土、交通等多个部门的协调，交通运输管理部门负有行业管理和技术指导的重要职责，应通过出台规划编制指导意见或编制导则、办法等方式予以指导。在当前技术标准尚未完善的背景下，可选择部分典型大城市进行布局规划试点，总结经验，提出指导意见。

针对超大、特大以及大城市内某个区域，如何将既有的若干客运枢纽站场升级改造为统一的综合客运枢纽集合体,形成网络型综合客运枢纽,是一个重要的现实命题,它是围绕大城市交通这个主题,以存量资源整合利用为主攻方向,研究大城市、特大城市等如何实现综合客运“系统效率、服务水平、资源利用”三位一体组合发展的应用型规划研究问题。

从国内外建设经验看,大城市综合客运枢纽网络布局工作不是综合客运枢纽发展的必经阶段,但在中国国情背景下有着重要的现实意义。大城市综合客运枢纽网络布局规划研究是具有中国特色的大城市建设研究课题,应属于中央和地方政府共同关注的发展领域。

《大城市综合客运枢纽网络布局规划研究》重点研究四方面问题:

①概念与内涵问题,网络型综合客运枢纽的概念、特征、基本条件。

②衔接通道标准问题,研究区域内不同枢纽之间是否需要建立独立、快速、高效的捷运系统,提出衔接不同枢纽站场的线网形态与建设标准。

③网络枢纽运输组织与管理问题,枢纽之间运输组织与管理涉及不同方式的运行列车、汽车、非机动车的组织对接与信息互联互通,如何做到既缩短旅客换乘时间,又可高效安全组织旅客运输,其间涉及的管理协调机制和运输组织模式问题,均需要以创新思路探索解决。

④运营与发展问题,网络型综合客运枢纽所在交通集合区域往往对城市开发影响较大,如何在保证交通服务功能的同时,寻求与城市开发功能融合,合理利用土地、交通、资金、信息、物流等多种资源,提高交通资源对国民经济和社会发展的贡献。通过上述研究,探索一条具有创新意义的大城市综合客运枢纽发展新路,加快符合中国国情的大城市综合客运枢纽建设步伐。

《大城市综合客运枢纽网络布局规划研究》应在中央政府指导下,由地方政府主导组织研究编制。通过规划实践,应在规划协调机制构建方面实现新的拓展,打破现有部门分割对综合客运枢纽建设管理的束缚,探求综合客运枢纽发展新机制,出台鼓励和促进大城市网络式综合客运枢纽发展的新政策。

5.研究出台综合客运枢纽规划编制导则

综合客运枢纽的建设发展规划属于涉及多领域、跨行业的规划,需要中央政府与地方政府共同开展。交通行业应从“指导综合交通运输枢纽规划管理”职责出发,完善综合客运枢纽的规划体系。从技术层面上提出综合客运枢纽规划的编制导则，指导不同性质、规模和形态的城市群、城市综合客运枢纽规划。重点指导城市群地区、特大城市和大城市开展综合客运枢纽规划，提出规划的原则、内容、流程与成果要求。对于中小规模的城市，考虑受铁路、民航等约束性条件的限制，单纯进行综合客运枢纽布局的意义不大，可将城市客运枢纽统一进行规划，突出综合客运枢纽的功能论证及与其他枢纽的分工联系。此外，规划导则应当明确在用地综合开发的大环境下，交通行业管理部门如何从规划源头实现对具有城市综合体功能的综合客运枢纽中交通公共服务功能的审查、监管职责。

专栏 8-1　上海市和江苏省对综合客运枢纽规划编制管理的相关意见

上海市人民政府于 2007 年批复了《上海市综合客运交通枢纽布局规划》，并出台《上海市“十一五”综合客运交通枢纽建设分工等意见》《上海市综合客运交通枢纽建设项目实施意见》等文件，对不同地区、性质和规模的枢纽，在功能定位、设施配置、集约用地、交通组织、开发强度等方面均予以了分类指导，加快了综合客运交通枢纽的建设步伐。上海市城乡建设与交通委、发展改革委和规划局等部门相继联合出台了《上海市综合交通枢纽近期选址规划》《上海市综合客运交通枢纽详细规划编制和报批的指导意见》，进一步明确了各类综合客运枢纽规划编制的内容、深度、设计导则和报批程序。

江苏省 2009 年由省建设厅和交通厅牵头、以省政府名义出台了《关于加强铁路综合客运枢纽建设意见》，并联合印发了《江苏省铁路综合客运枢纽规划编制要点》，明确铁路综合客运枢纽规划管理包括布局规划、枢纽所在地及周边地区规划和枢纽建设实施方案三个阶段，分别针对三个阶段提出了规划编制要点，主要包括：①近期和长远相结合，合理确定铁路综合客运枢纽的规模和功能。②统筹安排枢纽核心区交通设施布局，优化交通组织方案，构建高效运作的交通衔接体系。③统筹枢纽地区用地布局，促进服务业发展，倡导综合开发，节约土地、空间和其他公共资源。④合理确定规划实施时序，推进规划有序实施，提高规划的可操作性。

第二节　建设管理政策

“十三五”期,我国综合客运枢纽的建设重点是按照“统一规划、统一设计、同步建设”的基本要求,推动综合客运枢纽一体化建设开发。

1. 建议出台《加快推进综合客运枢纽建设的指导意见》

当前,与综合客运枢纽相关的管理规定和技术标准等规范性文件尚未出台,作为国家指导综合客运枢纽建设发展的相关政策文件可供参照执行的仅有2013年国家发展与改革委员会印发的《促进综合交通枢纽发展的指导意见》和《产业结构调整指导目录(2011年本)修订本》,提到了对综合交通枢纽的发展要求。为加快转变交通运输发展方式,按照零距离换乘和以人为本的理念要求,积极推进综合客运枢纽建设,创造条件实现各种运输方式一体化发展,政府有必要尽快拟定出台《加快推进综合客运枢纽建设的指导意见》,明确行业管理职责,以解“十三五”综合客运枢纽建设的燃眉之急。

《加快推进综合客运枢纽建设的指导意见》应包括五方面内容:一是综合客运枢纽的概念和判定条件;二是建设综合客运枢纽的必要性;三是综合客运枢纽建设的总体目标与技术要求,主要包括指导思想、发展目标、建设内容与技术要求等;四是“十三五”期综合客运枢纽重点建设任务,主要围绕铁路、公路、机场、国家级邮轮母港等发展规划,提出重要运输通道节点上的综合客运枢纽的建设任务,包括综合客运枢纽站场中的公共衔接设施建设重点,集疏运通道建设管理内容,各方式客运信息的交换、共享与互联互通技术要求,综合客运枢纽建设与开发模式等,同时还需明确鼓励旧站改造升级为综合客运枢纽的意见,加强对综合客运枢纽公共安全监管责任等;五是保障措施,明晰政府与市场的作用,明确各级政府的管理职责,明确综合客运枢纽多方式建设的协调管理机制,加大与国土、规划部门工作协调力度,培育集团式综合客运枢纽管理机构,培育专业管理人才,通过标准规范等加强对综合客运枢纽的建设监管,全面提升综合客运枢纽建设水平。

2. 建议出台《交通运输行业综合客运枢纽项目管理办法》

按照事权划分原则,科学界定各级政府建设管理职责。对于在中央事权内的项目管理，主要通过综合客运枢纽项目投资补助政策予以引导，明确中央政府支持的类型、内容、政策导向。对于地方事权下的综合客运枢纽项目管理，主要通过制定《交通运输行业综合客运枢纽项目管理办法》，行使行业指导管理职责。

《交通运输行业综合客运枢纽项目管理办法》应站在全行业角度，将全国范围内各种形式的综合客运枢纽按照类型级别进行规范管理。依据事权划分原则，明确中央政府与地方政府对不同类型、级别的综合客运枢纽的分管责任和建设权益。按照《中央编办关于交通运输部有关职责和机构编制调整的通知》要求，明确公路、铁路、民航、港口等各行业对综合客运枢纽的建设责任和管理要求。明确综合客运枢纽中多方式站场进行一体化规划、设计和建设管理的协调机制构建要求。明确交通运输行业对综合客运枢纽交通服务功能的管理要求，明确交通服务功能包括的内容、建设标准与条件，指导地方交通主管部门做好交通服务功能监管工作，使《交通运输行业综合客运枢纽项目管理办法》成为行业内全面提升综合客运枢纽建设质量、管理水平的工作管理文件。

3. 加强政府引导，推广一体化的协调管理和投资开发模式

"十二五"综合客运枢纽建设经验显示，"统一规划、统一设计、同步建设"是提升综合客运枢纽建设质量和服务水平的重要保障。实现以上目标有赖于政府的协调推动和投资建设主体的协商一致。根据"十二五"经验，在前期工作阶段建立统一的协调管理领导小组或构建形成统一的综合客运枢纽投资主体，是平衡各投资主体利益关系、推动综合枢纽一体化开发建设的有效途径。

因此，"十三五"期间，政府在推动综合客运枢纽建设发展方面，一方面应加强在组织上的协调推动，构建一体化的协调管理机制。另一方面，可通过市场化方式，由交通运输部或行业协会定期发布综合客运枢纽最佳实践手册，树立行业发展标杆，推广一体化的综合客运枢纽开发实践经验，引导企业按照市场化方式，通过资本纽带，自主自发地形成投资联合体，提升综合客运枢纽一体化建设协调水平。

对于纳入国家综合客运换乘系统规划内的综合客运枢纽必须执行政府规划要求，新建和改扩建时应符合综合客运枢纽一体化建设与评价标准要求。各级交通主管部门应通过统一的交通服务功能审查机制，强化一体化建设管理要

求,保障综合客运枢纽功能目标的实现。政府应对实现了一体化建设管理的综合客运枢纽建设项目在资金申请、土地出让等方面进行政策倾斜。

此外,政府还应为各投资方搭建平等互利的沟通平台创造条件,科学制定相关政策明确各方权责关系,保障各投资方利益诉求。也可以政府的投资平台公司为主导,鼓励和引导枢纽各投资方形成统一的投资主体,推进综合客运枢纽的开发建设,以避免枢纽市场化超越枢纽服务公益性现象的出现。

第三节 技术政策

制定和完善综合客运枢纽技术标准规范,是我国行业主管部门行使对各种运输方式协调管理话语权的重要手段。

(1)建立综合客运枢纽分类分级标准,引领枢纽政策体系构建。

综合考虑综合客运枢纽的城市规模特征、交通衔接方式、客流规模大小、空间组合形式、建设性质等,结合中央、地方行政事权和支出责任划分,深化研究制定综合客运枢纽分类分级标准,以行业标准形式出台《客运枢纽站场分类分级标准》,以指导各级政府对综合客运枢纽的行业管理范围、管理对象和管理内容。

(2)完善并印发《综合客运枢纽设计指南》等系列技术成果,加强前期工作技术指导。

在出版交通运输部组织编制的《综合客运枢纽设计指南》等技术成果基础上,适时制定出台综合客运枢纽建设项目可行性研究编制办法,制定综合客运枢纽交通服务功能设计规范,作为"十三五"期交通运输行业管理的技术指导文件。

(3)以一体化建设与评价标准研究制定为切入点,推进综合运输标准规范体系的建立和完善。

综合客运枢纽一体化建设与评价标准制定可从公共空间的交通服务功能标准建设入手,逐步推进与完善至整个综合客运枢纽。优先制定公共空间交通服务功能相关的标准与行业规范,关键是明确有关旅客最长换乘距离和时间、换乘与集散服务交通影响评价指标体系、诱导标识一致性考核指标体系等。明确相关必备服务设施建设与设备配置要求，以此推动各运输方式客运站场现行建设标准规范的衔接协调与制定修订工作，逐步推动综合运输标准规范体系的建立和完善。具体政策措施如下：

①根据综合客运枢纽分类分级标准，研究明确不同类型等级的枢纽评价标准，形成适应我国国情和发展阶段的《综合客运枢纽一体化评价标准》，引导综合客运枢纽健康科学发展。综合客运枢纽的一体化评价标准，重点在于要结合枢纽不同的建筑形态和建设条件，解决在不同交通方式间换乘距离、换乘时间、换乘服务上的"缝隙"标准，核心是"无缝衔接"、功能一体、便捷服务的服务功能问题。

专栏 8-2 综合客运枢纽一体化评价标准重点考虑要素

参考国际经验，综合客运枢纽一体化评价标准需重点考虑的基本要素：

(1)与城市的关系，要保证枢纽在选址上与城市功能相吻合，考察与城市居民区的距离和交通网络保障条件的可靠性；

(2)基础设施的完善，关注枢纽交通建筑与服务功能之间的关系，对枢纽内各类交通方式之间的最长换乘距离、换乘时间提出要求，设施设备的配备要求容量充足、舒适，关注和推动同一综合客运枢纽内各功能要素和空间设施保持一致的服务水平；

(3)信息服务的便利，保障枢纽内各类服务信息及交通运行信息获取的方便、获取方式的多样性，交通导向信息的清晰、一致等；

(4)不同方式的整合，包括保障各交通方式运营服务的衔接、枢纽可以实现旅客联运的条件与水平等；

(5)枢纽安全、高效的管理服务等，包括安全监测监控系统、安全统一的管理机构、保障高效运行的管理机制等。

②研究建立《综合客运枢纽信息共享协议框架标准》。解决各方式站场信息系统封闭管理、数据格式与交换协议不统一等问题，推动综合枢纽各方式之间旅客运输信息一体化建设。

③研究出台《综合客运枢纽公共服务质量考核标准》。明确不同类型、等

级综合客运枢纽在旅客服务、运营安全、卫生环境、信息发布等基本公共服务方面的考核指标与标准，便于综合客运枢纽服务绩效评价，推动枢纽运行管理和服务的一体化。

④加强综合客运枢纽安全评价技术研究和应急保障能力建设。在交通运输安全生产风险辨识手册、安全风险评估指南、风险防范手册等系列标准制定中增加综合客运枢纽专篇，明确不同类型、等级的综合客运枢纽在安全管理上面临的主要问题、影响因素、危害程度以及具体的防范措施，便于指导各级交通主管部门明晰责任、防范风险。

⑤研究编制《综合客运枢纽后评价办法》。选取部分已经运营 3 年以上的重要综合客运枢纽，及时开展综合客运枢纽后评价，总结经验教训，完善相关标准和管理制度。

(4)加强自主创新，实施试点工程，加大新技术应用力度。

国务院印发的《"十二五"国家自主创新能力建设规划》中，提出将"综合交通枢纽客运一体化服务系统"作为国家综合交通运输创新能力的建设重点。

"十三五"期可从以下方面加强技术创新政策的研究：

①建立综合客运枢纽产学研协同创新平台。有针对性地推动物联网、云计算、大数据等新一代信息技术在综合客运枢纽运行监测、运营管理、运输服务和安全应急等领域的深度应用，以信息化、智能化提升枢纽运行效率、安全性能和服务水平。

②开展枢纽内各交通方式协同运营服务试点。选取试点城市、枢纽管理企业和运输企业，共同探索发展多方式协同运营组织、高效换乘组织、综合管控等服务模式，提倡多个枢纽之间通过信息、票制、车辆时刻匹配等组织管理手段实现网络化运营，并将试点成果及其产生的社会效益及经济效益及时公布、宣贯，推动多模式联合运营管理。

③鼓励结合本地实际，研究制定地方标准。积极地在地方推广立体换乘技术和一体化组织管理，鼓励地方加强对综合客运枢纽功能、规模、换乘服务、信息共享、公共安全等方面的标准建设，支持地方在国家和行业标准的基础上，结合本地区实际制定地方标准。积极吸收地方标准相关内容，纳入行业标准。

第四节 投融资政策

研究确定综合客运枢纽发展中的中央、地方事权和支出责任,对不同区域、不同影响力、不同类型和级别的综合客运枢纽实施不同的投融资政策措施。

(1)稳定资金来源,保证综合客运枢纽公共服务建设资金。

结合中央财税体制改革进展,进一步完善车购税使用管理办法,稳定和明确车购税可优先用于综合客运枢纽公共服务设施的投资政策导向,加大各级政府对综合客运枢纽公共服务设施部分的投入。

鼓励地方政府结合本地实际情况,以公共财政形式,将各级政府财政拨款、规费征收及返还资金、土地出让金、城市维护建设资金等各类资金投入综合客运枢纽建设。

综合客运枢纽具有很强的公益性,在同等条件下,政府投入应优先保障不具备综合开发条件的综合客运枢纽建设。

(2)引导发挥市场作用,建立多元化、多模式的融资渠道。

综合客运枢纽的科学持续发展需要构建长效可行的融资机制,政府应发挥引导作用,按照市场的要求,积极创造社会资本进入的环境和条件,探索建立以企业为主体、资本为纽带的多元化、多渠道、跨领域的融资机制,积极推广交通与用地综合开发的"TOD"发展模式、政府与企业合作开发的"PPP"模式,放开综合客运枢纽投资市场和服务领域,鼓励社会资本进入。在实践总结基础上,研究出台符合市场规律、便于操作实施的综合客运枢纽投融资政策意见。

①鼓励综合客运枢纽用地综合开发。研究将中央支持铁路车站用地综合开发政策、城市公共交通基础设施综合开发政策进一步拓展至各类综合客运枢纽的可行性。对于综合客运枢纽内的已有划拨土地,可采取授权经营方式配置,由枢纽开发主体依法盘活利用。鼓励地方政府按照土地利用总体规划和城市规划,在不影响基本交通功能的前提下,支持适度提高枢纽及周边用地的开发建设强度。创新节地技术,支持枢纽用地一体规划设计,完善综合客运枢纽用地及地上、地下空间利用的政策和标准,具体指导地方实践。

②支持民营、境外各类资本参与综合客运枢纽的投资建设。支持综合客运

枢纽企业发展混合所有制经济,向民营资本及外国资本放开综合客运枢纽的所有权、经营权,鼓励多种产业资本依法投资经营综合客运枢纽。鼓励与国际枢纽管理运营企业开展合作,落实外商投资企业的国民待遇,保障枢纽建设的资金投入和提升运营管理水平。

(3)按照“三优化一坚持两严格”的原则,完善交通行业投资补助管理政策。

“十二五”期间,交通运输部出台了综合客运枢纽投资补助政策,对我国投资补助政策对综合客运枢纽的建设发展起到了有效的引导作用,充分调动了地方政府和枢纽建设主体的积极性,加速了综合客运枢纽的建设进程,提升了综合客运枢纽的建设质量。但也存在着一些阶段性缺陷,如投资方式和标准较为单一,差异化特征体现不够全面,资金投向内容受限,补助资金仅用于公路客运站建设。此外,由于枢纽衔接标准不够明确、缺乏有效过程监管,存在“严进宽行”的行为现象,无法有效保障枢纽建设水平。

总结“十二五”期综合客运枢纽投资政策成效与问题,“十三五”期交通运输行业应继续执行投资引导政策,并在“十二五”政策基础上按照“三优化一坚持两严格”的原则完善交通运输行业投资补助管理政策,即优化投资对象、优化投资内容、优化投资标准,坚持投资补助,严格衔接要求、严格资金监管。

①依照政府事权划分和枢纽分类分级标准,实行差异化投资对象。依照中央与地方政府事权划分原则,根据综合客运枢纽分类分级标准,实施政府差异化投资。明确中央政府补助资金优先支持在国家综合运输体系构建过程中起到关键作用的,具有两种对外运输方式与城市交通方式相衔接的综合客运枢纽。“十三五”期间,中央资金应重点支持具有跨区域运行服务特征、客流规模和辐射能力较大且位于特大城市、大城市的综合客运枢纽,可选择位于国家重点城镇群、国家新型城镇化试点城市等国家重点支持发展的综合客运枢纽予以选择性支持,以树立典型示范工程。

中央资金重点支持对象为统一规划、统一设计,一体化衔接程度较高,采取一体化管理模式的综合客运枢纽,重点支持中心城市旧站改造的一体化综合客运枢纽项目,突出补助项目的示范作用,发挥投资补助的“杠杆作用”。

②调整中央资金政策导向,重点支持枢纽公共服务建设内容。按照交通运

输部对综合客运枢纽管理职责要求,调整"十二五"期车购税资金仅投向综合客运枢纽中的公路客运站场的投资政策。明确界定"十三五"期中央资金的投向重点为衔接了多种交通方式的公共服务领域,具体内容包括综合客运枢纽中承担公共换乘服务功能的基础设施、信息系统、导向标识、安全监控系统及相关设备等,重点关注综合客运枢纽公共服务整体功能的提高。对于重点综合客运枢纽,补助资金应考虑增加可用于与综合客运枢纽直接相连的出入口改造工程或专用匝道等集疏运设施建设。

③综合考虑投资规模和枢纽功能类型,实施"双控"策略,优化投资标准。在核算综合客运枢纽投资补助标准时,除了考虑枢纽投资规模作为确定补助金额的基数外,建议增加考虑枢纽所在城市的性质、地位、规模,以及综合客运枢纽的等级,突出不同级别综合客运枢纽对社会的影响力。

④坚持投资补助的资金投入方式。根据"十二五"期建设实践经验,为充分发挥中央补助资金的杠杆引导效应,坚持中央资金仍以补助资金的形式投入,并在管理办法中予以明确,同时明确打破行业、部门、所有制形式束缚对所有符合规定要求的综合客运枢纽项目投资补助实行统一的普惠政策。

⑤完善项目投资管理程序,明确监管主体责任,严格过程监管。进一步完善中央投资补助项目管理程序,调整并明确各级交通主管部门的监管主体责任。创新监管手段,严格过程监管,使政府补助资金能够起到更好的政策导向效果。

第五节　市场监管政策

当前,综合客运枢纽的行业管理政策除了建设投资补助外,对于枢纽站场的运营和服务监管方面还没有形成有效的规章制度,存在行业管理缺位。主要表现在:一是现行管理方式多针对综合客运枢纽中的单一运输方式站场项目履行相应管理审批程序,将综合客运枢纽作为一个整体项目的审批、核准或备案的管理程序尚未建立。二是在管理执行中缺乏明确的政策导向或管理依据,缺乏公开、统一、清晰的技术标准、服务标准,国家主管部门、属地行政部门、枢纽投资企业等市场主体均按照各自的认识、理解和目的行使权力,综合客运枢纽服务功能难以保证,投资政策导向也难以有效落实。三是“十二五”期执行的《综合客运枢纽投资补助项目管理办法》,仅明确了交通运输部投资补助综合客运枢纽项目申请的管理程序、技术要求和补助范围,涉及的市场监管、整体枢纽服务功能评价等方面尚存在缺失。

随着综合客运枢纽建设市场的进一步开放,综合客运枢纽的投资、经营领域的市场化程度将会越来越高。与此相对应,要求政府在相应管理方式、手段、制度、规范等方面跟上市场化步伐,完善相关制度,积极履行市场监管职责,确保综合客运枢纽公共服务水平的提升。

(1)深化管理体制改革,构建一体化服务监管机制。

出台综合客运枢纽服务功能监管指导意见,在指导意见中应根据综合客运枢纽的属性,理顺政府与市场的关系,明确政府监管的内容、监管的方式,以及按照综合客运枢纽分级分类标准,明确各级政府监管责任以及综合客运枢纽公共设施、换乘服务、公共信息、公共安全等衔接功能的协同监管责任主体,积极鼓励地方政府依托综合客运枢纽,深化、创新运营服务监管方式和机制改革,改变现有“多龙治水”现象,构建一体化的服务监管机制。

(2)建立准入退出机制,探索实施特许经营管理制度。

市场准入和退出实际上是市场秩序的监管,这是由综合客运枢纽的功能和技术经济特征决定的。综合客运枢纽的运营管理涉及广大民众的生产、生活和安全,需要具备一定的管理技术和技能,如果随意进入或退出,将会影响百姓的利益。所以对于进入或退出综合客运枢纽运营领域的企事业单位,应建立一定的规定和标准,可通过制定和实施《综合客运枢纽经营管理规定》,对不同级别、类型的综合客运枢纽经营管理单位的资质、水平、许可条件、经营要求等作出规定,建立综合客运枢纽运营的准入、退出机制和特许经营制度。

对于政府购买服务行为,应通过公开招标的形式选择经营单位,通过签订特许经营协议,明确枢纽运营企业的责权利。行业监管部门可按照协议书要求进行服务考核,对于考核中功能、服务、安全等达不到既有标准时,行业监管部门有权终止特许经营权协议,责令退出。

(3)改革审查程序,建立统一的交通服务功能协同审查机制。

市场化背景下,为避免综合客运枢纽综合开发、商业辅助功能建设等对综合客运枢纽交通基本换乘功能的干扰，保障枢纽公共服务功能的有效实现，应研究改革现有行政审查机制，既要最大限度地简化前置审批，又要切实改革各交通方式主管部门多头评审、缺乏统一责任主体的弊端，建立由交通运输行业主管部门统一主持进行综合客运枢纽公共服务功能协同审查机制，按照《综合客运枢纽一体化评价标准》，履行功能审查职责，完善过程管理。

专栏8-3　特 许 经 营

特许经营是指政府按照有关法律、规定，通过市场竞争机制选择公用事业的投资者或者经营者，明确其在一定期限或范围内经营某项公共产品或提供某项服务的制度。

其核心内容包括：经营主体选择过程中，引入市场竞争机制；政府授权；主体双方用协议的形式界定各自的责权利。

目前国内的授予主要有两种方式：一种是行政许可，即政府通过授权书的形式许可特定的经营者从事特许经营；另一种是通过公开招标的方式确定特许经营者。

(4)强化运营监管，提升枢纽服务水平和旅客换乘体验感受。

制定出台综合客运枢纽运营服务规范，明确旅客服务、运营安全、卫生环境、信息发布等综合客运枢纽基本公共服务标准；建设综合客运枢纽服务质量监控系统，强化过程监管与预警。

(5)加强绩效评估，建立和实施定期评估机制和信息发布机制。

建立综合客运枢纽服务绩效评价考核机制，对纳入重点监控范围的综合客运枢纽，定期进行运营管理绩效评价和旅客服务满意度调查，并及时公布结果。

(6)建立统一协调的综合客运枢纽安全保障机制，确保公共安全。

保证综合客运枢纽运行安全是政府行业监管的重要职责。为保证枢纽运行安全，应明确要求：

①综合客运枢纽运营机构在各交通方式间建立统一协调的安全保障机制，建立综合客运枢纽应急指挥统一机构。

②明确枢纽公共区域安全管理的责任主体，并与所在城市安全管理部门建立应急联动机制。

③加强枢纽安全运营制度的管理，做好监测预警、应急处置、紧急救援等储备。

④建立健全枢纽治安防控体系，加快枢纽公共换乘区域技术防控、物理防控装备设施和治安保卫队伍建设，推进枢纽内各方式站场的监控信息系统互联和治安防控资源共享。

(7)以信息一体化为突破口，引导建立多模式协同运营管理模式。

综合客运枢纽不是多方式站场的简单集合与拼盘，而是借助于枢纽的纽带作用，衔接各类运输通道、网络，发挥不同运输方式的优势，通过联合运输、协同管理，构成一个不可分割的整体，实现交通运行的一体化，真正做到“一张票、一个价格、一个时间表”。

一体化运营管理是保障综合客运枢纽高效运行的有效途径。实现综合运输一体化管理体制是一个渐行渐近的过程，也是交通运输部着力推进的领域。“十三五”期可以多方式信息一体化建设为突破口，推动综合客运枢纽多模式协同管理。通过建设互联互通的枢纽信息系统平台，优先解决与旅客密切相关的公共服务信息管理协调和共享机制，主要包括：换乘信息、票务信息、安检管理信息、安全监控信息、诱导标识信息等一体化建设，强化综合客运枢纽的运营管理与服务的一体化衔接，促进和带动多方式、多部门管理的协同一致。具体可在实施跟踪综合客运枢纽信息化示范工程建设经验基础上，及时总结，宣传引导，形成一套多模式协同管理的运营管理机制。

第六节　可持续发展政策

综合客运枢纽作为“综合交通、智慧交通、绿色交通、平安交通”的重要载体，提倡构建“便捷、高效、经济、安全、公平、低碳、环保”的综合客运换乘系统。

(1)贯彻节能环保低碳的发展理念，优化综合客运枢纽设施供给。

鼓励发展低能耗、低环境污染、低资源占用、低财政负担的综合客运枢纽；鼓励优先发展与城市轨道、BRT大容量公共交通站场相衔接的综合客运枢纽；

鼓励既有枢纽站场改造升级为综合客运枢纽。

加强综合客运枢纽可持续发展的理论和实践研究,形成符合我国枢纽发展实际的可持续发展目标和思路,将可持续发展与节能环保的理念体现在综合客运枢纽过程管理上、真正落实到枢纽的建筑实体上。

(2)建立枢纽节能减排监测、考核体系,加强节能减排新技术研发。

在交通运输行业能源统计与分析制度的基础上,研究建立交通运输行业节能减排监测考核体系,科学制定节能减排监测考核的具体办法,大力推进实施。

引导企业和科研机构积极参与节能减排等新技术的研发,提高枢纽售票设备、安检设备、运输车辆、养护设备等自动化、智能化、节能化水平。

理论篇

第九章　综合客运枢纽布局规划理论

第一节　规划理念

综合客运枢纽布局规划是指对一个城市或一个特定区域范围内所做的枢纽站场的布局规划。综合客运枢纽布局规划对于促进城市客运系统的完善、指导枢纽落地建设等具有重要意义。

综合客运枢纽布局规划实践中形成了以下规划理念：

(1)秉承分类指导的规划思路。按照不同城市的人口国土规模、不同运输方式的分布及容量、不同城市所处的发展阶段等因素，综合考虑枢纽的布局规划和建设需求。

(2)强调一体化客运服务目标。综合客运枢纽在表现形态上不一定都要建设为单一的立体化基础设施，但必须可通过统一规划的集疏运系统、信息系统、运输组织方式等，保障各种交通方式能够实现信息共享、在有效的空间距离范围内便捷换乘。

(3)关注与城市交通的关系。将综合客运枢纽布局规划作为城市交通规划的重要组成部分，充分考虑新型城镇化建设对交通的要求，发挥枢纽对城市功能空间优化、拓展、完善的引导作用，根据旅客出行和换乘需求，基于对城市交通资源的合理配置，以功能为导向，采取分散、集中多模式组合的灵活解决方案，合理确定一个城市或区域客运枢纽总体规模与项目建设标准。

第二节　综合客运枢纽布局规划的关键技术要点

一、规划内容

综合客运枢纽在布局规划阶段需要解决的问题主要包括：①规划范围内客

运出行总量、结构及需求分布;②枢纽的空间布局方案;③枢纽与城市间的交通衔接规划;④枢纽的建设开发、融资与运营模式选择。枢纽布局规划的基本内容和流程如图 9-1 所示。

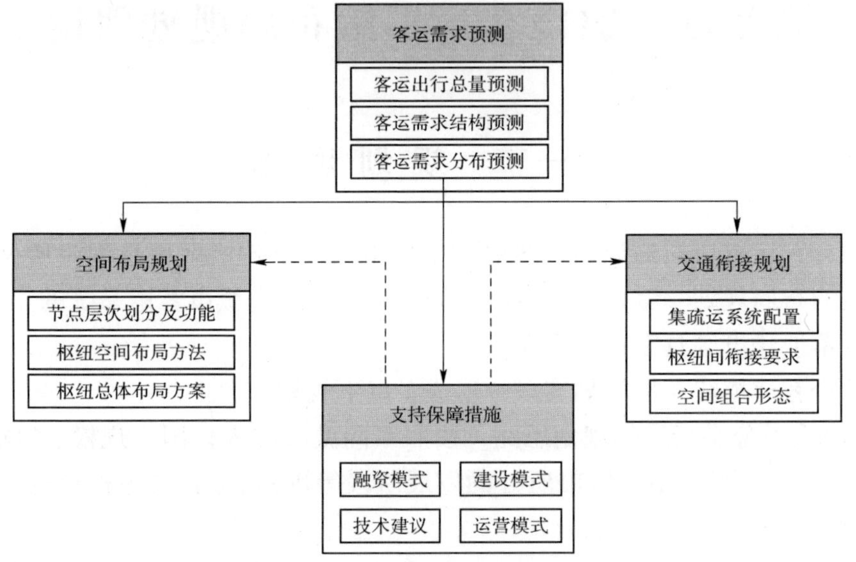

图 9-1　城市综合客运枢纽布局规划内容示意图

二、需求预测理论与方法

1. 需求预测主要内容

在一个区域或城市内进行综合客运枢纽布局,首先需要把握区域对外客运出行总量以及换乘需求的分布,这是判断综合客运枢纽需求规模及空间分布的重要支撑。

城市对外客运出行需求总量的大小决定了一个城市内综合客运枢纽的总体规模。城市对外客运出行需求量预测的结果主要体现为城市内经综合客运枢纽站场发送的旅客总量,其中包括了公路、铁路、水运、航空等各种对外运输方式的客运量。

实践经验表明,在城市对外客运出行需求量预测基础上,要做好城市内的综合客运枢纽布局,必须需要明确不同运输方式客运换乘需求的空间分布,该分布主要可以通过不同运输方式之间的客运换乘量确定。

专栏 9-1　城市换乘量对枢纽空间布局的影响

根据使用交通工具的不同，目前旅客的对外出行可以分为两类，一是处于客运站直接服务区域的城市居民，由出发地通过城市交通到达客运站后对外出行；二是来自周边城市或乡镇等间接服务区域内的居民，通过长途客运、火车等其他对外交通方式到达客运站所在城市，然后通过城市交通接驳到达客运站，换乘后对外出行。综合客运枢纽站场选址应结合城市中换乘需求的规模及其分布情况，合理确定站场位置，强化无缝衔接，尽量消除第二类出行中需要通过城市交通摆渡的中间环节，实现旅客在不同对外运输方式之间的便捷换乘。

2. 已有理论与方法

有关城市对外客运出行总量、需求分布预测以及综合换乘量的预测均可在“四阶段法”预测思路中体现，具体流程如图 9-2 所示。

有关城市对外客运出行总量预测方法较多，归纳起来大体分为定性和定量预测两类。其中最常用的定量模型有指数平滑、回归分析和 BP 神经网络模型等多种方法，各方法的优点、缺点与适用范围如表 9-1 所示。

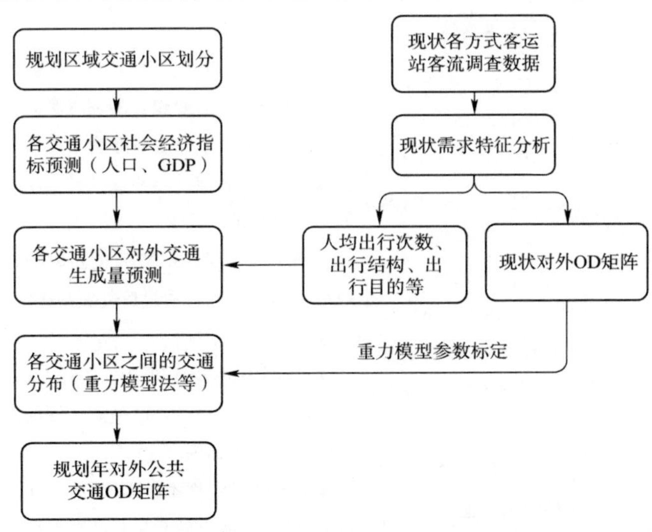

图 9-2　城市对外客运及换乘需求分析思路示意图

城市对外客运量预测方法比较表 表9-1

预测方法	模型形式	优点	缺点	适用范围
回归分析预测模型	多元回归 $y=a+b_1x_1$ 一元回归 $y=a+bx$	通过系统的相关分析，了解综合交通系统内各要素之间相互依存的紧密程度，揭示了客运量与其主要影响因素之间的定量关系，可对交通运输系统的结构进行描述和分析，使决策者能从模型中了解影响客运量的主要原因	①对历史数据要求高；②预测结果是由各影响因素决定的，一旦影响客运量的某个因素发生了结构性的变化，依靠其历史数据建立起来的回归预测模型的精度就必然受到影响；③影响客运量的因素众多，且很多因素难于运用明确的数学语言进行量化，也不可能运用一个确定函数来描述所有影响因素；④为了简化计算，一般采用线性回归模型进行预测，但是实际各种因素之间的关系往往是非线性的，呈现非线性增长的特点，这样就增大了预测结果的误差	适合存在准确历史数据样本的情况
指数平滑预测模型		①不需要了解影响客运量的主要因素，减少了对历史数据的收集与整理工作；②只需要考虑客运量与时间的关系；③短期预测精度较高	①只考虑时间对客运量的影响，在某些情况下不能反映实际情况；②很难从现有数据中得出较为准确的预测模型，而且对突发事件常常无法处理	适合客运量发展较平稳的地区或城市
BP神经网络模型	影响客运量的主要因素x_1，x_2，…，x_n与客运量历史数据y_1，y_2，…，y_n之间存在某种因果函数关系，利用BP网络拟合这种函数关系，并以此作为预测客运量未来值的模型	①不须假设的数学结构；②理论上可以任意精度实现模型，从而提高预测的精度；③各因素之间的关联性很难用一个准确的数学解析式来描述，而BP神经网络预测模型能够不需要确定的函数式就可以较精确地描述因素之间的映射关系	①由于学习速率是固定的，因此，网络的收敛速度较慢，需要较长的训练时间；②BP算法采用梯度下降法虽可以使权值收敛到某个值，但并不能保证其为误差平面的全局最小值；③网络隐含层的层数和单元数的选择一般是根据经验或者通过反复实验确定，增加了人为因素的干扰；④BP网络的学习和记忆具有不稳定性，一旦增加了学习样本，已经训练好的网络仍需要从头开始训练；⑤需要的数据样本较多，但由于在实际客运量预测中，能有效收集到的数据样本受到限制，因此降低了预测结果的精度	适合历史数据样本大、可训练数据较多的情况

续上表

预测方法	模型形式	优　点	缺　点	适用范围
定性预测法	特尔菲法、主观概率法等	①灵活性强,不仅反映客运量变化一般规律,还能反映客观外界发生突变所引起的运量变化情况; ②简便易行,主要依赖于专家的知识进行分析判断,不需要数学基础,因此在实际工作中容易掌握和推广	预测结果不够精确且受预测者人为主观因素影响较大,存在片面性,准确度不太高	辅助方法

3. 基于实践形成的理论与方法

规划实践过程中,对于城市对外客运需求、换乘需求的把握往往会受到城市形态、性质、人口结构等多重因素的影响,而不是单纯通过数学模型定量分析就可以得到合理结果的。对需求预测的主要影响因素如表 9-2 所示。城市换乘需求分布的预测可采用调查的方式获取各种运输方式之间的换乘比例现状,在综合考虑影响旅客换乘的各种因素基础上,结合不同运输方式之间的换乘比例,推算特征年各种运输方式之间的换乘比例,进而结合对外运量的预测确定换乘量。具体思路如图 9-3 所示,预测方法和模型如表 9-3 所示。

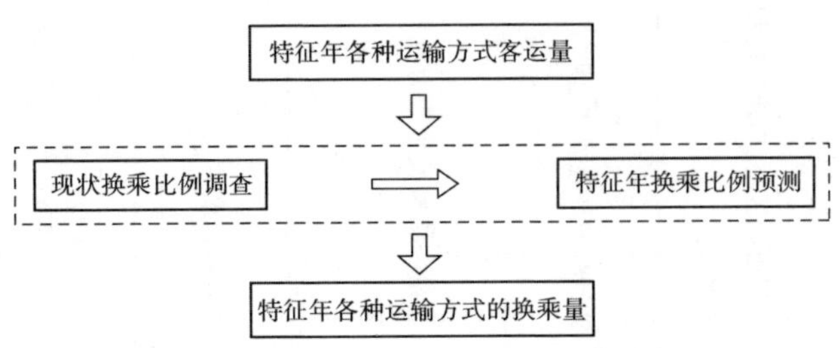

图 9-3　城市内各运输方式换乘量预测思路

在深莞惠区域综合客运枢纽布局规划案例中,需求预测的过程是:首先根

城市对外客运需求和枢纽换乘预测主要影响因素分析表 表9-2

内容	影响因素	影响分析
对外客运量预测	①人口数量及其构成、分布情况	人口规模是影响对外客运量需求的最基础因素，同时不同的人口年龄结构和城乡人口结构，决定了不同的消费水平、生活方式，也就决定了不同的出行目的和出行习惯，最终带来不同出行需求及分布
	②城市的区位、功能定位和发展形态	城市的区位条件、在区域中所处地位，以及所承担的功能和城市的主要发展形态，都是影响对外客运量的重要因素，不同功能的城市组团内部及相互间的客流需求特征直接影响到对外需求量的数量级
	③经济发展规模和速度	客运量、周转量以及地区间交流量与经济增长速度之间有着密切联系，正确判断各时期地区经济发展规模和速度，是预测运量的重要依据，通常采用国内生产总值作为衡量指标
	④经济结构及生产力布局调整	经济结构中，第一、二、三产业比重的变化，工农业比重、轻重工业比重、高新技术产业比重的变化，都会对出行量产生影响。生产布局调整主要表现在国土开发、城镇建设、商贸和旅游发展等方面，对外交通需求预测应该与之相协调和适应
	⑤城镇化水平	城镇化水平是评价一个地区经济发展和劳动力转移程度的指标，城镇化水平的不断提高，将使城市对外交通客运需求持续增长
	⑥交通网分布与密度，尤其是轨道线网	我国国家铁路（包括普铁、高铁）、城际轨道和城市轨道（包括地铁、轻轨）三网之间在服务范围、功能定位、客运性质、线路长度及站间距、运行速度上均存在较大差异，任何两网之间的客流转换将主要通过换乘方式予以解决，直接影响到对外出行量
	⑦其他因素	包括旅游、医疗等资源的发达水平及密集程度，文化教育事业发达程度，政府的需求管理政策措施等

续上表

内容	影响因素	影响分析
换乘量预测	①交通方式发展水平（交通基础设施和运营组织管理）	交通基础设施的发展对旅客换乘选择具有较大影响，高速公路的发展将使公路客运更加快捷、高效，从而提升了其与铁路在中长途客运领域的竞争力；铁路网的完善将使铁路的通达度大大提高，从而冲击公路在中短途客运领域的市场，而且高速铁路也与民航在长途客运领域存在直接竞争关系；民航班线的扩增和机场设施布局的完善，也会提高民航在长途客运的竞争力。此外，运输方式在运营组织能力和服务水平上的提升也会对旅客换乘产生一定影响
	②旅客换乘设施	换乘量与换乘设施的发展状况具有密切关系。换乘设施影响因素涉及城市客运换乘设施的发展水平和服务水平，其中换乘设施发展水平包括各种运输方式的站场数量、规模及综合客运枢纽数量、功能及规模等，换乘设施服务水平包括换乘时间、换乘距离、换乘拥挤度、换乘安全性、信息服务程度等
	③全社会客运规模	随着经济社会的发展，区域合作日益深化、人员往来更趋频繁，公路、铁路、民航等各种交通运输方式的全社会客运量将呈总体上升趋势。此外，科技和经济的双重驱动将使交通基础设施网络不断完善，各种运输方式的技术经济优势将得到有效发挥，民航将承担长途旅客运输功能，铁路将承担中长途旅客运输功能，公路将承担中短途旅客运输功能，各种运输方式之间的换乘需求将日益旺盛

城市换乘量预测方法表 表 9-3

目标	比例变化	影响分析	计算公式
换乘比例抽样调查，得到现状不同运输方式之间的换乘比例 $K_{ij}=\frac{Q_{ij}}{S_j}$；某种运输方式的全社会旅客发送量中，由各种运输方式及市内交通中转换乘转入的比例之和为100%	换乘公路比例的变化	公路与铁路之间存在竞争关系，因此影响其他运输方式是否换乘公路客运的因素主要在于公路与铁路在基础设施和运营组织方面的发展差异。铁路网络的不断完善，尤其是在覆盖县区之后，将使换乘公路的比例降低	$\theta_1=\gamma_h(\alpha_{h1}x_{h1}+\alpha_{h2}x_{h2})-\gamma_r(\alpha_{r1}x_{r1}+\alpha_{r2}x_{r2})$ x_{h1}：未来特征年高速公路发展水平；x_{h2}：未来特征年公路客运服务水平；x_{r1}：未来特征年铁路网络发展水平；x_{r2}：未来特征年铁路客运服务水平；$\alpha_{h1},\alpha_{h2},\alpha_{r1},\alpha_{r2}$：上述指标权重系数；$\gamma_h,\gamma_r$：未来特征年公路、铁路发展整体水平权重系数
	换乘铁路比例的变化	铁路在长途客运领域与民航存在竞争关系，这种竞争伴随着高速铁路的发展日趋激烈；此外，铁路与公路在中长途、中短途客运等领域也存在一定竞争。公路、民航等其他运输方式是否换乘铁路主要与三者在基础设施和运营组织方面的发展差异有关。铁路网络的完善和服务水平的提高将增加公路、民航到铁路的换乘；民航的发展则将冲击铁路在中长途运输方面的市场，减少其他运输方式到铁路的换乘	$\theta_2=\gamma_r(\alpha_{r1}x_{r1}+\alpha_{r2}x_{r2})-\gamma_p(\alpha_{p1}x_{p1}+\alpha_{p2}x_{p2})$ x_{r1}：未来特征年铁路网络发展水平；x_{r2}：未来特征年铁路客运服务水平；x_{p1}：未来特征年民航网络发展水平；x_{p2}：未来特征年民航客运服务水平；$\alpha_{r1},\alpha_{r2},\alpha_{p1},\alpha_{p2}$：上述指标权重系数；$\gamma_r,\gamma_p$：未来特征年铁路、民航发展整体水平的权重系数
	换乘民航的比例变化	民航与铁路在长途客运领域存在竞争，因此，在民航的旅客发送量中，由不同运输方式换乘转入的客运量比例，不仅与铁路和民航的发展差异 θ_2 有关，还与民航和其他运输方式的换乘设施和换乘组织的发展水平，以及各种运输方式全社会客运量的变化有关	$\begin{cases} k_{hp}=\varphi_h[\delta_{ph}(\alpha_{ph1}x_{ph1}+\alpha_{ph2}x_{ph2})-\theta_2] \\ k_{rp}=\varphi_r[\delta_{pr}(\alpha_{pr1}x_{pr1}+\alpha_{pr2}x_{pr2})-\theta_2] \\ k_{pp}=\varphi_p[\delta_{pp}(\alpha_{pp1}x_{pp1}+\alpha_{pp2}x_{pp2})-\theta_2] \\ k_{hp}+k_{rp}+k_{pp}+k_{cp}=0 \end{cases}$ x_{pp1}：未来特征年机场内部中转设施发展水平；x_{pp2}：未来特征年机场内部中转运营服务水平；$\alpha_{pp1},\alpha_{pp2}$：$x_{pp1}$ 和 x_{pp2} 的权重系数；δ_{pp}：未来特征年机场内部中转设施和运营组织整体发展水平的权重系数

据珠三角区域发展战略，结合深莞惠三市的城镇化、工业化特点，使用增长率法、类比法等多种方法对规划年社会经济情况进行预测；然后，根据问卷调查所获客流出行特征，综合利用出行次数法、回归分析法等多种方法，对深莞惠区域各小区对外发送量进行预测；最后采用動模型法得到区域客运交通出行分布，即各组团间旅客换乘需求矩阵。图 9-4 即为重庆市、深莞惠区域综合客运枢纽布局规划案例中研究预测的需求分布结论。

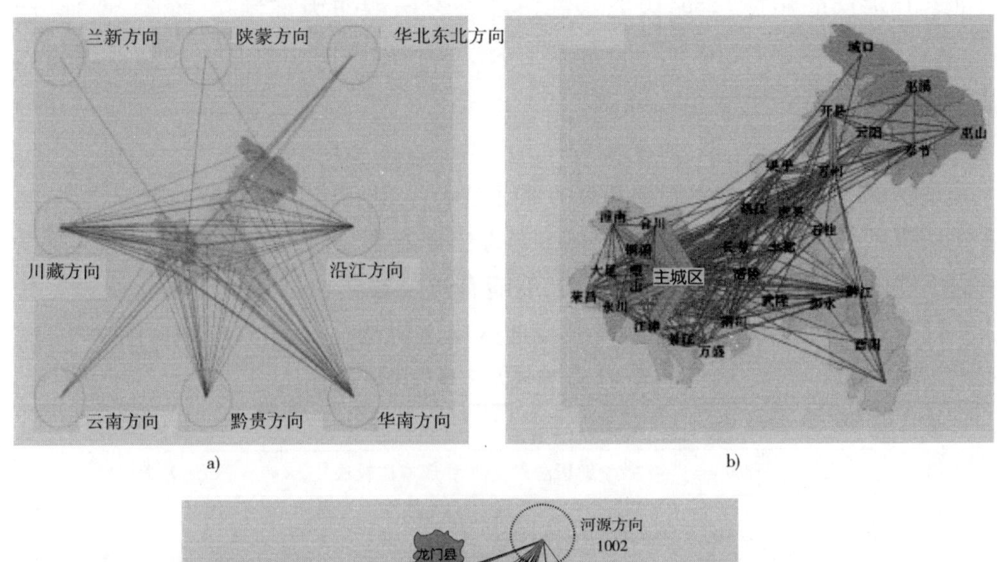

a)　　b)

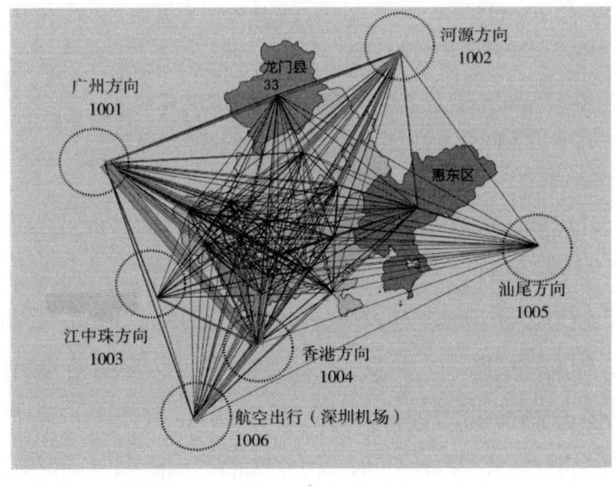

c)

图 9-4　重庆市、深莞惠区域对外客运出行及区间换乘需求分布

三、空间布局规划方法

1. 规划内容

空间布局规划实际上包含了两个层面的问题，第一是指一个城市（城市群）内综合客运枢纽的空间布局，其主要内容是确定一个城市（或城市群）内的综合客运枢纽的数量、规模、空间位置。第二是指一个单体综合客运枢纽站场内部各功能区的布设，主要内容是确定综合客运枢纽内部站房、换乘、交通、服务、商业娱乐等不同功能空间的布设。本章所指的空间布局重点是解决城市或城市群内部的枢纽空间布局问题。

2. 已有方法

现行的综合客运枢纽宏观布局方法主要包括重心法、微分法、成本分析法、运输规划模型等（表9-4），既有的宏观布局方法普遍都是以现有或规划交通网络为前提构建的，对网络的依赖程度较大，不能有效反映枢纽站场作为城市交通系统的关键节点、在引导城市交通系统及交通网络优化调整方面的能动作用。

既有宏观布局方法分析比较　　表9-4

方法	重心法	微分法	成本分析法	运输规划模型
类型	数学解析法	数学解析法	成本比较法	运筹学模型
目标	运输成本最小化			
缺点	以静态总费用最小为选优目标，其假设的固定单位运输费率并不能反映枢纽运营的实际情况，而且未考虑运输线路的开通对交通流分配的影响			站址方案缺乏明确、规范的分析思路，若按照统一指标来评价、决策，必然会导致偏差

3. 基于实践的影响因素分析

既有的综合客运枢纽宏观布局方法仅从理论层面上回答了理想的枢纽布局方案，但在枢纽布局规划实践中，更应重点关注枢纽与所在城市的关系。由于各城市性质、规模、形态的不同，客流需求分布与特点不同，不同城市内枢纽布局会采取分散式或者集中式等不同形式的选择。根据工程实践经验，城市（城市群）综合客运枢纽空间布局应重点考虑的影响因素及其对枢纽布局规划的要求（表9-5）主要如下：

1）城市性质

不同类型城市综合客运枢纽规划布局需求与总体布局要求

表 9-5

分类标准	城市分类		城市特点	综合客运枢纽布局需求	总体布局要求
城市性质	经济中心城市		区域经济中心地位显著，自身经济实力强、人口规模大，城市自身客流集散需求旺盛	主要根据城市功能分区、产业布局及规模分析客源集聚地及客流换乘需求分布，并结合城市大型客运枢纽站场布局	均匀布局或集中布局
	交通枢纽城市		区域交通枢纽定位与优势明显，周边客流在此中转、集散的枢纽站场服务需求规模大	重点分析周边区域客流集散、中转服务要求，兼顾城市自身服务需求，尽可能依托大型客运枢纽建设综合客运站	集中布局或离散布局
	优特资源客流吸引城市		拥有旅游、商贸、科教文化等某类优势或特色资源，吸引大量外部客流在此集聚	主要分析城市优特资源分布、区域辐射范围、旅客吸引量及客流集散需求分布，结合城市大型客运枢纽设施布局	集中布局或离散布局
	综合性城市		同时具有以上 2 类或 3 类城市特点	整合、协调不同类型综合客运枢纽站场的布局需求，尽可能实现统筹兼顾、集约化布局	均匀布局或离散布局
城市形态	集中式城市	团块状城市	城市用地集中、紧凑，地域以同心圆形状向周围延展，通常只有单一城市中心	主要结合城市规模、空间布局、功能分区，考虑均衡分担、适度规模及必要间隔的要求布局	均匀布局或集中布局
		带状城市	城市用地集中、紧凑，地域通常沿交通干线向外扩展	主要沿交通走廊，并结合大型运输枢纽设施分布、城市主要功能组团及规模综合布局	均匀布局或集中布局
		星状城市	城市主要发展轴由 3 条以上相互交叉的轴线构成，形成 3 条以上的城市延展轴	主要配合城市的主要延展轴、并结合大型运输枢纽设施分布、城市主要功能组团及规模综合布局	均匀布局为主
	分散式城市		受地形条件、山体或河流阻隔等因素影响，城市组团布局分散，单个城市组团规模小	主要依托城市组团及规模，结合城市大型运输枢纽设施布局、城市主要人口集聚区和外部人口吸引区分布综合布局	离散布局为主

续上表

分类标准	城市分类	城 市 特 点	综合客运枢纽布局需求	总体布局要求
城市规模	小型城市	城区人口 50 万人以下	平均每 100 万人口的枢纽数量为 5～10 个	集中布局
	中型城市	城区人口 50 万～100 万人	平均每 100 万人口的枢纽数量为 5～10 个	集中布局
	大型城市	城区人口 100 万～500 万人	平均每 100 万人口的枢纽数量为 2～5 个	均匀布局为主
	特大、超大型城市	城区人口 500 万人以上	平均每 100 万人口的枢纽数量为 1～4 个	均匀布局或离散布局

根据城市综合客运枢纽站场布局的需求特征,结合英国地理学家奥罗索和我国对城市性质的分类,通常是将城市划分为经济中心城市、交通枢纽城市、优特资源客流吸引型城市及综合性城市四类,分别分析其综合客运枢纽的布局需求与思路。

2)城市功能、规模

综合客运枢纽是城市总体规划中的重要组成部分,它既属于城市基础设施,又属于交通基础设施。因此,在进行综合客运枢纽布局规划时,应以城市居民工作出行需求、经济活动、文体活动等因素为依据,而以上因素均是由城市性质、城市功能分区、城市和经济发展方向决定的。由此可见,城市功能和规模是影响城市综合客运枢纽布局内生需求的主要因素,通常与城市人口规模、出行频率、城市经济总量等指标密切相关。

3)城市形态

城市形态总体反映城市的空间形态特征,通常可以把城市划分为集中式城市和分散式城市两大类。集中式城市是指城市各项用地连成一片,形成集中发展的城市形态,又可以细分为团块状城市、带状城市、星状城市等城市形态;分散式城市通常是由于受地形条件、山体或河流阻隔等自然条件因素影响,城市建设用地被河流、农田、绿地、山体等分隔成若干相对独立的城市组团,形成分散式的城市形态。

4)客流分布

综合客运枢纽应布置在对外客流量较大的地点。可根据城市居民出行调查和流动人口出行调查得到的客流量、流向分布、出行结构及各区域中心的客流集散强度等资料,构成综合客运枢纽规划布局的核心量化资料。在进行综合客运枢纽宏观布局时,应以客流分布情况作为基础性定量支撑,城市性质、城市规模、城市形态作为定性条件,以城市客运枢纽体系最优为目标,构建综合客运枢纽宏观布局模型,形成合理的综合客运枢纽体系及功能分类。

4.基于实践的布局规划方法

各城市在进行综合客运枢纽布局时,习惯于研究分析某一个独立的综合客运枢纽项目内各交通运输方式的分布,较少从一个城市或一个区域角度研究整个客运枢纽的功能与布局。由于缺少枢纽上位体系规划,缺乏研究整个城市或整个区域内各种运输方式的规划布局，很难宏观地思考不同运输方式交汇点合理布设问题，从而导致公路、铁路、港口、民航网络系统衔接不畅。对此，根据我国综合客运枢纽布局规划实践，本书总结提出了基于站场“自由度”的联合布局思路：

“自由度”联合布局的指导思想是依据不同运输方式站场布局的限制条件不同，确定机场、港口、铁路、公路站场布局的自由度，由自由度高的站场主动向自由度低的站场衔接的基本思路，进行综合客运枢纽联合布局。

具体布局过程中，重点考虑两个方面：一是关注综合客运枢纽中不同方式站场在规划特性上的区别，导致其在选址自由度上的不同。如民航机场布局要考虑空域限制、周边限高等问题。港口客运站要考虑岸线与码头布局、航道条件等。铁路客运站布局要考虑铁路线路的走向和枢纽的整体布局，限制条件较多；而公路客运站布局相比较而言，自由度较高。二是在考虑约束条件基础上，从交通与产业、空间相互影响角度和整个城市的客运枢纽体系角度出发，统筹考虑综合客运枢纽和单方式客运枢纽的布局，在功能上加以引导。

基于站场“自由度”的联合布局方法的具体步骤如下：

①对城市范围内客运站场系统进行分析，得出若干不同层次的客运枢纽，包括综合客运枢纽、单方式客运站场。

②对航空港、客运码头的空间布局位置进行研究，并对其是否需要与公路、铁路客运站联合布局进行论证。

③对铁路枢纽客运站的设置模式(集中布设还是分散布设)进行研究，得出城市范围内铁路枢纽客运站的数量和位置，并对铁路客运站是否需要和公路客运站联合布局进行论证。

④分析非联合布局公路客运站的备选点。

⑤优化公路客运站的数量和空间布局，该空间布局模型以旅客出行成本最低为目标，可建立单目标多约束模型进行求解。

具体布局思路详见图9-5。航空港、铁路客运站空间布局、公路客运站布局优化模型可参考已有研究，本书重点展示多方式联合布局模型。

以铁路主导型综合客运枢纽为例，对多种对外交通方式站场联合布局模型进行建模分析。

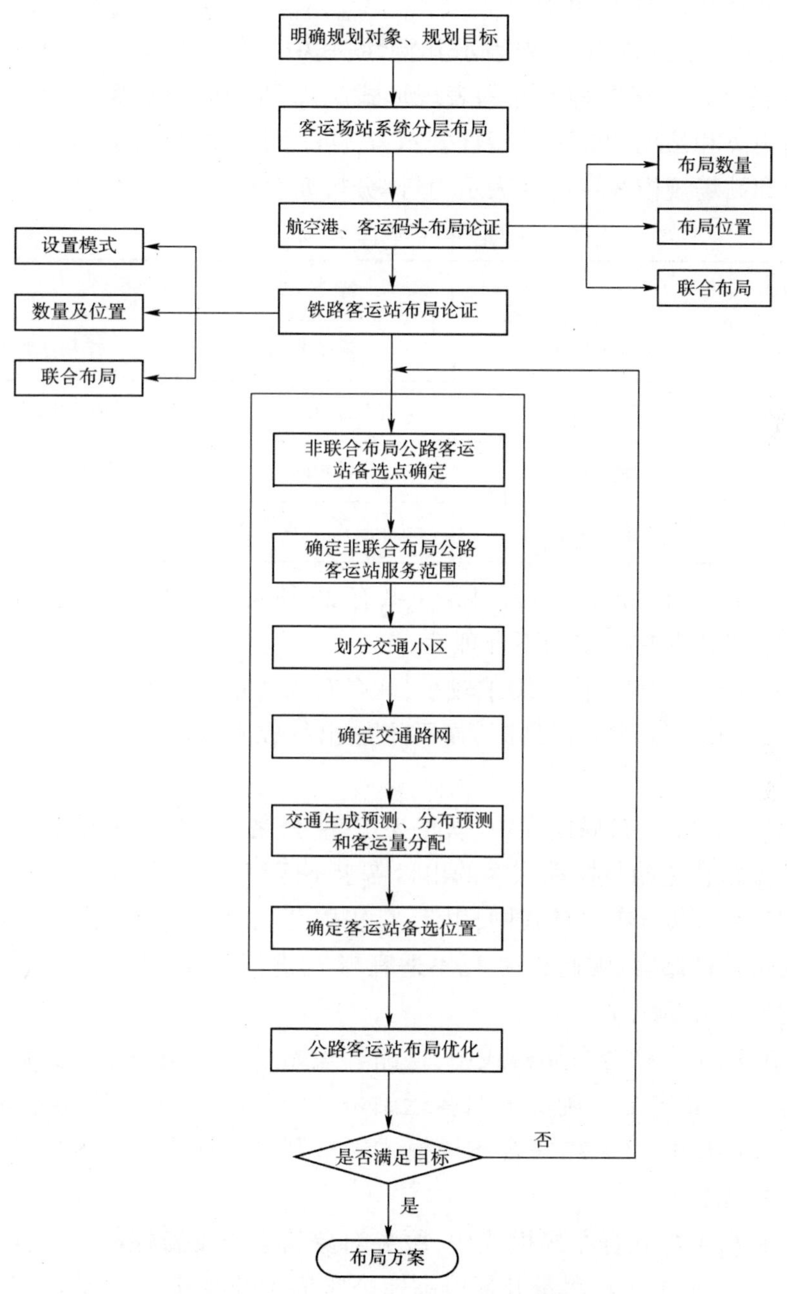

图9-5　综合客运枢纽布局规划总体思路示意图

假定公路客运站 T_H 可用 $S_H=(X_{H1},X_{H2},X_{H3})$ 来表示其特性，铁路客运站 T_R 可用 $S_R=(X_{R1},X_R2,X_{R3})$ 来表示其特性，其中每种特性均有 2 种取值，则理论上公铁联合布局存在种不同的表现形式。T_H 可用服务对象营运速度、服务对象运输距离和站场功能 3 种特性表示；T_R 可用服务对象营运速度、服务对象运输距离和站场规模 3 种特性表示，具体分析如表 9-6 所示。

T_H 和 T_R 特性分析 表 9-6

类型		特性		
T_H	S_H	营运速度 X_{H1}	运输距离 X_{H2}	站场功能 X_{H3}
	取值	（普通，高速）	（长途，中长途）	（方向集中，方向分散）
T_R	S_R	营运速度 X_{R1}	运输距离 X_{R2}	站场规模 X_{R3}
	取值	（普通，高速）	（中长途，城际短途）	（大，小）

由表 9-6 分析可知，T_H+T_R理论上共有 26 种表现形式，但结合实际分析可知以下结合形式存在一定的不合理性。

(1) T_R规模较小时，换乘需求较小，联合布局的意义不大；

(2) T_R为城际短途客运站时，换乘增加出行成本，联合布局不能实现交通资源的整合；

(3) T_H+T_R联合布局模式中，铁路为主导，公路为接驳，因此功能定位为方向集中的公路客运站与换乘旅客的出行需求不匹配；

(4) T_H+T_R联合布局模式中，由于 T_R辐射范围有限，T_R的服务对象主要为城市及周边地区旅客，因此长途 T_H不适宜与 T_R进行联合布局。

由此得出分析结论：

(1) 在 T_H+T_R联合布局模式中，铁路客运站一般为服务中长途旅客、规模较大的客运站，而与之匹配的公路客运站是方向分散型、服务于中短途旅客的客运站。该类型的 T_R+T_H联合布局模式更有利于实现交通资源的整合，发挥联合布局的优势。

(2) 在 T_R+T_H联合布局模式中，服务对象营运速度特性对其影响不大，但一般要求作为接驳的 T_H尽量开通以高速公路为主的线路。如深莞惠区域综合客运枢纽规划研究案例中，在主体思路上采取了“基于站场自由度的联合布局”方法，考虑区域内客运组织的实际运行方式，如国铁、城铁、地铁“三网”相互分割只能依靠换乘方式进行，区域内民航机场、国铁站场等自由度相对较低且已基本稳定空间选址，需要采取通过公路客运站等自由度较高的交通站场，按照主动衔接、功能引导的思路，与民航、国铁车站共同构建一体化的综合客运枢纽体系。概念布局模型及布局结果如图 9-6 所示。

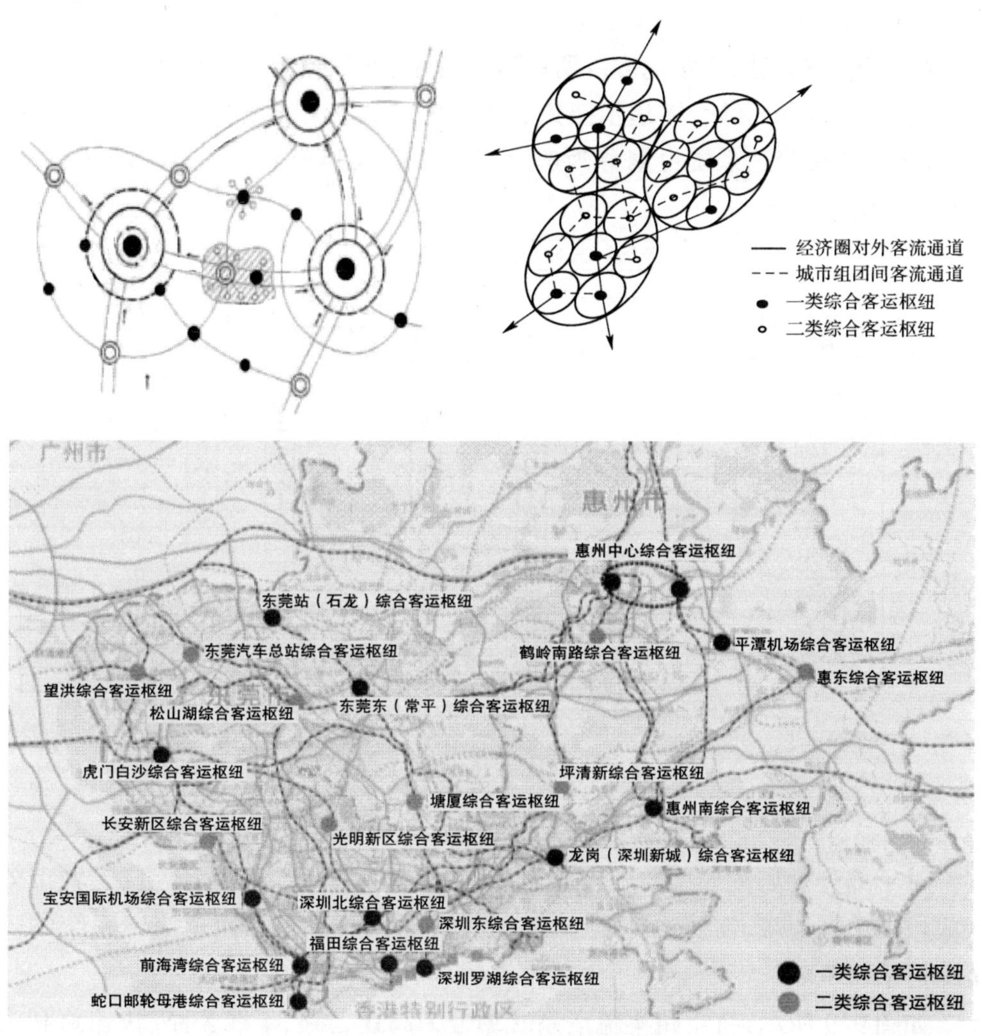

图 9-6　深莞惠综合客运枢纽规划概念模型及空间布局结果

四、交通衔接规划方法

枢纽与城市交通及不同枢纽间的交通衔接系统，是保障综合客运枢纽系统功能实现的重要基础。本书重点分析解决两个问题，即枢纽集疏运系统的配置，以及城市内各枢纽间的衔接方式配置。

1. 枢纽集疏运系统的配置方法

综合客运枢纽服务腹地多以所在城市为主，其集疏运系统也是城市交通系统的重要组成部分，综合客运枢纽集疏运系统与城市交通系统类型划分基本一致，城市交通集疏运系统可划分为道路集疏运系统和公交集疏运系统两类，如图 9-7 和图 9-8 所示。

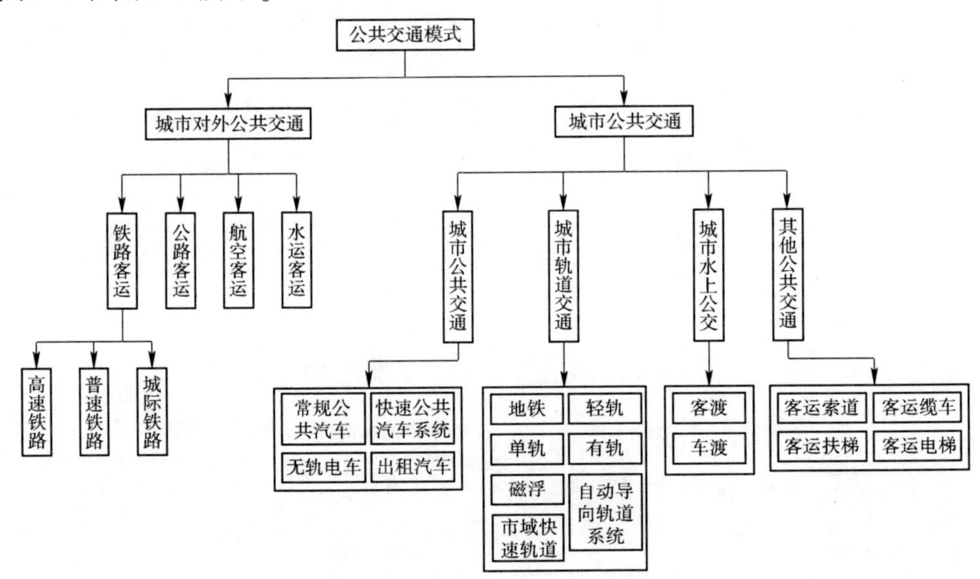

图 9-7　城市公共交通系统分类

对于部分机场主导型的综合客运枢纽，由于远离城市中心区，位于城市郊区或城市边缘地带，需要将高速公路、干线公路系统和市域轨道交通系统纳入集疏运系统范畴。

如图 9-9 所示，将道路集疏运系统划分为高速公路、干线公路、快速路和主干路四类；将公交集疏运系统划分为市域轨道、地铁系统、轻轨系统、BRT 系统和常规公交系统四类（轮渡、索道等公共交通方式不做研究）。

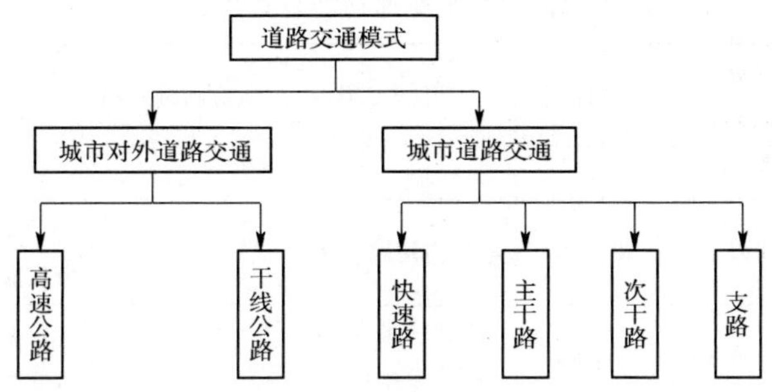

图 9-8　城市道路交通系统分类

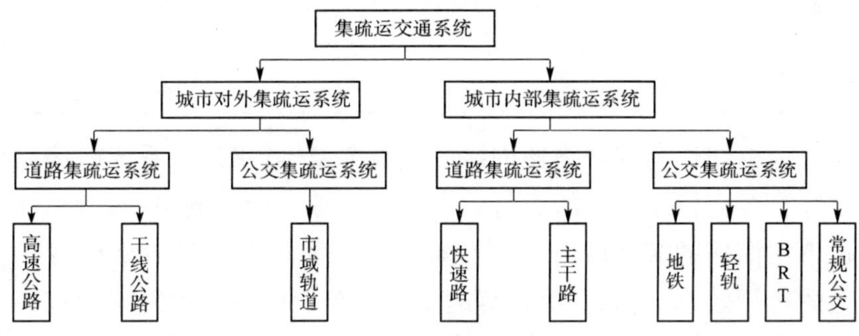

图 9-9　集疏运交通系统分类标准

不同类型集疏运系统交通功能和集疏运特点如表 9-7 和表 9-8 所示。

集疏运道路系统交通功能与集疏运特点　　表 9-7

道路类型	主要功能	主要集疏运特点
高速公路	为长距离、大量、快速交通提供专用服务	专供汽车分车道高速行驶，设有多车道中央分隔带，全线封闭，出入口控制；与其他道路交叉时采用立体交叉，无路侧建筑交通干扰
快速路	为城市中大量、长距离、快速交通服务	对向车行道之间设中间分车带，其进出口采用全控制或部分控制；与其他道路交叉时以立体交叉为主，路侧建筑交通干扰小
主干路	连接城市各主要分区，以交通功能为主	与其他道路交叉时以平交道口为主，道路两侧建筑交通干扰较大

集疏运公交系统交通功能与集疏运特点 表 9-8

城市交通方式	单线路运输容量（人次/h）	运输速度（km/h）	道路占用（m^2/人）	适应疏散距离（km）	集疏运特点
地铁	30000 以上	40～60	不占道路面积	4～30	容量大，集疏运快速，投资实施难度大
轻轨	10000～30000	40～60	高架轨道 0.25；地面专用道 0.5	3～20	容量大，集疏运快速，投资实施难度大
BRT	10000～30000	30～40	高架轨道 0.25；地面专用道 0.5	3～20	集疏运容量和速度较轨道交通低，相对经济
城市公交	200～3500	20～30	1～2	2～10	网络发达，实施难度小，经济，但舒适性差

综合客运枢纽作为综合交通网络的重要节点，其集疏运系统衔接顺畅与否直接影响综合客运枢纽本身的运行效率和整个综合交通网络的畅通。同理，与综合客运枢纽衔接的多种城市交通运输方式的能力和衔接效率也将影响整个城市交通的运行效率。因此，综合客运枢纽集疏运体系资源配置的核心问题是充分协调综合客运枢纽站场与城市交通系统两者之间的关系，找到两者间的均衡点，达到枢纽衔接的最优化和城市网络运行的高效化，才能保证综合客运枢纽与城市交通系统运行的畅通。

总结建设案例并依托项目实践经验，综合客运枢纽与城市交通的衔接组织的思路原则，应是重点考虑综合客运枢纽站场与城市交通路网容量的匹配性、换乘的便利性、衔接的可靠性以及综合客运枢纽站场之间及与其他客运站场之间网络连接的可达性等相关问题。本书以促进综合客运输枢纽与城市交通系统的有效整合和一体化发展为目标，并充分考虑了不同方式旅客出行需求特征和不同方式城市交通集疏运特点，研究提出了综合客运枢纽集疏运系统配置原则与具体要求，如表 9-9 所示。

针对不同类型和等级的综合客运枢纽，因地制宜选择道路交通集疏运系统和公共交通集疏运系统。分析维度主要包括两方面：一是分析枢纽特征，主要包括综合客运枢纽的功能类型、客流规模、地理区位、交通区位和腹地范围等方面；二是分析集疏运系统特征，主要包括运输经济型和舒适性、运输能力、运输速度、服务范围以及投资规模和实施难度。具体集疏运系统配置思路如图 9-10 所示。

综合客运枢纽集疏运系统配置原则　　表 9-9

配置原则	具体要求
满足城市对外交通要求	综合客运枢纽集疏运体系作为城市交通的重要组成部分，其规划应满足城市交通系统和对外交通系统之间的便捷衔接、转换，增强城市交通枢纽的集聚和疏散功能的要求
体现对城市用地开发的引导作用	部分地区以综合客运枢纽为中心的城市新区或新城正在逐步形成，并随着综合客运枢纽规模和功能的拓展，这些城市新区的城镇空间格局与职能性质也将发生相应的变化，甚至成为新的城市经济中心。因此，综合客运枢纽的集疏运通道的布局需要将它们有机衔接，满足城市经济生活、交通出行的功能要求，并能积极引导城市土地的合理开发
体现枢纽资源的区域共享与优化配置	综合客运枢纽所在城市多为区域性中心城市，城市整体实力对区域具有极大的影响力，城市通过和区域的互动实现各种生产要素与资源的最优配置，带动城市和区域共同发展。综合交通枢纽作为城市重要的辐射窗口，其集疏运体系规划应体现所在城市对外的辐射影响，体现交通枢纽资源的区域共享与优化配置
适应综合客运枢纽之间有机衔接要求	充分考虑各综合客运枢纽在城市中的功能定位，结合客流需求分析，合理规划综合客运枢纽间衔接交通方式，提升城市综合客运枢纽系统服务功能

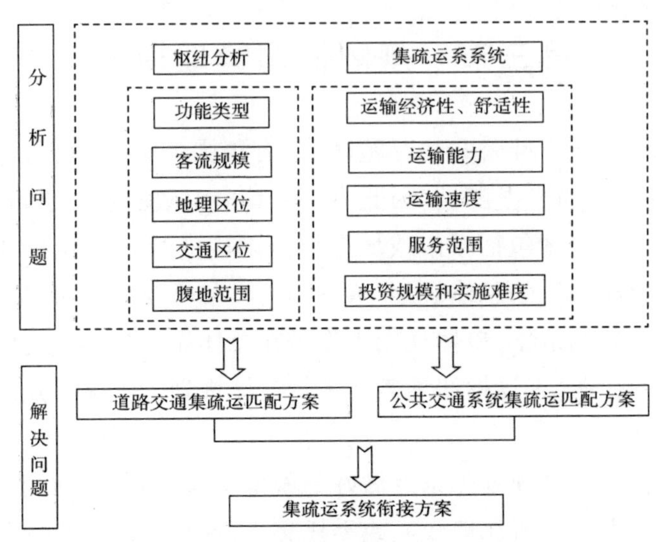

图 9-10　综合客运枢纽集疏运系统配置思路

2. 城市内各枢纽间的衔接方式配置方法

对于具有较大客流换乘需求的综合客运枢纽，需要结合城市综合交通规划（或城市公共交通规划）要求，分析不同客运枢纽之间的客流转换特征，研究论证枢纽间公交专线配置方案。研究思路如下：

（1）当城市综合交通规划（或城市公共交通规划）确定的公共交通基础设施网络已经实现了两个综合客运枢纽间的衔接时，可根据各枢纽间转换客流规模和换乘客流需求特征，在既有线路或运营组织模式上，开通定班、定时的直达公交专线。

（2）当城市综合交通规划（或城市公共交通规划）确定的公共交通网络可以实现两个客运枢纽间通过1次及以上换乘连通时，需要结合枢纽间客流换乘需求规模进行公交专用线建设的经济性论证、公交专线车型配置的选择论证。论证的维度可从城市公共交通发展负担能力、公交专用线建设的节约时间成本和运营收益、公交专用线的建设运营成本等方面综合考虑。

（3）当城市综合交通规划（或城市公共交通规划）确定的公共交通网络未实现两个综合客运枢纽所在地区间的连通时，需结合枢纽所在地区间的客流分布需求和不同公共交通方式运输能力标准，研究论证枢纽间衔接方案。

第三节　规划协调管理模式

综合客运枢纽属于准公共物品范畴，具有很强的公益性，与其他交通基础设施一样，枢纽具有自然垄断性，因此决定了其应由政府主导进行规划。

综合客运枢纽规划包括城市或城市群范围内的综合客运枢纽布局规划和针对单体综合枢纽项目的总体规划（表9-10）。布局规划属单体规划的上位规划是进行单体规划的依据，单体规划工作需在总体布局规划确定的方案框架下进行，但并非所有综合客运枢纽均需要进行单体规划。本书重点对布局规划进行研究。

综合客运枢纽布局规划需重点做好与城市总体规划、土地利用规划等协调沟通。规划一般由项目所在地政府或委托交通行业主管部门组织规划编制，主要研究内容包括：明确本区域内客运枢纽的分类、功能及其在综合运输体系构建中的地位及作用;把握现状问题并明确发展需求;制订客运枢纽发展战略,考虑城市形态、居民分布等因素确定布局方案;根据枢纽建设的迫切性及其功能,确定近期建设任务及投资内容等。各地在综合客运枢纽总体布局规划的实践中形成了许多模式,其中比较有代表性的是上海模式和江苏模式。

综合客运枢纽规划管理模式及工作内容　　表 9-10

工作阶段		主导部门	工作内容
规划	布局规划	枢纽所在省(市)政府行政主管部门	确定全省(市)范围内综合客运枢纽的总体布局,包括枢纽类型划分、功能等级、建设规模、规划选址等内容,规划方案应与城市总体规划做好对接
	单体规划	投资主导方/行政管理主导方/行业管理主导方	确定枢纽内各交通方式的设施布局、交通组织、建筑空间等详细方案,并制订枢纽规划地块范围内的控制性指标,规划方案应与城市控制性详细规划做好对接

一、上海模式

首先,市政府批复《上海市综合客运交通枢纽布局规划》,明确了上海市综合客运枢纽的功能分类、建设数量及规划期内的总体建设计划;其次,上海市城市规划管理局批复了《上海市综合交通枢纽近期选址规划》,明确近期建设的综合客运交通枢纽的规划选址范围;之后,上海市城市规划管理局发布《上海市综合客运交通枢纽详细规划编制和报批的指导意见》,在技术层面上分类指导综合客运交通枢纽的详细规划设计,明确枢纽设施设计标准、控制指标等,并规定详细规划和建设方案的编制和报批程序;随后,上海市建交委、发改委、交通运输和港口管理局等单位先后共同印发了《本市"十一五"综合客运交通枢纽建设分工等意见》以及《本市"十一五"综合客运交通枢纽建设项目实施意见》,细化了操作流程,明确了审批管理等程序及各部门分工。

特点:市政府批复总体布局规划,确保规划的有效执行;城市规划部门主导单体规划编制,确保枢纽用地落实;交通等主管部门推动项目实施,明确管理程序和部分职责分工,确保项目建设目标的实现。

二、江苏模式

2009 年,江苏省政府发布《关于加强铁路综合客运枢纽建设的意见》,明确铁路综合客运枢纽规划、建设工作的有关要求,要求从政策上加强对规划、建设的引导以及组织领导;之后,江苏省住建厅和交通运输厅联合印发了《江苏省铁路综合客运枢纽规划编制要点》,江苏省交通运输厅还印发了《江苏省铁路综合客运枢纽汽车客运站工程可行性研究报告编制提要》等文件,对铁路综合客运枢纽规划、项目工可等编制内容提出了具体要求。

特点:首先由省政府出台指导意见,确保政策一致性;由住建部门和交通部门联合推动总体规划编制工作;由交通部门提出项目建设要求,确保枢纽交通功能的实现,同时保障枢纽用地的有效落实。

总结各地综合客运枢纽的实践经验,总体布局规划对推进综合客运枢纽建设工作具有积极的指导作用。编制总体布局规划既是完善建设程序的技术需要,也是各方面统一思想、达成共识、形成合力的过程。实践中,应由政府牵头委托专业机构科学编制综合客运枢纽布局规划,将各部门的发展意愿统筹到综合规划中来,并以此为基础推进相关的技术研究工作。

第十章　单体综合客运枢纽规划建设理论

我国综合客运枢纽建设管理实践表明,建设标准不统一与协调机制不顺畅是造成我国综合客运枢纽建设效果参差不齐的两个重要原因。综合客运枢纽由于所处区域、功能类型的不同,其建设标准不能简单归结为“一刀切”的具体指标,应根据当地实际情况,在满足具体限制条件的前提下,对建设内容、建设规模、服务水平等做出合理选择。综合客运枢纽在建设管理中,涉及多个投资主体、多种交通方式、多类功能设施、多个管理部门,由于界面复杂,在建设管理过程中面临不同程度的协调问题,因此,协调机制是否顺畅,将直接影响综合客运枢纽的衔接换乘服务效果。本书在已有理论方法的基础上,根据我国综合客运枢纽的具体建设管理实践,试图提炼出一些基本的、行之有效的建设标准与管理经验。

第一节　建设内容

综合客运枢纽的建设内容主要包括枢纽内各交通方式站场、公共换乘空间以及辅助服务设施。

一、单一交通方式站场

单一交通方式站场建设内容主要包括站房类设施及场地类设施。

站房类设施主要包括客运用房(候车厅/室、售票厅、行包托运处、行包提取处、综合服务处等)、办公用房(办公室、会议室、站长室等)、生活用房(食堂、职工休息室等)和设备用房(监控用房、供电用房、通信用房、维修保养房等)。

场地类设施主要包括铁路车场(高速铁路场、城际铁路场、普速铁路场等)、长途汽车车场(上客区、下客区、备班区、停车区等)、飞机场(飞行区、旅客航站区等)、地铁车站(列车行驶区、停靠区等)、公共汽车车场(发班区、停车区等)、社会车辆停车场、出租车停车场(发车位、停车位)。

二、公共换乘空间设施

根据旅客在利用不同类型设施时表现出的行为差异,将枢纽公共换乘空间内的设施划分为集散和换乘类设施。

集散类设施主要是指旅客通过步行方式到达或离开枢纽所需的公共空间;换乘类设施是综合客运枢纽公共空间的核心建设内容,按照枢纽衔接方式的不同分为水平和垂直连接的换乘设施,水平连接设施包括换乘广场、换乘大厅、人行通道等,垂直连接设施包括楼梯、自动扶梯、电梯等。

三、换乘及其他辅助设施

综合客运枢纽的主要服务目的就是便利旅客换乘,提升旅客交通出行的服务水平。在综合枢纽建设过程中,必须要考虑相关换乘设施及部分旅客服务辅助设施的配置,主要包括自动步行带、无障碍通道等残障设施、自动售检机及闸机设施以及其他辅助服务设施等。

(1)自动步行带(自动人行道)。为减少旅客的换乘行走距离,特别是减轻携带行李旅客的负担,当换乘通道的水平距离超过300m,应考虑在换乘通道和天桥等位置设置自动步行带等代步工具。

(2)残障设施的配置。枢纽应在出入口开辟便于残障人轮椅通过的无障碍通道,设置取代台阶的坡道(其坡度应不大于1/12);在上下层之间考虑设置垂直电梯供残障人使用;在检票口处要有让残障人轮椅通过的通道。

(3)自动售检机及闸机口设施。在一些大型综合客运枢纽的公共换乘区域,设置一些自动的检票闸机口(检票机),可以提高旅客检票的通行能力,尤其在通勤交通的早晚高峰或节假日,自动检票闸机口的合理设置就更为重要。但此类设施的配置要从旅客进出站安全角度出发,在规划设计阶段按照旅客进出流程预先考虑,检票机配置的数量必须能够满足非常规客流的要求,应考虑非常规情况下闸机口旅客可能排队的需要,设有必要的排队空间,以免产生拥挤出现安全隐患。

(4)辅助服务设施。辅助服务设施主要包括购物区、餐饮区及其他相关服务区。

第二节　基本理念

单体综合客运枢纽的建设应遵循的最基本理念即“以人为本”。为了将“以人为本”理念更好地体现在综合客运枢纽系统功能中,需要在规划设计过程中做到五个一体化:

(1)规划设计组织一体化。综合客运枢纽的规划建设涉及多个部门,必须要在规划选址、方案设计上做到组织协调统一,相互配合,才能保证各枢纽设施集约布局、有效衔接、资源共享、换乘便捷,实现一体化客运服务功能。

(2)交通运行流程一体化。无论是车流组织,还是人流组织,均要求注重交通运行在流线设计上体现一体化,保证旅客在不同交通方式、交通工具转换间的无缝衔接,体现车辆行进过程的连续、快捷、明确。

(3)基础设施建设一体化。枢纽中各交通设施、各换乘层面会上下叠合,各种设施之间会留有平面、竖向多个接口,枢纽建设涉及不同投资、管理主体。在建设过程中,必须实现相互协调,相互预留,尽量做到同步建设,如不能,则要求先建者必须考虑后建者的实施可能性,并预留接口。

(4)信息导向系统一体化。不同运输方式之间应做到信息互联互通、信息共享、导向标识风格统一,在导向系统设计设置中,注意诱导信息的连续、一致和标准的统一。

(5)安全应急处理一体化。必须构建一套有效的协同管理机制,保证综合客运枢纽内各运输方式在应急状态条件下的管理指挥一体化。

在现行管理体制下,民航、铁路、公路、地铁、公交等各类单一交通方式客运站场均可按自身行业的建设规范执行,由不同的交通方式衔接在一起构成综合客运枢纽时,就必须摆脱传统客运站场设计中各自为政的现象。不仅仅是将各单体站场组合在一起成为集拼式综合客运枢纽,而更应关注和完善涉及不同方式间有效衔接的公共换乘区域部分的设计,这是影响整个综合客运枢纽服务功能实现的关键。

第三节　单体枢纽规划建设的关键环节

根据实践总结，单体综合客运枢纽的一般性设计流程如图 10-1 所示。

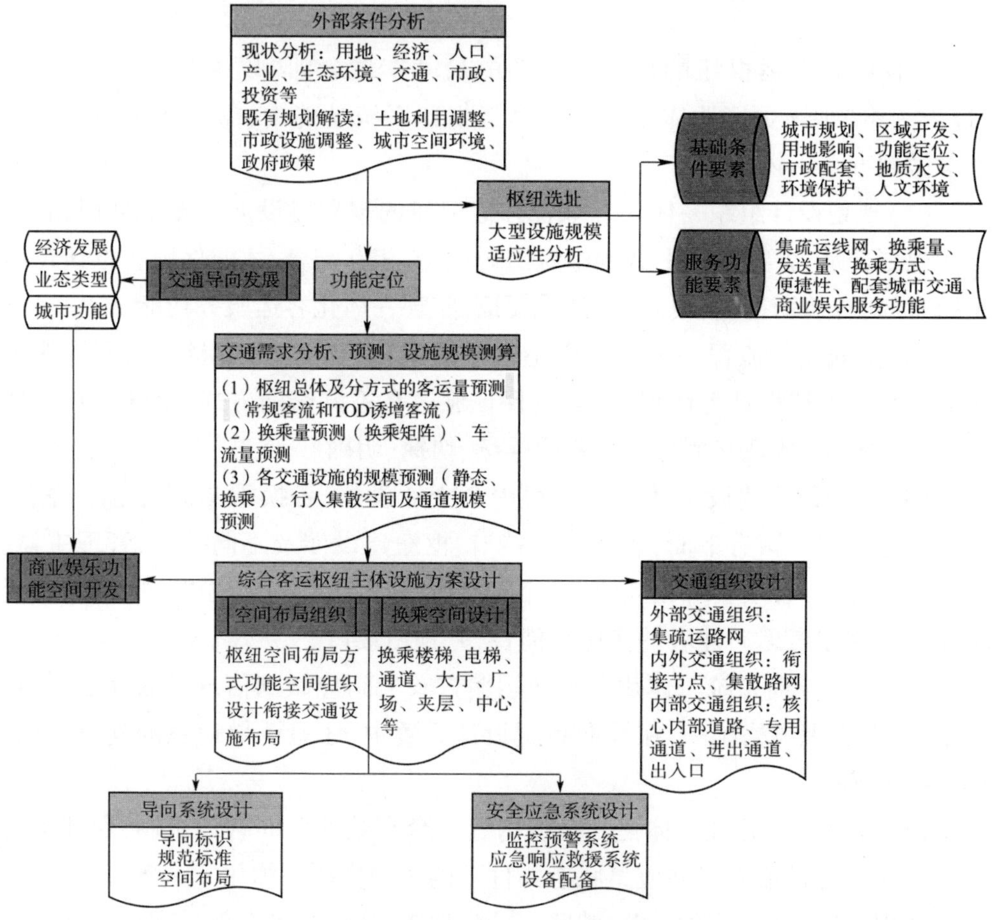

图 10-1　单体综合客运枢纽设计流程示意图

本书重点结合我国综合客运枢纽建设实践，研究总结提出综合客运枢纽换乘量预测、建设规模测算、设施服务水平、衔接换乘标准、集疏运标准等方面的测算方法和参数建议。有关综合客运枢纽选址要求、空间布局、衔接设计、交通组织、导向系统与安全应急等相关内容可参见由交通运输部规划研究院编制、人民交通出版社股份有限公司出版的《综合客运枢纽设计指南》。

第四节　换乘量预测思路与方法

一、预测内容

专栏 10-1　综合客运枢纽总换乘量

指一定时期内，利用综合客运枢纽进行出行、换乘的客流总量，是衡量综合客运枢纽总体换乘需求以及作业能力的关键指标。

枢纽总换乘量

= 枢纽对外总发送量 + 枢纽城市交通总发送量

= 枢纽对外总到达量 + 枢纽城市交通总到达量

在综合客运枢纽规划设计阶段，涉及一个关键的参数即综合客运枢纽换乘量，它反映了单体综合客运枢纽内不同交通方式间的量化换乘关系，其预测结果主要体现为换乘量矩阵，具体形态如表 10-1 所示。换乘矩阵是确定项目建设规模、平面布局方案的重要依据，对行人、车辆交通组织、引导以及设施配置和安全应急等也有重要影响。

二、预测思路

综合客运枢纽换乘量需求预测一般按照下述思路进行：

(1)预测综合客运枢纽对外运输方式的发送量或到达量。

(2)预测综合客运枢纽衔接的城市交通各方式吸引的客流量。除了为对外方式提供集散外，城市交通方式吸引的客流主要包括三部分：①综合客运枢纽周边居民利用枢纽衔接的城市交通方式完成出行的客流量；②综合客运枢纽内部配建及周边商业项目吸引的客流；③综合客运枢纽内部工作人员、接站及送站人员。

(3)预测不同方式之间换乘量。主要包括三部分：对外方式之间换乘、对外方式与城市交通方式之间换乘、城市交通各方式之间换乘。可根据经验比例法计算,也可以通过建立交通模型计算。

综合客运枢纽换乘量需求预测矩阵示意表　　表 10-1

D / O		对外交通			城市交通					到达总量D
		民航	铁路	公路	公交	出租车	社会车辆	轨道交通	其他	
对外交通	民航	A_{11}	A_{12}	A_{13}	A_{14}	A_{15}	A_{16}	A_{17}	A_{18}	A_{1D}
	铁路	A_{21}	A_{22} 外—外	A_{23}	A_{24}	A_{25}	A_{26} 外—内	A_{27}	A_{28}	A_{2D}
	公路	A_{31}	A_{32}	A_{33}	A_{34}	A_{35}	A_{36}	A_{37}	A_{38}	A_{3D}
城市交通	公交	A_{41}	A_{42}	A_{43}	A_{44}	A_{45}	A_{46}	A_{47}	A_{48}	A_{4D}
	出租车	A_{51}	A_{52}	A_{53}	A_{54}	A_{55}	A_{56}	A_{57}	A_{58}	A_{5D}
	社会车辆	A_{61}	A_{62} 内—外	A_{63}	A_{64}	A_{65}	A_{66} 内—内	A_{67}	A_{68}	A_{6D}
	轨道交通	A_{71}	A_{72}	A_{73}	A_{74}	A_{75}	A_{76}	A_{77}	A_{78}	A_{7D}
	其他	A_{81}	A_{82}	A_{83}	A_{84}	A_{85}	A_{86}	A_{87}	A_{88}	A_{8D}
出发总量O		A_{01}	A_{02}	A_{03}	A_{04}	A_{05}	A_{06}	A_{07}	A_{08}	A_{0D}

注：其他是指步行、自行车。

换乘量预测过程如图 10-2 所示。

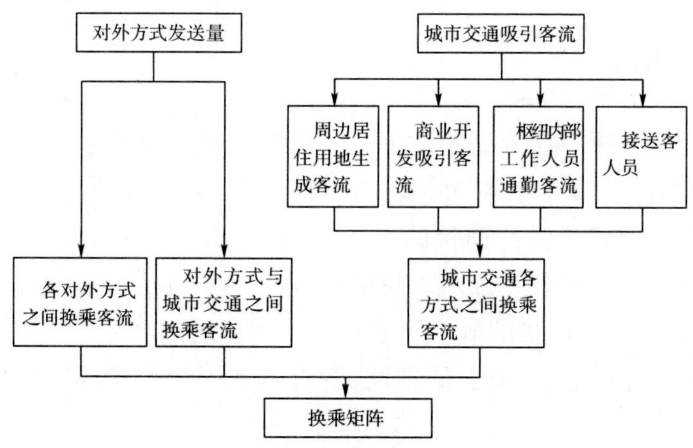

图 10-2　换乘量预测过程

三、预测方法

1. 对外运输方式发送量预测

对外运输方式的发送量预测,可按以下步骤:

(1)根据城市社会经济发展及城镇化水平变化趋势,预测全社会客运量。

(2)分析区域综合运输结构变化特征,根据不同对外运输方式分担比例,预测各对外运输方式客运量。

(3)根据各对外运输方式场站在城市中的空间布局、功能定位及规模能力等指标,预测综合客运枢纽中该方式站场的到发量。

上述计算过程中所用到的各种技术方法已较为成熟,历史数据相对丰富,可使用人口、GDP、人均 GDP、城镇化率等作为自变量,利用一元回归、多元回归、非线性回归、增长率法、弹性系数法、人均出行次数法、灰色预测模型、时间序列法、神经网络等方法进行预测。主要方法如表 10-2 所示。

对外客运量预测方法　　表 10-2

方法	公　式	自 变 量	备　注
一元回归	$y=a+bx$	时间、GDP、人口、人均收入等	a、b 待标定参数
多元回归	$y=a+b_1x_1+b_2x_2+\cdots+b_nx_n$	时间、GDP、人口、人均收入等	a、$b_1\cdots b_n$ 待标定参数
S 形曲线	$y=\dfrac{1}{a+be^{-x}}$	时间等	a、b 待标定参数
生长曲线	$y=\dfrac{L}{1+e^{a+bt}},(b<0,t>0)$ $\lim\limits_{t\to\infty}y=L$	时间	a、b 待标定参数
弹性系数	$\varepsilon=(\Delta y/y)/(\Delta i/i)$	人口、人均收入等	ε 为增长弹性系数
人均出行法	$y=\sum\limits_{c=1}^{n}P_c\times q_c$	出行率	P_c、q_cC 类人口量及出行率

上述预测方法中,短期预测法包括人均出行次数法和时间序列预测法。中长期预测法包括回归分析法、神经网络法、灰色模型法、增长率法和弹性系数法。预测时可以利用组合预测法进行预测,来弥补短期预测或长期预测方法的缺点。组合预测法即是将各种模型的预测结果组合起来,取长补短,进行适当加权平均,得到最终结果。采用这种方法,预测结果比较精确,但是各种预测结

果所占的比例是关键,在确定各自的权重会较为困难,可考虑采用专家经验值或平均值。

2. 城市交通方式吸引客流量预测

综合客运枢纽既衔接了对外运输方式,也衔接了城市交通方式。城市交通各方式在为对外运输方式的客流集散提供服务外,也承担了部分城市交通出行功能。

1)枢纽周边居住用地生成客流量

主要根据常规公交、轨道交通服务范围内的用地性质、服务人口数,结合城市居民出行次数、出行方式选择比例等预测得到。此部分预测要考虑城市公共交通线网规划情况,根据不同公共交通线路及站点的服务区域,合理划分枢纽内城市公共交通的服务范围。

2)商业项目吸引客流

一是经由枢纽出行或换乘,兼有购物需求的客流;二是专程到综合客运枢纽进行商业消费的客流。第一类客流在对外交通客流预测中予以考虑。第二类客流即专门以枢纽内商业项目为出行终点,主要是由于枢纽经济开发功能而诱增的客流,可按下式进行计算:

$$商业项目吸引客流 = 商业项目建筑面积 \times 商业吸引率$$

商业吸引率可根据配建商业项目的性质、规模,参照同类项目取值进行计算。

3)工作人员通勤客流、接站、送站人员

综合客运枢纽项目运营后,项目内的工作人员的通勤出行需求量可根据不同城市交通方式的发送量选取适当比例计算,该比例可通过实地调查或类比方式选取。

枢纽内城市交通集散的客流还包括接送人员进出枢纽产生的客流,这部分客流可根据对外交通到发量预测结果,结合到发接送比例确定。根据调查,目前中国综合客运枢纽接送比例一般在10% ~20%之间,接送客系数一般在1.1 ~1.2之间。

3. 各方式之间换乘量预测

主要包括对外运输方式之间、对外运输方式与城市交通方式之间、城市交通方式之间换乘客流。可采用经验比例法、交通模型法等方法进行计算(表10-3)。

换乘量预测主要方法及各步骤数据要求　　表10-3

主要方法	计算步骤	数据要求
经验比例法	①规划年各对外方式发送量预测	项目所在区域社会经济数据、各方式到发量历史数据、项目所在区域土地利用、城市规划、交通规划情况、项目的使用功能(是否兼有商业开发性质)
	②各方式之间换乘比例预测	项目所在区域客运结构及主要客运站换乘比例、国内外同类项目的换乘比例
	③规划年换乘矩阵计算校核	区域客运结构、国内外同类项目换乘比例
重力模型	①规划年各方式总换乘量预测	项目所在区域社会经济数据、各方式到发量历史数据、项目所在区域土地利用、城市规划、交通规划情况、项目的使用功能(是否兼有商业开发性质)
	②各方式换乘阻抗函数	换乘费用、各方式乘车费用、线路覆盖范围、等候时间、舒适度等
	③重力模型参数标定	现状换乘OD矩阵
	④规划年换乘矩阵计算及结果校核	所在区域各方式分担比例、同类项目换乘矩阵表等
Logit模型	①规划年各方式总换乘量预测	项目所在区域社会经济数据、各方式到发量历史数据、项目所在区域土地利用、城市规划、交通规划情况、项目使用功能(是否兼有商业开发功能)
	②各方式效用函数构建	出行者特性数据:收入、年龄、职业、性别等; 交通方式特性数据:等候时间、在途费用、舒适度、安全度等; 换乘特性数据:换乘费用、换乘便捷程度等
	③Logit模型参数标定	现状各方式选择概率
	④规划年枢纽内各方式选择概率计算及规划年换乘矩阵计算	—
	⑤模型计算结果校核	所在区域各方式分担比例、同类项目换乘矩阵表等

经验比例法主要是根据城市既有客运场站乘客的现状换乘比例数据,参考国内外同类项目,并根据城市各运输方式发展战略,结合专家经验,预测确定综

合客运枢纽特征年各运输方式之间的换乘比例。

交通模型法主要选用“四阶段法”，将各种运输方式的服务范围近似看作出行分布预测中的交通小区，计算各运输方式的到达、发送客流量，再利用出行分布的计算方法求得换乘量矩阵。常用的出行分布模型有增长率模型、重力模型等。由于增长率模型的不足，对于枢纽换乘量的预测，建议一般采用重力模型进行计算。

重力模型是国内交通规划中使用最为广泛的模型，综合考虑了影响枢纽换乘量的社会经济增长因素、出行空间和时间阻碍等因素，模型结构简单，适用范围较广，即使没有完整的现状换乘 OD 表，也能进行推算预测。该模型使用较大的缺点是当交通阻抗趋近于零时，换乘预测量会趋近于无穷大，当描述换乘行为时，跟实际情况存在一定的偏差，需要设计、规划、咨询人员注意。

根据对外运输方式发送量、城市交通及商业项目的吸引量预测等结果，进一步结合相关因素，对旅客换乘矩阵中的“外—外”“外—内”和“内—外”“内—内”各部分换乘需求进行细化分析，整合得到旅客换乘矩阵。

四、调查方法

1. 调查内容

为提高综合客运枢纽换乘量预测的质量和可信度，需要事先做好基础数据调查，系统地搜集、整理和分析与项目相关的各类信息资料。一般来说，需获取以下四类数据：

(1)社会经济特性数据。项目所在区域的社会经济、土地利用、城市规划数据(包括现状及规划情况)。

(2)居民个体特性数据。主要有性别、职业、收入、年龄、家庭构成、机动车拥有量等数据。

(3)居民出行特性数据。主要有出行目的、出行频率、出行时间、出行方式等出行特征数据。

(4)运输方式特性数据。项目所在区域交通基础设施发展现状及规划情况、综合客运枢纽内主要交通方式的技术经济特性(发车频率、票价、线路覆盖范围等)。

2. 调查方法

以上数据可通过多种调查方法获取，主要有文案调查法、访问调查法、现场踏勘法、网络调查法、手机定位调查法等。各类方法均存在不同的优势、劣势，有着不同的适用范围。这里重点介绍一下近年来新兴的网络调查法和手机定位调查法。

网络调查是一种新兴的调查方法和手段，主要基于互联网的技术手段，利用网页问卷、电子邮件问卷、网上聊天室、电子公告板等网络多媒体通信手段来收集调查数据和访谈资料的一种新式调查方法。网络调查法在综合客运枢纽换乘需求预测中具有一定的应用前景，便于采用图片、动画甚至模拟视频的方式更加直观地向调查对象展示不同的比选方案，从而缓解 SP 调查中可能出现意愿表达与实际行动之间的偏差，提高需求预测的精度。但在应用时需要注意：①应在网络比较发达、普及程度高的地区应用网络调查法。②建议对调查对象进行一定的筛选，将问卷（邮件或网页）尽可能投放到具有出行行为或出行需求的人群中。③应重视网络数据安全和被调查者的隐私问题。随着 3G、4G 无线通信网络的兴起及智能手机的普及，网络调查法在智能手机终端也具备了应用条件（可通过网页、电子邮件或手机短信互动的方式），从而将具备更加广泛的应用前景。

手机定位调查法。随着手机的普及，利用手机定位技术记录手机使用者的所在位置和出行行为轨迹逐渐成为一种研究居民交通行为（尤其是居民的 OD 数据采集）的方法，其主要优势体现在：数据采集范围大、数据量大；数据采集时效性强；大大降低数据采集成本。同时，该方法也存在一定的缺陷：①无法采集手机使用者的个人特性信息。②受手机信号、网络条件等因素限制，手机定位可能不够精确。③可能涉及用户的知情权、隐私权等法律问题。由于使用者的个人特性数据是综合客运枢纽换乘需求预测的重要调查内容，从而限制了手机定位调查法在本研究的应用深度。但是手机定位调查法可应用于更大的空间尺度，从而获得城区内部空间客流强度和方向，以及城区出入口的客流强度和方向，从而为综合客运枢纽换乘需求预测提供背景参数，指导调查问卷的设计以及分层样本量的确定。

3. 调查方法的选取及注意事项

调查方法的选取主要取决于调查内容的特征以及开展调查活动的现场情

况。主要的选取原则和注意事项如下：

首先,对应不同调查内容,要采用不同的调查方法。对于区域社会经济特性数据和运输方式特性数据的获取,宜采用文案调查法,结合个别访谈法。对于使用者个体特性数据和使用者出行特性数据,可采用访问调查法。其中,对于使用者出行现状特性的数据宜采用 RP 调查方法,而对于出行者意愿特性数据宜采用 SP 调查方法。具体而言,对现有设施(如机场、铁路客运站、公路客运站)使用者的出行特性调查,宜采用 RP 调查方法;对潜在使用者的出行特性调查,宜采用 SP 调查方法;对于项目利益相关各方的主观态度,可采用小组座谈法和个别访谈法相结合的方法。

其次,对应不同的调查环境,宜采用不同的调查方法。由于机场(民航客机)、铁路客运站(列车)及公路客运站(长途汽车)的管理方式、内部环境、工作人员配置等因素不同,所以在以上各场站及运输工具内进行问卷调查的方式有所不同。具体而言,对于民航机场、铁路客运站和公路客运站,调查地点以候机大厅(候车室)为主、民航班机(旅客列车或客车)内调查为辅。可安排工作人员在候机大厅(候车室)进行问卷调查,并负责问卷的发放和回收。

另外,还需要综合考虑数据要求、资金和时间约束、项目研究力量以及可调动的资源等因素,灵活选择相关方法。

第五节　建设规模测算思路与方法

一、理论测算思路与方法

综合客运枢纽的建设规模重点在于确定用地规模和建筑规模。根据综合客运枢纽的建设内容,分别对其用地、建筑规模做出研究考量。

1. 占地规模理论计算方法

综合客运枢纽一般包含多种运输方式站场,依据现行规范,各单一方式客运站场用地规模的计算目前均有相应的计算标准依据。

综合客运枢纽的用地规模可按照以下流程计算:①当枢纽内多种运输方式站场的布局均为平面式,则应分别计算每种站场的用地面积然后加和(共用面积部分应注意扣除重复计算的内容）；②当枢纽内多种运输方式站场布局形式为立体化结构时，其共用同一面积土地指标包含两种及以上的运输方式，应注意用地指标的合理分担问题。

具体理论计算方法如下：

（1）当枢纽内多种运输方式衔接布局为一体化立体组合式，即多种运输方式采用立体衔接时，如两种及以上运输方式共用同一用地面积时，首先应按照各自站场用地规模进行计算，然后取占地面积的最大值。

（2）当枢纽内多种运输方式衔接布局为混合式，即存在平面式衔接与立体式衔接的组合情况时，平面式衔接部分应分别计算各单一站场用地规模，然后各规模进行加和，注意各运输方式衔接的公共换乘区域部分应避免多次重复计算；立体式站场组合部分，当两种及以上运输方式共用同一用地面积时，先计算各自站场用地规模，然后取占地面积的最大值。

2. 建筑规模计算方法

综合客运枢纽建筑规模可按照枢纽内不同方式站场的建筑面积以及公共换乘区域建筑面积之和进行计算。各方式站场的建筑规模根据已有规范确定。公共换乘设施规模可按照水平连接设施和垂直连接设施分别测算，相应测算方法如表 10-4 和表 10-5 所示。

水平连接设施规模计算方法　　表 10-4

名称	计 算 公 式	公式中参数含义	设 施 说 明
客流集散换乘大厅	$S_{\text{hall}} = \sum_{i=1}^{n}\sum_{j=i}^{n}\frac{2\sigma q_{ij}L_{\text{hall}}}{3600\rho_p v_p u_j}$	n 为枢纽中交通方式的种类数；σ 为超高峰系数，通常取 1.2～1.4；q_{ij} 为高峰小时第 i 种与第 j 种交通方式的换乘量（人/h）；L_{hall} 为客流的平均步行距离（m）；ρ_p 为在设计服务水平 p 条件下的平均行人密度（人/m^2）；v_p 为在设计服务水平 p 条件下的平均步行速度（m/s）；u_j 为第 j 种交通方式换乘客流占总换乘量的百分比（%）	连接通道、站台、售票厅、候车厅等功能区旅客最主要的活动区域，是设计换乘流线关键因素。建筑面积主要考虑换乘（广义换乘）客流步行所需面积

续上表

名称	计算公式		公式中参数含义	设施说明
站前广场	$S_{\text{square}} = \sum_{i=1}^{n} \alpha_i N_i L_{ip}$		α_i 为第 i 种交通方式服务水平的修正系数，一般取 1.0～1.2；N_i 为第 i 种交通方式的最高聚集人数（人次）；L_{ip} 为在设计服务水平 p 条件下第 i 种交通方式站前广场旅客活动地带用地指标（m^2/人）	供旅客进出枢纽集散、换乘用的广场，设置休息、便民服务设施及高峰季节设置临时售票点等
通道设施	进站通道宽度	$\text{Bin}_i = \dfrac{q_{\text{in}}\sigma\varphi_i}{C\alpha_{\text{los}}}$	q_{in} 为高峰小时的进站客流量（人/h）；φ_i 为第 i 个进站通道类设施所服务的客流量占整个进站客流量的百分比（%）；C 为通道的通过能力（人/m·h）；α_{los} 为相应服务水平下的通道设施饱和度	进站客流的到达可认为是单个随机的，前后旅客之间不具有关联性，对设施服务时间无要求
	出站通道宽度	$\text{Bout}_i = \dfrac{q_{\text{out}}\sigma I_{\text{m}}\beta_i}{CT\alpha_{\text{los}}}$	q_{out} 为高峰小时的出站客流量（人/h）；I_{m} 为对外运输方式（航空、铁路、公路）旅客到达的平均间隔时间（s）；β_i 为第 i 个出站通道类设施所服务的客流量占整个出站客流量的百分比（%）；T 为疏散每次对外运输方式出站客流所要的服务时间（s）	出站客流的形成具有一定的周期性，并且客流到达相应设施系统是成批的，要求设施在一定的时间段内完成服务
	换乘通道宽度	$\text{Bt}_{ij} = \dfrac{q_{ij}\sigma\rho_p\gamma_{ij}}{3600v_p}$	q_{ij} 为高峰时段每小时第 i 种与第 j 种交通方式的换乘量（人/h）；γ_{ij} 为某通道换乘量占第 i 种与第 j 种交通方式旅客换乘量的百分比（%）	换乘客流主要考虑旅客舒适程度，即行人密度和步行速度

垂直连接设施规模计算方法　　表 10-5

设施配置	影响因素	已有规定	配置方法与建议值
步行楼梯	步行楼梯宽度影响旅客通过人群移动的能力及移动的速度。楼梯宽度是由楼梯服务水平(通行能力)及高峰时段上下楼梯旅客流量所决定的,当服务水平(设施饱和度)接近1时,即达到楼梯的通行能力。楼梯宽度设置时还应充分考虑方向性的移动	《城市轨道交通技术规范》(GB 50490—2009)规定单向和双向公共区人行楼梯最小宽度分别为1.8m和2.4m。《地铁设计规范》(GB 50157—2013)中规定1m宽楼梯下行每小时最多通过4200人,上行每小时最多通过3700人,双向混行每小时最多通过3200人。《民用建筑设计通则》(GB 50352—2005)中规定每股人流宽度为0.55m+(0~0.15)m。美国《公交通行能力和服务质量手册》规定设施饱和度接近1时,1m宽步行楼梯单向每小时最多通过3300人。《HCM2000》规定1m宽步行楼梯单向每小时最多通过3000人	通常自动扶梯与步行楼梯相邻设置,若两种交通设施之间高峰小时换乘量超过1万人时,必须设置1部步行楼梯和1部自动扶梯。有些路段全部用自动扶梯,则上下方向至少各设1部。 建议按照1m宽楼梯双向混行每小时通过3500人,1m宽自动扶梯,输送速度为0.5m/s时每小时最多通过8000人计算
自动扶梯	自动扶梯用于旅客中转换乘使用,是对楼梯的补充,通常相邻设置,有些旅客流量大的路段可能全部使用自动扶梯。自动扶梯的通行能力主要取决于扶梯的传输速度及踏板的宽度,宽度按照高峰时段乘坐自动扶梯的旅客流量除以扶梯通行能力得到	《地铁设计规范》(GB 50157—2013)中规定1m宽自动扶梯,输送速度为0.5m/s时,每小时最多通过8100人,输送速度为0.65m/s时,每小时最多通过9600人美国《公交通行能力和服务质量手册》规定1m双人宽自动扶梯,设施饱和度为0.4时,每小时最大输送能力为4080人,设施饱和度为0.6时,每小时最大输送能力为5400人	
垂直电梯	垂直电梯主要为高龄、行动不便、搬提重物者以及孕妇等特殊需要旅客而设置。垂直电梯通行能力取决于电梯运行时间、电梯容量和旅客进入离开电梯的模式特征等。配置垂直电梯数量按照在旅客可以忍受候梯时间内,乘坐垂直电梯人数除以电梯容量得到	垂直电梯服务水平是以旅客候梯时间和拥挤水平为依据,拥挤时人均占据空间大约为0.17m^2/人,舒适时至少要达到0.28m^2/人。由于垂直电梯服务的旅客特殊,并考虑到旅客到达的随机性,因此乘坐垂直电梯的需求人数可按照设置电梯区域所属运输方式高峰小时换乘量的10%~15%得到	根据特殊旅客需求,一般在大型综合客运枢纽或机场出入口处配置两部垂直电梯,方便换乘出租车、社会车等城市交通方式

(1)水平连接设施。水平连接设施均应按照超高峰客流量进行设计,不仅要满足集散换乘客流的需要,还要保证旅客集散换乘安全、疏导迅速等,超高峰系数通常取1.2~1.4。步行通道的通行能力取决于行人步行速度、人流密度及步行通道的有效宽度。

(2)垂直连接设施。垂直连接设施主要是根据客流规模和设施的通行能力进行配置数量的测算。

二、基于实践的占地规模分析

根据对交通运输部补助的一百余个综合客运枢纽项目的总结显示,我国当前已建和在建综合客运枢纽数量的80%,占地规模为10万~50万m^2。分析显示,枢纽的占地规模与枢纽总换乘量、主导方式站场的等级与形态、枢纽所处的经济地理区域以及枢纽所在城市的人口规模总量等因素有着密切关系。

三、枢纽占地规模影响因素

1. 枢纽占地规模与所在经济地理区域的关系

根据分析,东部地区综合客运枢纽由于所处城市人口总量较大,站场等级较高,所以总体建筑规模普遍较大,但与中西部地区相比,枢纽的单位用地面积较低,原因是东部发达地区的综合客运枢纽在规划建设中一体化衔接水平较高,各方式站场多采用立体衔接,且服务能力远大于中西部地区同类枢纽。中西部地区由于城乡二元化特征明显,在综合客运枢纽中公路运输方式起着重要作用,是铁路集疏运及旅客中短途运输出行的主要工具,公路旅客发送量较大,且铁路主导型综合客运枢纽在空间组合形态上多为平面广场或通道衔接型,因此在综合客运枢纽中公路站的用地面积相对较大。

2. 枢纽占地规模与城市人口、城市类型的关系

统计显示,市辖区人口小于150万的城市中的综合客运枢纽总体占地规模较为集中,基本上均控制在40万m^2内,约80%的枢纽占地规模在10万~30万m^2间;市辖区人口在200万~300万间的城市,枢纽占地规模差异性较大,在10万~70万m^2间;500万人口以上的特大型城市,用地规模普遍较大,多在30万m^2之上,部分特大城市或衔接有特等火车站的综合客运枢纽,其用地规

模甚至超过了 100 万 m^2，如上海虹桥综合客运枢纽、南京南站综合客运枢纽、沈阳南站综合客运枢纽等，如图 10-3 所示。

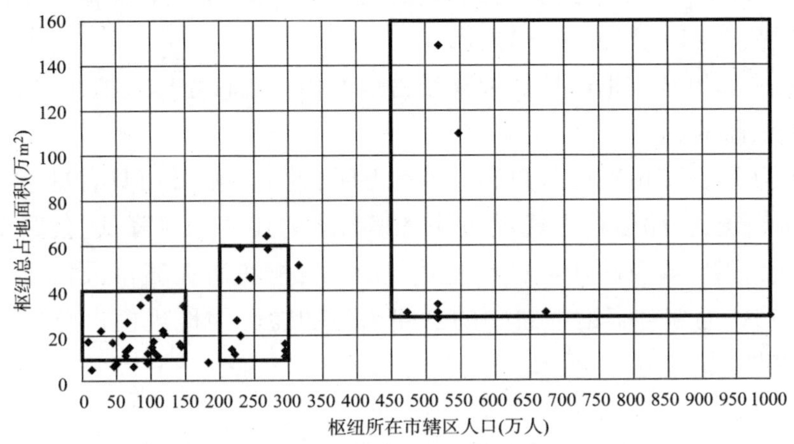

图 10-3　枢纽占地规模与所在城市人口关系示意图

综合客运枢纽单位换乘量占地面积与城市性质和规模存在相关关系，一般而言，城市规模越大，枢纽用地集约程度越高，占地面积离散性越小，如中心城市枢纽用地面积一般在 0.3 ~ 2m^2/日均换乘人次之间，一般地级市在 0.5 ~ 3m^2/日均换乘人次之间，而县级枢纽一般为 2 ~ 5.5m^2/日均换乘人次，如图 10-4 所示。

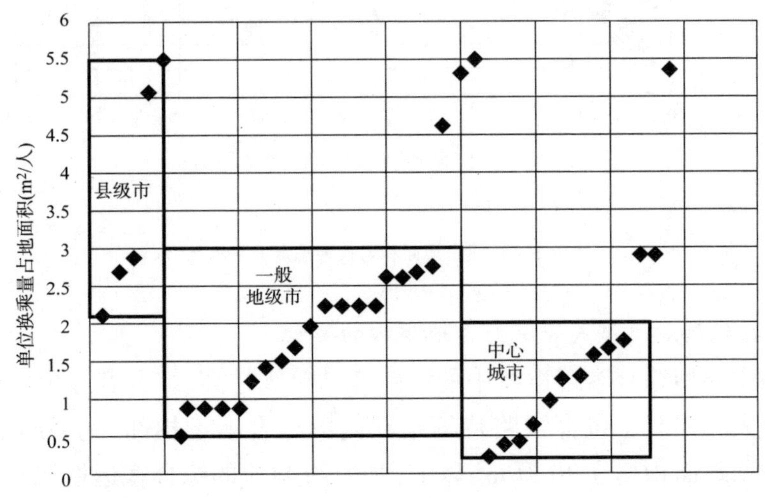

图 10-4　枢纽单位换乘量占地面积与城市性质关系示意图

3. 枢纽占地规模与换乘总量、衔接形式的关系

根据对枢纽占地面积与换乘总量的关系分析，80% 左右的枢纽单位换乘量占地面积在 2 ~ 4m^2/（人·日）之间。

通常平面组合式枢纽单位换乘量占地面积一般较立体式枢纽要大，一般在 5m^2/（人·日）以上。

在枢纽所在城市辖区人口超过 100 万时，由于多数城市具有城市轨道或规划有城市轨道，公路运输方式承担铁路集疏运的比例相对降低，公路站占综合客运枢纽总用地规模的比例往往也小于 20%；枢纽所在城市人口小于 100 万时，约有 75% 的综合客运枢纽中的公路客运功能区用地规模占总用地规模比例大于 20%，如图 10-5 所示。

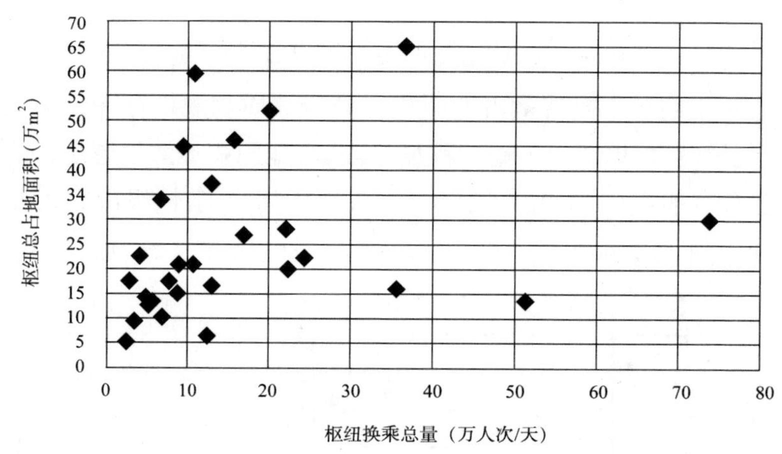

图 10-5　枢纽占地面积与换乘总量关系示意图

4. 衔接铁路站类型与等级对占地规模的影响

铁路主导型综合客运枢纽中的铁路客站等级越高，综合客运枢纽总用地规模普遍较大。如对于包含铁路特等站在内的综合客运枢纽，约 80% 的综合客运枢纽总用地面积均在 20 万 m^2 以上，其中约 44% 的综合客运枢纽总用地面积超过了 100 万 m^2，如图 10-6 所示。

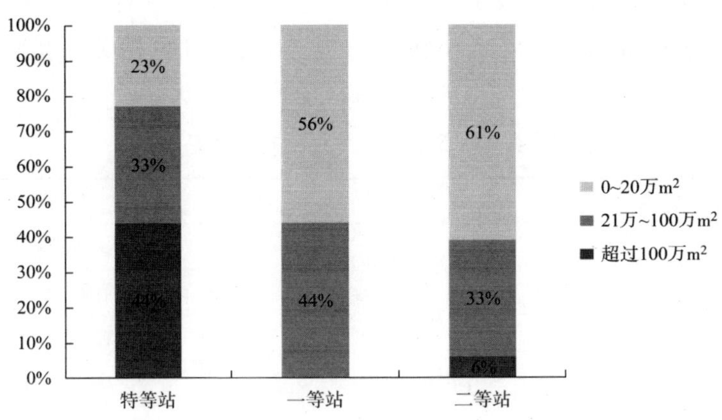

图 10-6　铁路站等级与枢纽总体规模的关系

第六节　服务水平评价与分级标准

单体综合客运枢纽的服务水平是衡量综合客运枢纽服务品质和设施利用效率高低的重要指标。根据综合客运枢纽项目所在区域的经济社会发展水平、项目的功能定位、换乘需求与服务能力等制定不同级别的服务标准，对于合理确定综合客运枢纽建设标准是十分必要的。

综合客运枢纽整体服务水平主要受枢纽内部各交通方式场站服务水平、公共换乘系统服务水平等多方面因素影响，本书着重从换乘系统服务水平的角度作出研究，给出服务水平的基本分析思路与服务水平级别划分建议。

一、评价指标选取

综合客运枢纽换乘系统服务水平主要受安全性、舒适性、便捷性、高效性等方面的影响，按照“目标层—准则层—指标层”递阶层次结构，基于枢纽建设实践经验，提出了综合客运枢纽总体服务水平的评价指标体系，如表 10-6 所示。

以上列举的指标之间存在一定的相关性，为避免出现重复或冗余，在研究过程中，可通过问卷调查方式，由乘客分别对一个综合客运枢纽要达到较高的服务水平所应具备的服务特性指标进行打分，然后使用李克特量表（Likert scale）进行衡量。用 SPSS 软件求得指标之间的相关系数矩阵，如表 10-7 所示。

综合客运枢纽服务水平评价指标体系 表 10-6

目标层	子目标层	准则层	指标层
总体服务水平评价指标体系	安全性	安全性指标 A_1	紧急疏散时间 A_{11}
			人车交织点个数 A_{12}
	舒适性	站场设施舒适性 B_1	人均候车区占有面积 B_{11}
			人均站台占有面积 B_{12}
			售票大厅人均排队时间 B_{13}
		换乘设施舒适性 B_2	人均换乘设施面积 B_{21}
			遮雨设施比例 B_{22}
			自动运输设备比例 B_{23}
		交通工具舒适性 B_3	交通工具人均占有面积 B_{31}
	便捷性	集疏运便捷性 C_1	运能匹配度 C_{11}
		换乘便捷性 C_2	平均换乘时间 C_{21}
	高效性	交通信息系统完备性 D_1	交通信息系统完备度 D_{11}
		交通导向系统易识性 D_2	交通导向系统易识度 D_{21}
		交通集疏系统高效性 D_3	车辆绕行系数 D_{31}

指标之间的相关系数 表 10-7

	A_{11}	A_{21}	B_{11}	B_{12}	B_{13}	B_{21}	B_{22}	B_{23}	B_{31}	C_{11}	C_{21}	D_{11}	D_{21}	D_{31}
A_{11}	1	0.31	−0.09	−0.11	−0.12	−0.21	−0.19	−0.22	−0.08	−0.07	0.11	−0.19	−0.33	0.22
A_{21}	0.31	1	−0.11	−0.12	−0.15	−0.21	−0.24	−0.22	−0.09	−0.06	0.12	−0.18	−0.22	0.25
B_{11}	−0.09	−0.11	1	0.13	0.04	0.05	0.07	0.18	0.11	0.12	−0.05	0.11	0.12	−0.05
B_{12}	−0.11	−0.12	0.13	1	0.03	0.08	0.19	0.21	0.09	0.11	−0.09	0.31	0.28	−0.09
B_{13}	−0.12	−0.15	0.04	0.03	1	0.09	0.11	0.12	0.15	0.18	−0.14	0.13	0.11	−0.12
B_{21}	−0.21	−0.21	0.05	0.08	0.09	1	0.17	0.24	0.12	0.26	−0.14	0.34	0.36	−0.19
B_{22}	−0.19	−0.24	0.07	0.19	0.11	0.17	1	0.22	0.18	0.21	−0.27	0.23	0.22	−0.14

续上表

	A_{11}	A_{21}	B_{11}	B_{12}	B_{13}	B_{21}	B_{22}	B_{23}	B_{31}	C_{11}	C_{21}	D_{11}	D_{21}	D_{31}
B_{23}	-0.22	-0.22	0.18	0.21	0.12	0.24	0.22	1	0.17	0.15	-0.13	0.21	0.09	-0.18
B_{31}	-0.08	-0.09	0.11	0.09	0.15	0.12	0.18	0.17	1	0.13	-0.05	0.21	0.22	-0.09
C_{11}	-0.07	-0.06	0.12	0.11	0.18	0.26	0.21	0.15	0.13	1	-0.12	0.21	0.27	-0.06
C_{21}	0.11	0.12	-0.05	-0.09	-0.14	-0.14	-0.27	-0.13	-0.05	-0.12	1	-0.18	-0.17	0.15
D_{11}	-0.19	-0.18	0.11	0.31	0.13	0.34	0.23	0.21	0.21	0.21	-0.18	1	0.23	-0.23
D_{21}	-0.33	-0.22	0.12	0.28	0.11	0.36	0.22	0.09	0.22	0.27	-0.17	0.23	1	-0.25
D_{31}	0.22	0.25	-0.05	-0.09	-0.12	-0.19	-0.14	-0.18	-0.09	-0.06	0.15	-0.23	-0.25	1

计算每个指标与目标层之间的相关系数，若该指标与目标层的相关度太低，则予以删除。根据一般做法，若相关系数小于0.4，建模时可考虑删除该指标。筛选后的指标体系如表10-8所示。

筛选后的综合客运枢纽服务水平评价指标体系　　表10-8

目标层	子目标层	准则层	指标层
总体服务水平评价指标体系	安全性	安全性指标	紧急疏散时间
	舒适性	站场设施舒适性	售票大厅人均排队时间
		换乘设施舒适性	人均换乘设施面积
			遮雨设施比例
			自动运输设备比例
		交通工具舒适性	交通工具人均占有面积
	便捷性	集疏运便捷性	运能匹配度
		换乘便捷性	平均换乘时间
	高效性	交通导向系统易识性	交通导向系统易识度

二、评价指标计算

根据以上评价指标选取结果，基于综合性、针对性、可操作性、可量化性的原则，进一步明确各评价指标的含义及计算公式如下：

(1)紧急疏散时间。发生紧急情况时，在枢纽任意范围内，将高峰期枢纽客流全部紧急疏散的最短时间。

(2)售票大厅人均排队时间。高峰时段乘客在售票大厅购票过程中，乘客所需花费时间的平均值。

(3)人均换乘设施面积。人均换乘设施面积指换乘设施总面积的人均占有量,用来衡量枢纽内换乘设施容纳旅客的能力,反映出客运枢纽内换乘的拥挤程度及换乘环境容量水平,是评价综合客运枢纽换乘拥挤程度及换乘环境容量水平的可量化指标。设 G 为枢纽设计最高集聚人数(人),U 为枢纽换乘设施面积,则人均换乘设施面积 M 的计算公式为:

$$M = \frac{U}{G}$$

(4)交通工具人均占有面积。综合客运枢纽汇集了各种交通方式,交通工具的人均占有面积指各种交通方式交通工具的人均占有面积的加权平均。设 N 为枢纽的交通方式数目,S_i 为第 i 种交通方式交通工具的人均占有面积,M_i 为第 i 种交通方式交通工具的日均发班数量,则交通工具人均占有面积 S 的计算公式为:

$$S = \frac{1}{N} \sum_{i}^{N} S_i M_i$$

(5)遮雨设施比例。综合客运枢纽各交通方式换乘过程中,设有遮雨设施的换乘通道长度占总换乘通道长度的比例。

(6)自动运输设备比例。综合客运枢纽各交通方式换乘过程中,设有自动运输设备(如自动步道、电梯)的换乘通道长度占总换乘通道长度的比例。

(7)运能匹配度。运能匹配度指枢纽内不同换乘方式间运能的匹配程度,是反映不同换乘方式之间运能协调性的指标,体现了运能较低的换乘方式为运能较高的换乘方式集散客流的能力,用高峰小时换乘客流量与换乘疏散能力的比值来表示。设枢纽换乘系统内共有 W 种换乘方式,高峰小时换乘客流量为 H,第 S 中换乘方式单位小时疏散客流量为 D_S,选择第 S 种接驳换乘方式的比例为 P_S,运能匹配度 P 的计算公式为:

$$P = \frac{H}{\sum_{S=1}^{W} D_S P_S}$$

由于运能匹配度指标为适中性指标,为此构造单调递减函数来实现运能匹配度的分级。

(8)平均换乘时间。平均换乘时间是指旅客在两种交通方式间换乘过程中占用换乘衔接设施的服务时间,它是描述不同交通方式间衔接运行效率的重要定量指标,反映换乘衔接是否连续、紧凑,以及客流过程是否流畅。设枢纽换乘系统共有 W 种换乘方式,换乘方式 a 和换乘方式 b 之间的换乘量为 O_{ab},换乘方式 a 和换乘方式 b 之间的换乘时间为 T_{ab},则平均换乘时间 T 计算公式为:

$$T=\frac{\sum_{a=1,b=1}^{W}O_{ab}T_{ab}}{\sum_{a=1,b=1}^{W}O_{ab}}$$

(9)交通导向系统易识度。交通导向系统易识度是指旅客从综合客运枢纽所提供的交通导向服务中获得的舒适程度,反映综合客运枢纽换乘系统为旅客指引服务的水平,该指标主要采用专家打分法,通过十分制打分实现。

三、分级标准

根据指标本身并不能对综合客运枢纽服务水平作出评价,特别是在一个包含多项评价指标的体系中,各项指标的取值范围各不相同,为得到一个合适的评价结果,需要对每个指标进行分级操作。参考 HCM2010、TCQSM、国内地铁设计规范等相关研究成果,结合我国实际情况和行人出行特点,将综合客运枢纽服务水平分为"A、B、C、D、E"5 个等级。通过专家打分法,计算得到各项评价指标的分级范围如表 10-9 所示。

评价指标分级表 表 10-9

序号	评价指标层	单位	A	B	C	D	E
1	紧急疏散时间	min	0~5	>5~8	>8~10	>10~15	>15
2	售票大厅人均排队时间	min	0~5	>5~10	>10~15	>15~25	>25
3	人均换乘设施面积	m^2/人	>4~5	>3~4	>2~3	>1~2	0~1
4	遮雨设施比例	%	>90	>80~90	>60~80	40~60	<40
5	自动运输设备比例	%	>70	>60~70	>50~60	30~50	<30
6	交通工具人均占有面积	m^2/人	>1.5	>1.0~1.5	>0.5~1.0	0.3~0.5	<0.3
7	运能匹配度	—	>0.85~1	>0.7~0.85	>0.55~0.7	0.4~0.55	<0.4
8	平均换乘时间	min	0~4	>4~8	>8~12	>12~15	>15
9	交通导向系统易识度	—	>9~10	>7~9	>5~7	>3~5	0~3

注:在实践过程中评价具体的综合客运枢纽服务水平时,可以简化处理,以服务水平评价指标对应的平均级别作为综合客运枢纽服务水平的衡量标准。

四、综合评价

综合客运枢纽服务水平评价体系中的评价指标数量众多、隶属目标不同，需要定性和定量相结合，采用合适的评价方法进行综合评价。

由于评价方法种类繁多，综合客运枢纽服务水平评价方法的选择可基于以下几个方面进行考虑：

(1)主要基于枢纽的安全性、舒适性、便捷性、高效性四个子目标，各子目标又包括很多影响因素，因此评价指标体系是一个递阶层次结构，适合用AHP法确定评价指标的权重。

(2)综合客运枢纽服务水平的评价是一个综合概念，而不是方案的比选，故以模糊综合评价法可以满足要求。

(3)考虑到评价过程中部分数据的获取存在一定困难，而灰色关联分析法不需要大量调查数据，比较实用。

基于以上考虑，综合Delphi法、层次分析法(Analytic hierarchy process)、灰色关联分析法(Gray correlation analysis)、模糊综合评判法(Fuzzy comprehensive judgment)四种方式优点，采用DAGF法对综合客运枢纽服务水平进行评价。

评价思路如下：结合具体的研究项目，优化待评价的项目指标，拟定具体研究项目的综合评价指标体系；建立评价指标递阶层次结构；计算指标体系低层指标的权重；给出评价指标评估值矩阵；运用灰色系统理论确定评估灰类；计算灰色评估系数，得出灰色评估权向量和权矩阵；依据模糊数据理论形成综合评判矩阵；进行模糊运算，得出综合评价结果。具体思路如图10-7所示。

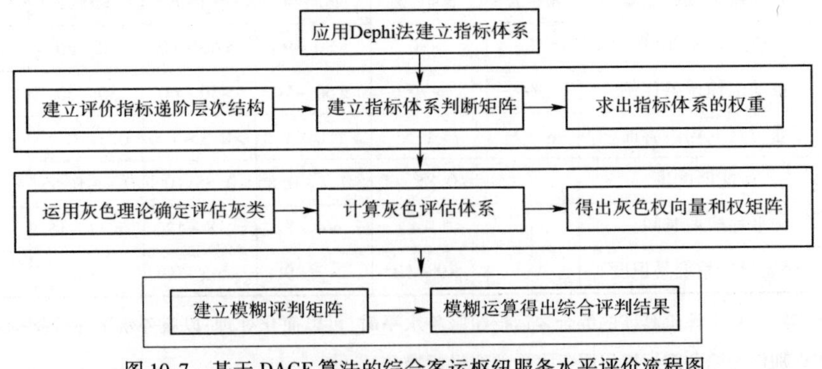

图10-7　基于DAGF算法的综合客运枢纽服务水平评价流程图

第七节　换乘距离与时间标准

综合客运枢纽规划建设的基本理念是"零换乘"，但现实中的"零"距离是并不存在，也不现实的。追求便捷、合理的换乘距离是综合客运枢纽服务的现实目标之一。综合枢纽中换乘距离和时间的要求与不同区域、不同出行目的和条件下人的心理、行为存在很大关系，类似于经济学中购买力研究上的"效用"，要达到这个目标，就要有一个衡量原则，即对枢纽服务水平的总体评价是一个基本原则，其中的换乘距离、换乘时间是评价综合客运枢纽无缝衔接质量和水平的要素，在规划建设中应予以综合考虑。

目前国际上对此标准判定有两种做法：一是沿用美国、英国学者对行人换乘心理的研究结果，将人的步行、换乘、候车等行为统一折算为机动车行使时间当量，放在一个平台上计算比较优劣，如表10-10为国外对旅客心理调查研究所得的部分参数。二是多数国家均采用仿真模拟手段，结合提前设定的一些基本参数对综合客运枢纽进行评价，评价中的基本参数多采用国外仿真模拟研究结果。

国外旅客心理调查结果　　表10-10

乘客心理上的步行时间(min)(每增加1min步行相当于的乘车时间)			
出行方式＼出行目的	工作	休闲	其他
小汽车	1.37	1.74	1.55
公交车	1.67	1.66	2.02
轨道交通	1.99	1.97	1.37

乘客心理上的等候时间(min)(每增加1min等候相当于的乘车时间)	
出行方式	所有目的
小汽车	2.1
公交车	1.6
轨道交通	1.2
所有方式	1.8

乘客心理上的换乘时间(每增加1次换乘相当于的乘车时间)	
出行方式	换乘时间相当于乘车时间
公交车	20min
轨道交通	17min

注：来源自《The Demand for Public Transit, A practical Guide》, UK, 2004。

我国当前在综合客运枢纽领域尚未形成不同地区有关换乘参数的实证研究成果。

需要注意的是,综合客运枢纽规划建设中,安全问题永远是第一原则,高效、便利的换乘虽是枢纽设计追求的核心目标,但在设计中应首先考虑不同地区不同时段的客流特征,保证在"安全距离"的基础上,再考虑最大化提升换乘的便利性问题。

本书根据我国综合客运枢纽的建设实践,对枢纽的换乘距离、换乘时间等标准与枢纽主导方站场等级、枢纽所处区域、换乘客流规模等因素之间的关系做了初步的分析探索。

综合客运枢纽内不同方式间旅客换乘距离与所包含的铁路站场等级存在一定关系。一般包括特等站的枢纽项目,由于铁路客站本身规模较大,各功能区多呈平面式展开,导致旅客平均换乘距离稍长,有 30% 的样本项目甚至超过了 500m;而铁路站在二等站及以下,旅客的换乘距离均可控制在 300m 以内。

我国东部地区经济发展水平和人口集聚度相对较高,在规划建设综合客运枢纽的理念认识也较前瞻,近年建设的综合客运枢纽 90% 以上能够保证换乘距离控制在 300m 以内,部分换乘距离超过 300m(图 10-8),往往是由于运输方式间旅客换乘流量大,为了保证旅客的安全换乘,特意通过设置一定的物理间距,使得旅客在客流高峰期能够顺利安全集散。中西部地区枢纽客流规模偏

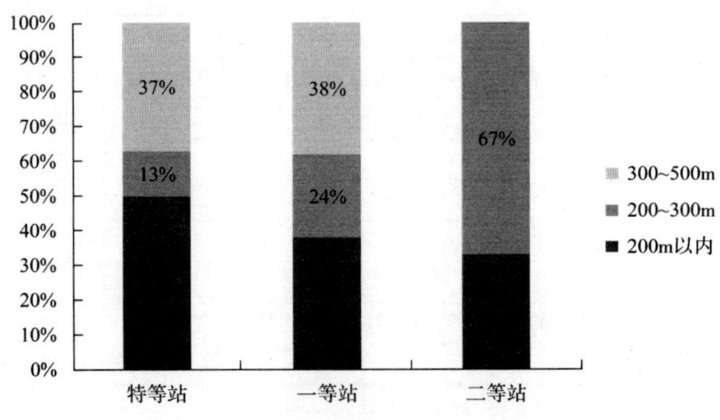

图 10-8　铁路站等级与换乘距离的关系

小,但枢纽的体量规模也相对较小,换乘距离也都能保持在300m以内,部分枢纽换乘距离超过300m。我国部分综合客运枢纽设计换乘距离数据见表10-11。

国内部分综合客运枢纽设计换乘距离汇总(m)　　表10-11

		铁路	长途	地铁	公交	出租车	小汽车
上海南站综合客运枢纽	铁路	—	600	420	375	220	350
	长途	600	—	500	200	50	—
	地铁	300	—	—	300	300	—
	公交	350	—	—	—	—	—
	出租车	130	—	—	—	—	—
	小汽车	130	—	—	—	—	—
苏州火车站综合客运枢纽		铁路	长途	地铁	公交	出租车	小汽车
	铁路	—	400	600	400	300	300
	长途	320	—	300	250	250	250
	地铁	180	300	—	—	—	—
	公交	320	250	—	—	—	—
	出租车	200	250	—	—	—	—
	小汽车	200	250	—	—	—	—
常州铁路站综合客运枢纽		铁路	长途	地铁	公交	出租车	小汽车
	铁路	—	350	150	350	200	200
	长途	350	—	200	200	400	400
	地铁	150	200	—	300	200	200
	公交	350	200	300	—	—	—
	出租车	200	400	300	—	—	—
	小汽车	200	400	200	—	—	—
南京南站综合客运枢纽		铁路	长途	地铁	公交	出租车	小汽车
	铁路	—	150	100	200	200	200
	长途	—	—	150	100	300	250
	地铁	—	—	—	150	150	150
	公交	—	—	—	—	—	—
	出租车	—	—	—	—	—	—
	小汽车	—	—	—	—	—	—

续上表

		铁路	长途	地铁	公交	出租车	小汽车
成都沙河堡综合客运枢纽	铁路		250	—	200	150	250
	长途	300	—	—	250	200	100
	地铁	—	—	—	—	—	—
	公交	300	250	—	—	—	—
	出租车	450	100	—	—	—	—
	小汽车	250	100	—	—	—	
深圳北站综合客运枢纽		铁路	长途	地铁	公交	出租车	小汽车
	铁路	—	80	100	200	150	300
	长途	—	—	250	250	250	300
	地铁	—	—	—	300	—	—
	公交	—	—	—	—	—	—
	出租车	—	—	—	—	—	—

基于建设实践总结，本书对我国当前阶段综合客运枢纽内不同交通运输方式间的换乘距离、换乘时间给出推荐值如下。

(1)采取统一规划、统一设计的综合客运枢纽，各交通运输方式间的换乘距离宜以200m为基本目标，最远不超过300m控制目标。

(2)对于综合了两种对外运输方式、且换乘量达到平均日20万人次以上的综合客运枢纽，最远换乘距离可适当放宽到500m。

(3)对于融合了多种对外运输方式、换乘量巨大的超大型综合客运枢纽，从安全因素考虑，对换乘距离可给予适当延长，最远可到600m左右，但必须提供专用换乘通道做好连接，通过设置自动步行道等便民设施，保障旅客整体换乘时间控制在10min之内。

第八节　集疏运系统配置标准

一、航空主导型综合客运枢纽

航空主导型综合客运枢纽与城市交通的匹配方案主要与机场旅客吞吐量、

公路客运站旅客发送量、站场周边交通运输网络的发展水平和进出机场、公路客运站交通需求的空间集中程度有关。这些因素决定了综合客运枢纽周边城市交通线路的类别、等级，以及汇集的公共交通、私人交通的构成和比例。

航空主导型综合客运枢纽一般距离城市中心较远，集疏运通道配置要求应是：快速、高效。应设置高速公路、城市快速路与城市中心衔接，以保证旅客能够快速集疏运。尤其是当这类综合客运枢纽旅客出行规模大、集中程度高时，集疏运道路标准应考虑建设专用的城市快速路或全封闭高速公路与城市交通线网衔接，以保证旅客出行便捷、通畅。

在公共交通衔接方面，应最大限度地利用公共交通网络，当综合客运枢纽旅客集疏运需求大于1000人次/h时，应考虑设置机场专用巴士或机场专用公交班线以提高旅客集疏运速度。当综合客运枢纽旅客集疏运需求超出10000人次/h时，应考虑设置轨道交通以实现旅客的快速集疏运。目前，从国际经验看，部分大型国际枢纽服务范围已由所在城市拓展至都市圈甚至周边多个省区，这就需要根据换乘客流规模，适当考虑配置市郊轨道或城际铁路，提高大容量运输效率。

二、铁路主导型综合客运枢纽

铁路主导型客运枢纽是综合客运枢纽中建设数量最多、影响力最大的一种形式。客流组织具有一定的时间、周期特性，公路客运对于铁路枢纽而言是扩大枢纽辐射范围的主要集散方式，两种运输方式集合一起对于客流具有很强的聚集效应，并且换乘客流呈由辐射区域中心向外逐步衰减的态势。因此，铁路主导型综合客运枢纽配置城市各交通方式的规模时，应依据铁路类型以及铁路和公路高峰小时总的需求来决定。

在集疏运资源配置上，由于高铁（客运专线）、城际铁路、普速铁路客车行车方式、行车时间和班线班次的不同，旅客规模和出行需求特征对集疏运要求差异较大，因此对城市交通衔接的要求也不同。客运专线，主要以公务、商务和探亲旅游客流为主，旅行距离一般不超过1500km、旅行时间大致为5h，因此对能提供门到门服务、灵活性大的出租车或社会车辆需求较大，对枢纽周边的城市道路衔接能力要求较高，需要配置高密度的快速路和主干路与之衔接。城际铁路，客流以公务、商务和通勤交通客流为主，相对于客运专线列车其行驶时间较短，近似“公交化”运营，因此对大容量、快速的大中运量公共交通集疏运系统需求较大。普速铁路，客流构成相对复杂，以外出务工、探亲、旅游、学习等出行客流为主，普速列车的班次间隔时间相对高铁、城际铁路较长，因此对网络发达、覆盖面广的常规公交、城乡公路班线需求较大。

三、水路主导型综合客运枢纽

水运主导型综合客运枢纽主要依托沿海和内河的港口客运站形成。因此决定此类综合客运枢纽集疏运资源配置主要与港口旅客吞吐量、公路客运站旅客发送量、枢纽距城市中心区距离、枢纽周边交通运输网络的发展水平和进出枢纽高峰时间段的旅客集聚程度有关。

水运主导型综合客运枢纽主要依托客运港口。受港口客运码头岸线位置影响，有的大型港口（如邮轮母港）会远离城市中心区，因此需要通过城市快速路与城市中心区衔接。同时，考虑到沿海大型客运港口年旅客吞吐量一般为150万～300万人次（根据调查，上海、海口、湛江、厦门、宁波—舟山、大连、珠海、烟台、深圳等大型客运港口年旅客吞吐量在300万人次以上），所以水运主导型的综合客运枢纽日均旅客发送量预计为1万～5万人次，旅客平均小时集疏运需求为1000～5000人次，重点优先考虑以城市公交为主进行集疏运接驳。对于旅客吞吐量大，特别是位于城市中心，旅客聚集程度高的综合客运枢纽，例如香港中环、九龙港，大连湾等综合客运枢纽，未来可考虑引入轻轨或BRT，以减轻对主城区交通的干扰。

四、不同类型综合客运枢纽集疏运系统配置推荐标准

高速公路和干线公路属于城市对外道路系统，对位于城市边缘地区的综合客运枢纽具有较强适用性；快速路和主干路属于城市道路系统，对位于城市近郊区或城市中心区的综合客运枢纽具有较强的适用性。地铁系统属于城区大运量集疏运方式，对于特大型综合客运枢纽具有较强适用性；BRT和轻轨属于中等运量集疏运方式，对于大型和中型综合客运枢纽具有较强适用性。推荐道路集疏运系统配置标准如表10-12所示，公交集疏运资源配置推荐标准如

表10-13所示。

不同类型综合客运枢纽集疏运道路系统配置要求　　表10-12

道路集疏运资源	航空主导型	铁路主导型	水运主导型	公路主导型
特大型	高速公路 干线公路 快速路	快速路 主干路	快速路 主干路	主干路
大型	高速公路 干线公路 快速路	快速路 主干路	快速路 主干路	主干路
中型	高速公路 干线公路	主干路	主干路	主干路
小型	高速公路 干线公路	主干路	主干路	主干路

不同类型综合客运枢纽公交集疏运资源配置推荐标准　　表10-13

公交集疏运资源	航空主导型	铁路主导型	水运主导型	公路主导型
特大型	地铁或轻轨	地铁	轻轨或 BRT	轻轨或 BRT
大型	地铁或轻轨	轻轨或 BRT	常规公交	常规公交
中型	机场巴士	常规公交	常规公交	常规公交
小型	机场巴士	常规公交	常规公交	常规公交

第九节　建设开发协调管理机制

一、枢纽建设开发面临协调的问题

综合客运枢纽是集多种交通方式于一体的大型交通基础设施，有的综合枢纽还包含了大量商业、办公等多种非交通设施，在开发过程中面临多方利益关系的协调要求。具体包括以下三个方面：

1. 政府与市场的协调问题

综合客运枢纽具有自然垄断性，是具有公益性和服务性的公共基础设施，初始投资大、回收周期长，因此在以往的体制中，综合客运枢纽建设往往以政府部门为主导。而随着市场化进程的深入，企业以合资、合作、联营、项目融资等方式,参与到综合客运枢纽建设之中。如何协调好政府部门与企业的关系,实际也是政府与市场的关系。这种协调需要由政府部门主导开发进程,保障枢纽交通功能实现,又需要政府充分利用企业资源,做到交通资源合理配置,并弥补枢纽建设资金不足问题。

2. 政府部门之间的协调问题

综合客运枢纽建设涉及中央、省、市、区多级政府,以及铁路、交通、民航、规划、国土、城建、环保等多个部门,要做到多种利益的平衡、多个规划的调整与统一也是难题之一。政府之间的协调:一方面,需要合理界定中央政府与地方政府的投资事权、管理事权,使财权和事权相匹配,保证中央投资能够得到地方投资的有效配套,稳定政府对综合客运枢纽建设的资金来源。另一方面,需要铁路、交通、民航、规划等横向部门间彼此可以有效协调,以实现不同运输方式的有效衔接,保障枢纽功能的实现。各级政府各个部门必须协调配合,才能使综合客运枢纽的建设效率、效益最大化。

3. 枢纽设施之间的协调问题

综合客运枢纽具有同一空间各种运输方式共同提供服务的作业特点,将多种运输方式站场及相关服务设施集约化布置。另外,综合客运枢纽有利于城市土地综合开发,枢纽区域中的商业、办公、停车等非交通设施与交通设施之间在空间布局、投资权责、物业管理等方面存在协调关系。明确各类枢纽设施的拆分方法,界定枢纽开发过程中各参与者的权责关系,是进行综合客运枢纽协调管理的基础。

以上问题的协调解决,着力点主要体现在枢纽的投融资和建设协调管理上。

二、投融资模式

综合客运枢纽作为大型城市交通基础设施,是具有较强公益性质的准公共产品,通常是由政府使用公共资金进行投资建设并运行管理,现阶段"建设靠政府、运营靠补贴"现象比较普遍,国家和地区的财政负担较重。投融资是综合客运枢纽开发建设的重要方面,是直接影响枢纽后期建设运营质量的关键因素。

1. 投资模式

根据目前国内综合客运枢纽建设的投融资管理经验,可归纳出以下两种典型投资模式。

1）全额公共财政模式

全额公共财政模式即在建设过程中采取公共财政单一主体建设的形式。全额公共财政模式运用政府购买服务的理念，实现了最大限度地发挥综合客运枢纽基础性、社会性、公益性及服务性功能。全额公共财政模式的优点在于能够确保枢纽的公益性和集成性，能有效保证枢纽建设的质量，缺点是财政负担过大，发展建设上可持续性不强。

2）多元联合投资模式

专栏 10-2　长沙市大河西综合交通枢纽

长沙市大河西综合交通枢纽，由四家国有企业出资组建成立了长沙综合交通枢纽建设投资有限公司，负责枢纽开发建设，实行政府主导、产业化经营模式投资建设、运营管理。

通过多元联合投资模式，实现了企业化投资开发，政府财政不投资、不担保、无划拨，项目资本金、土地、征地拆迁等一切按照市场规则进行，项目规划设计、建设标准、投资规模、设备设施选型配置、招标采购、项目建设管理等均由企业依法自主决策。

项目建成后实现企业化运营管理，商业和交通的运营完全实行自负盈亏的企业独立核算模式，由经营团队对投资人负责，实行董事会领导下的总经理负责制。一方面，由于财政不投资，没有投资预算压力，没有运营期长期财政包袱，融资政策和手段更加灵活。另一方面，实现了建运合一，建设目标与运营需求结合紧密，可以在规划设计时让运营单位提前参与，将运营管理的需求充分纳入设计，避免竣工交付后运营单位二次改造，造成投资浪费。

多元联合投资建设模式运用联合建设、共同使用的理念，采取多元化、市场化联合建设形式，有利于发挥综合客运枢纽各投资主体的积极性。多元联合建设模式的优点是有效引入社会资本参与枢纽开发，并能通过市场机制反映商业开发需求；缺点是多元投资主体利益关系均衡难度大，对协调管理要求较高。

2. 融资模式

根据目前枢纽实践经验,主要有以下几种融资方式。

1)银行贷款融资

通过银行融资是我国实现资金融入的重要渠道,各商业银行和政策性银行贷款是城市基础设施建设资金的重要来源。在我国各个城市建设资金缺口较大的情况下,多数基础设施项目的融资都依赖于银行贷款,这是我国当前综合客运枢纽建设的主要融资方式。其优点是资金来源稳定,缺点是将导致大量贷款利息进入工程成本,融资成本较高。

2)PPP 融资

PPP(Public-Private-Partnership)融资模式,是政府或有关公共部门与私人企业基于某个投资项目而形成的相互合作的一种项目融资方式。通过 PPP 融资方式,可以引进社会资本参与综合客运枢纽基础设施的建设,既能引入市场竞争机制,又能拓宽融资渠道和发展多元化的投资主体,减轻政府财政负担。需要注意的是,PPP 融资模式并不是把项目投资的责任和风险完全转移给私人企业,而是应通过合理的机制,使各参与方之间进行合理分担,一方面解决枢纽建设资金不足的问题,另一方面能够通过稳定的收益与风险分担来吸引私人企业进行投资。

PPP 融资模式一般通过特许经营招商方式,由投标方在一定的合作期限内投资、建设、经营,合作期满后将设施交还主导建设方,整个过程设施产权始终归主导建设方所有。通过特许经营的市场化运作,融通建设资金,推动建设开发步伐,用取得的收益补充建设资金,是枢纽建设与开发的重要融资渠道。

3)资本市场融资

综合客运枢纽不仅是具有公益属性的公共品,同时也是具有一定价值量的资产,在一定条件下,可通过市政债券、开发公司债券、项目债券等形式为枢纽建设融通资金。资本市场融资包括股票融资、债券融资等,具有融资成本较低、规模较大的优点,但对资本市场的规模和监管水平要求较高,在成熟的金融市场条件下,资本市场融资是最佳的融资方式。

4)商业开发融资

综合客运枢纽的综合开发,可以利用商业开发收益解决建设资金问题,可以利用商业运营收益解决融资还本付息，可以依托正常经营管理实现可持续发展。以长沙大河西综合交通枢纽为例，枢纽开发总计需27亿~30亿元。除去项目资本金、拆借资金、政府补贴及银行贷款的16亿之外，通过商业开发销售回款12亿~15亿元，足以覆盖项目全部投资的需要。另外，枢纽开发中的信贷资金按照10~12年还本付息，运营期可依靠持有商业物业以及枢纽站场经营利润实现还本付息，有效保障了枢纽运营的财务可持续性。

三、建设协调管理模式

主要可区分为政府主导型和企业主导型两种协调管理类型。

1. 政府主导型

政府主导型是指以当地政府或交通主管部门为主要投资建设单位，进行综合客运枢纽的建设工作，在实践中具体有以下几种形式，如表10-14所示。

政府主导的投资建设管理模式　　表10-14

政府主导形式	特　点	典型案例
成立建设领导小组（指挥部）	由市（区、县）政府组建领导小组，市长或副市长出任组长，各部门主要领导任组员，统筹协调力度最大，有利于充分利用政府的力量和资源，加快项目实施进度	南京南站综合客运枢纽、沈阳南站综合客运枢纽等
政府委托投资公司负责建设	由投资公司全面负责枢纽的规划、设计、建设以及投融资等工作，具有公司化运营的特点，有利于枢纽的开发建设管理工作实现集中化和专业化，提高运作效率；缺点是投资公司与政府部门的协调能力相对较弱	上海虹桥综合交通枢纽、长沙大河西综合交通枢纽
政府指定交通主管部门负责项目建设	由交通主管部门代表政府负责项目建设，与行业管理结合紧密，有利于保障枢纽交通功能的实现，缺点是在建设过程中需与其他平级政府部门进行协调，沟通效率较低	齐齐哈尔客运南站、辽阳市中心客运站

由于综合客运枢纽建设具有涉及部门多、投资规模大、公共属性强的特点，单纯由某一部门来推动或单纯按站场设施来建设必然面临巨大的协调阻力和资金压力，因此往往需要通过政府主导建设，统筹协调交通、规划、土地、环保等部门，并及时有效地解决综合客运枢纽建设过程中出现的问题。项目主管往往

由地方政府主要领导担任,利于加强组织领导,提高协调力度。

在现阶段体制架构下,政府的主导作用是顺利推进综合客运枢纽规划建设的重要前提,没有坚强有力的政府主导,功能布局和建设步伐就很难统一,后面的统筹协调、企业运作、综合开发难以落实。通过成立由政府领导挂帅、相关部门参与的组织机构,可以较好协调综合客运枢纽规划建设的重大事项。为减少协调工作量,最好由政府的计划管理部门统一立项。为达到更好的衔接效果,应尽可能委托一家规划设计单位作为总体牵头单位组织完成项目前期工作。

2. 企业主导型

投资体制改革后,我国部分城市均成立了由原有运输企业整合而成的运输集团公司,如福州客运南站综合客运枢纽由福建省交通集团所属福建省汽车运输总公司、福建省中旅集团所属的福建省中国旅行社汽车公司、新国线集团(福州)运输有限公司共同投资建设,西宁客运中心站由青海省汽车运输集团有限公司独资建设,三明北综合客运枢纽由福建闽通长运股份有限公司投资建设等。

建设实践中,由运输集团公司参与的枢纽站场建设管理,对综合客运枢纽的推动作用体现在两个方面:一是运输企业集团参与综合运输枢纽站场的建设并自主经营,能够将运营需求在建设方案的策划与设计中得到充分体现,确保规划设计方案的技术合理性。二是由运输企业主导枢纽的建设工作,投融资主体明确,成本效益核算较为科学,能够充分保证枢纽建设的经济合理性。但是企业主导建设管理模式也存在协调力度不足的缺点,由于运输企业不具有政府职能,在与规划、土地、环境等政府部门的协调,以及内不同交通方式的规划与管理方面的协调都有一定的难度,容易导致规划方案难以落地,面临建设工作推进速度较慢等问题。

四、建设管理成功经验

尽管目前国内综合客运枢纽的建设管理模式有所不同,但实践中成功的综合客运枢纽均表现出了以下特点。

1. 政府提供强有力的资金与政策支持

地方政府均对综合客运枢纽的开发建设提供了强有力的政策与资金支持。

一种做法是合理利用各级政府财政资金管理政策,加大政府资金投入力度,并鼓励、引导民间资本投入综合客运枢纽建设,拓展综合客运枢纽建设基金的资金来源。另外一种做法是创新融资模式,在确保满足综合客运枢纽功能的前提下,统筹综合客运枢纽的站场建设与商业性开发,研究出台综合客运枢纽用地综合开发的管理办法与指导意见,将枢纽站场建设项目的综合收益用于综合客运枢纽建设,以缓解综合客运枢纽开发建设的资金压力。以无锡综合客运枢纽为例,当地政府除土地投入外没有其他财政投入,建成投运后则通过商铺、广告、停车等设施的商业收益弥补营运管理成本,政府在营运初期给予一定的财政补贴,如常州枢纽营运第一年财政补贴500万元。

2.明确总体负责的技术单位

综合客运枢纽通常包含多种不同交通方式,其中铁路、民航和公路站场各有专业规划,铁路、民航的设计和建设也相对独立,不同的规划理念、设计标准容易形成不兼容、不连续的交通设施,影响枢纽交通功能的实现。综合客运枢纽的建设受管理体制的影响,各部门之间在综合客运枢纽建设中的协调难度较大,成为目前制约综合客运枢纽顺利发展的重要障碍。因此应强化统一领导,在项目前期阶段明确一家负责可行性研究和初步设计的总体协调的技术单位,在技术方案上形成整合,做到同步策划、同步设计,以解决规划、设计、建设阶段的功能衔接问题。以上海虹桥枢纽为例,上海市政工程设计研究总院、铁道第三勘察设计院集团有限公司、中铁第四勘察设计院集团有限公司等十多家单位参与了设计,在指挥部统一领导下由上海市政工程设计研究总院负责工程设计总体协调,从组织架构上有效保障了综合客运枢纽复杂功能的技术衔接问题。

3.规范项目前期管理,强化交通服务功能审查

保障综合客运枢纽交通功能的实现是枢纽建设的重点。在枢纽项目前期工作阶段,应强化交通部门的审查职能,以充分保障客运枢纽交通功能的实现。首先,在规划编制阶段,应由交通部门负责统筹各种运输方式以及各职能部门,一是与城市总规及项目周边地块的控规形成良好对接。二是明确各方式衔接要求,设置统一技术标准,形成规划设计技术指南,指导各专项规划编制。其次,应强化交通部门在规划审批阶段的规划审批/审核/核准服务功能,严格执行审批程序,同步开展交通影响评价工作,确保建设方案的合理性及交通功能

的实现。此外，交通部门还应充分发挥在项目建设阶段的平台作用，协调各相关部门明确分工，规范建设前期管理，并组织补助资金项目申报及审核，并对项目实施过程及完成情况进行跟踪管理和绩效评价。

4. 推进投融资模式创新，鼓励枢纽设施综合开发

综合客运枢纽属于大型城市基础设施，具有运营成本较高、运营收入有限、投资回报期较长甚至没有盈利等特征，如果过于依赖政府投资，将给公共财政带来较大负担和财务风险，将会影响项目建设的进度和质量。因此，需要积极创新投融资模式，寻找一种能够减轻政府财政负担、提高设施运营经济效益的资金运作方式。根据国内经验，综合客运枢纽设施资源也具有一定的间接效益，主要体现在周边的土地、物业增值。地方政府可通过合理设置开发建设模式，使这一部分收益对枢纽的建设发展做出一定补偿：一是在综合客运枢纽建设开发过程中，明确枢纽各方的权责关系，进行多元化融资模式设计，建立枢纽多元化开发主体结构；二是建立灵活的融资平台，整体统筹枢纽内部设施的开发，根据枢纽设施的可拆分性和可经营性进行划分，有效提高融资活动的资源配置效率，减小对综合枢纽的直接投入。

案例篇

案例一　深(圳)(东)莞惠(州)经济圈综合客运枢纽布局规划

一、规划背景

深(圳)(东)莞惠(州)经济圈(以下简称"深莞惠经济圈"),地处中国东部沿海发达的珠江三角洲地区,总面积 1.58 万 km^2,是《珠江三角洲地区改革发展规划纲要(2008—2020)》确定的三大经济圈之一,是沟通我国内陆地区与香港、东南亚地区乃至世界的关键枢纽及国际门户。

2012 年深莞惠经济圈地区生产总值达 2.03 万亿元,占广东省总量的 35.6%,人均 GDP 86453 元(约 1.37 万美元),是全国平均水平的 2.25 倍,超过 2011 年世界平均水平(10035 美元)。随着三市城市化进程的快速发展,深莞惠经济圈内部城镇化已经达到较高水平:深圳城镇化率已达 100%,东莞和惠州 2012 年城镇化率分别为 88.7% 和 62.2%,远远超过同期全国平均 52.6% 的水平,深莞惠经济圈人口密度也超过了全国平均水平的 10 倍。经济圈内部各城镇组团间人口及经济水平分布如图 1 所示。

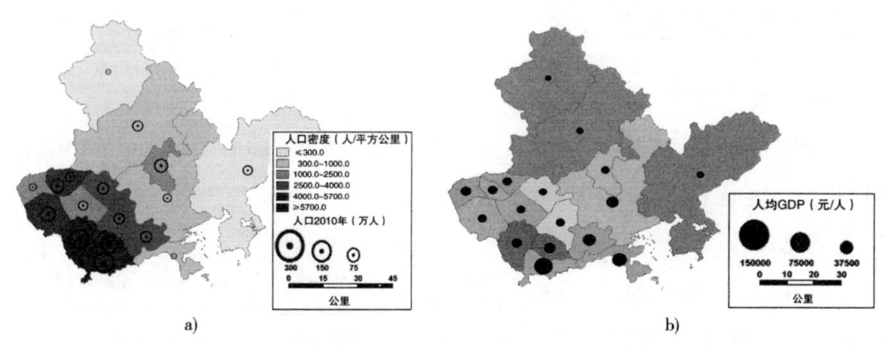

图 1　经济圈内部各城镇组团间人口及经济水平分布

深莞惠经济圈的公路、城市道路、铁路和水运航道等基础线路设施已经基本成网并位居全国前列,各种运输方式总体发展框架已见雏形,开始进入构建一体化综合运输体系的关键时期。与快速发展、初具规模的交通基础设施相比,经济圈运输服务体系发展相对落后,各种运输方式之间的衔接还不顺畅,不同运输方式之间以及城际和城市交通之间尚未实现有机衔接和协调运转。特别是在当前城市化进程不断加快和城市群一体化发展趋势逐步明朗的背景下,深莞惠经济圈的客运交通进入到一个新的发展阶段,面临着一系列的挑战:经济圈内外客流的聚集程度、换乘频次越来越高,高铁、城际轨道、地铁从无到有即将成网、运营模式也在发生变化,道路运输组织方式日益多样化,经济圈客运交通组织模式面临巨变;原有的分交通方式条状规划的思路以及以行政区为主的运输组织模式越来越难以适应一体化运输的发展要求;资源环境强约束条件下,传统的"以需求定供给"的基础设施规划思路已不能很好地解决交通需求快速增长与基础设施能力扩大空间有限之间的矛盾。在此背景下,探求如何有效利用交通资源、完善不同运输方式的衔接、优化经济圈客运交通组织模式、提升区域交通运行效率,已经成为当前推进深莞惠交通运输一体化的核心问题和实现交通运输持续发展的战略课题。

因此,深莞惠经济圈综合客运枢纽布局规划的研究重点在于通过区域综合客运枢纽的规划建设,着力推进不同运输方式间的一体化衔接,为公众提供高品质的运输服务。

二、规划范围与思路

1. 规划范围

重点研究深莞惠经济圈对外以及经济圈内部城际间以客流转换功能为主的区域性综合客运枢纽站场的规划建设。

2. 规划思路

(1)基本目标:促进深莞惠经济圈内不同行政区域之间、各种运输方式之间、对外交通与城市交通之间的紧密衔接,提升区域一体化运输组织的整体效率和服务水平。

(2)指导思想:"提升服务功能为主旨、推进设施衔接为主线、加强组织管理为手段、完善规范标准为支撑”。

(3)规划原则:“统一规划、因地制宜”“分层规划、突出重点”“统筹规划、衔接优先”“分期规划、近远结合”。

(4)总体思路(图2):

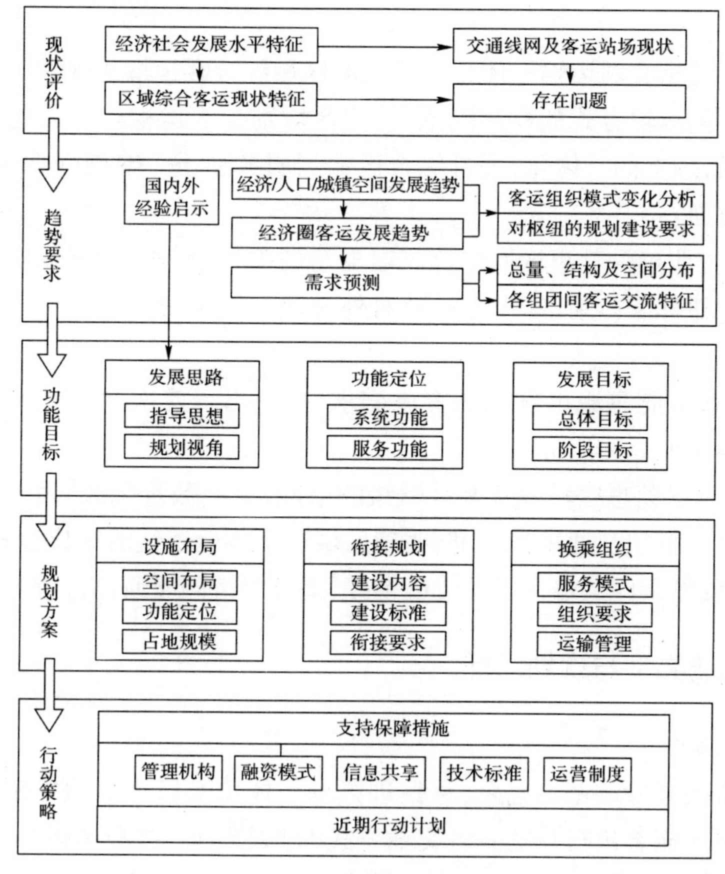

图2　规划技术路线图

①分析区域经济、社会、交通的发展水平、特征和趋势,预测经济圈客运出行总量及结构,准确把握区域交通运输一体化进程对综合客运枢纽规划建设的诉求;

②借鉴国内外城市群综合客运枢纽发展理念,结合深莞惠经济圈发展实际,合理确定区域综合客运枢纽的层次分类和功能定位;

③以构建国际化、现代化、一体化的区域综合运输体系为指向,研究提出未

来深莞惠区域综合客运枢纽发展的思路、目标及规划方案,明确区域综合客运枢纽功能定位、空间布局、设施衔接建设内容及标准、运输组织服务模式及推进措施;

④提出相应支持措施和建议,明确近期行动计划。

3. 规划重点

推进深莞惠交通运输一体化背景下的区域综合客运枢纽规划工作,主要是通过解决不同运输方式的衔接问题,实现区域综合客运枢纽在功能布局、设施建设、运行管理上的一体化,提升综合运输的服务品质。案例规划重点主要包括以下三方面:

(1)研究明确深莞惠区域综合客运枢纽的类型、层次、功能定位,构建区域综合客运枢纽框架体系,优化经济圈对外交通与城市交通、三市之间大容量客流转换组织。

(2)明确深莞惠城市群内的客流需求总量、出行层次和方式结构,提出区域综合客运枢纽总体服务能力。

(3)确定深莞惠区域综合客运枢纽的空间选址、数量等级、用地规模,完善区域综合客运枢纽交通衔接标准,明确区域综合客运枢纽的集疏运系统及交通衔接要求,促进不同运输方式的无缝衔接,提升经济圈交通运行效率。

三、功能类型与规划目标

1. 功能类型

遵循分类指导的基本思路,从促进区域一体化交通建设的视角出发,依据深莞惠经济圈旅客出行目的及各交通方式的技术特征,综合考虑各枢纽的服务对象、交通接入方式、枢纽所在城市区位及客流规模大小等多方面因素基础上,将深莞惠区域综合客运枢纽划分为两种类型(图3)。

一类综合客运枢纽主要依托机场、高铁、口岸等重要对外交通设施,是以承担整个经济圈对外国际或国内中长途交通出行服务为主,属于门户性枢纽。二类综合客运枢纽主要依托城际铁路站、重要港口、国家级公路运输枢纽站,是以承担经济圈内部各城市组团间的客流快速转换功能为主的区域城际型综合客运枢纽,如表1所示。

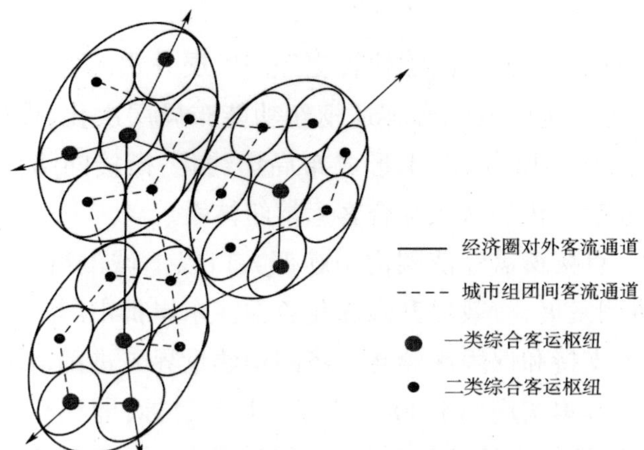

图3　深莞惠区域综合客运枢纽分类概念图

深莞惠区域综合客运枢纽分类说明　　表1

类型	客流特点	城市区位	依托交通方式	枢纽功能特征	规划建设导向
一类综合客运枢纽	经济圈对外国际、国内长途出行量大，以经济圈内外交往为主	一般位于经济圈内核心城市职能组团，所在城市组团人口规模较大	机场、国家高铁枢纽、口岸	依托国家高铁枢纽、机场或重要口岸，服务于整个经济圈地区，提供面向国际、国内的中长途出行服务	枢纽拥有的对外交通资源具有唯一性或相对稀缺性。 建设主要目标为推进枢纽资源的共享，快速联系经济圈内不同功能组团，完善都市圈对外服务功能，促进都市圈内各组团间便利转换
二类综合客运枢纽	以经济圈内部或珠三角地区客流交往为主，通勤交通、商务出行比例高	位于经济圈内新城组团或未来开发重点地区	城际轨道枢纽站、国家级公路枢纽站、重要的客运码头	依托国家铁路、城际轨道枢纽站或国家级公路枢纽站场，主要面向香港及珠三角地区城市间的中短距离高频次商务出行需求，提供经济圈内不同城市对外中短途出行或换乘服务。 对外交通规模相对较小，经济圈内的商务客流、通勤客流密集	推进经济圈内城市职能组团间城际出行的便利性，促进城市新区的形成

2. 规划目标

规划以科学发展观为指导，加快转变经济发展方式，强化规划统筹、设施衔接、服务联动，着力推进区域综合客运枢纽功能布局层次化、设施衔接一体化、管理服务精细化，到2030年，基本形成布局集约化、衔接网络化、换乘便捷化、运行高效化、服务精细化的区域综合客运枢纽体系。

空间布局上，直接覆盖经济圈内100万人口以上城市组团，实现与区域综合运输大通道协调发展，有效提升港深莞惠珠江东岸都市圈整体对外辐射力和内部整合力，有力支持和保障深莞惠经济圈构建世界先进都市圈的目标。

运营效率上，基本实现“15-30-60”时空服务目标，即在枢纽站周边1000m核心范围内的乘客通过衔接设施和慢行系统，不超过15min抵达枢纽；枢纽所在城市组团乘客通过公共交通方式30min内可抵达；三地核心区之间（经过至多两次换乘）60min内抵达枢纽。

服务功能上，以综合客运枢纽为依托，将交通服务功能、城市节点功能、经济开发功能融为一体，通过增设出入大城市的“P+R”停车换乘模式、短途区间出行的穿梭接驳方式、点到点的香港口岸直通服务、异地候机楼快线巴士、班线公交化运营中途配客服务等多项内容，将综合枢纽发展成为地区经济发展的交通中心。

四、需求分析

1. 客运总量预测

综合客运总量预测采用定性和定量相结合的方法。首先分析深莞惠经济圈现状客运总量发展趋势，并研究客运总量与经济指标的相关关系；然后根据经济指标预测值，通过回归模型预测未来客运量，并结合区域经济社会和运输需求趋势及相关规划，综合确定未来深莞惠经济圈客运量发展水平。预计未来20年内，深莞惠经济圈旅客运输量将保持持续增长的态势，客运总量预测情况如表2所示。

2. 客运结构预测

基于2001年至2010年深莞惠经济圈各方式客运量结构的分析，判断各方式运输量未来发展趋势，预测各方式到2030年的客运量年均增长速度，预测得到深莞惠经济圈分方式客运量预测结果及分担比例如表 3 所示。

深莞惠经济圈客运出行总量预测 表 2

预测方法	单位	预测值		
		2015 年	2020 年	2030 年
回归分析	万人次	322437	398240	549846
弹性系数	万人次	319874	382893	530487
人均出行次数	万人次	322309	442117	539877
推荐值	万人次	321540	407750	540070

深莞惠经济圈分方式客运量预测值(万人次) 表 3

运输方式	现状值		预测值					
	2010 年	比例(%)	2015 年	比例(%)	2020 年	比例(%)	2030 年	比例(%)
合计	248061	100	321540	100	407750	100.0	540070	100
铁路	4161	1.7	28750	8.9	48260	11.8	96270	17.8
其中:国铁	1710	0.7	3750	1.2	5260	1.3	7370	1.4
城轨	2451	1.0	25000	7.8	43000	10.5	88900	16.5
公路	241286	97.3	288900	89.8	353800	86.8	434100	80.4
水路	302	0.1	390	0.1	490	0.1	600	0.1
民航	2312	0.9	3500	1.1	5200	1.3	9100	1.7

在趋势分析基础上,结合各种地区旅客人均出行次数变化趋势,分析得到深圳、东莞、惠州各市规划年的客运量如表 4 所示。

深莞惠经济圈内部各市客运量预测值(万人次) 表 4

地区	现状值		预测值					
	2010 年	比例(%)	2015 年	比例(%)	2020 年	比例(%)	2030 年	比例(%)
合计	248061	100	321540	100	407750	100	540070	100
深圳	158100	64	202880	63	253510	62	328190	61
东莞	77041	31	100980	31	130620	32	175290	32
惠州	12920	5	17680	5	23620	6	36590	7

3. 换乘需求分析

规划采用本书所提出的需求预测方法,对深莞惠区域换乘需求规模进行初步分析(图4)。

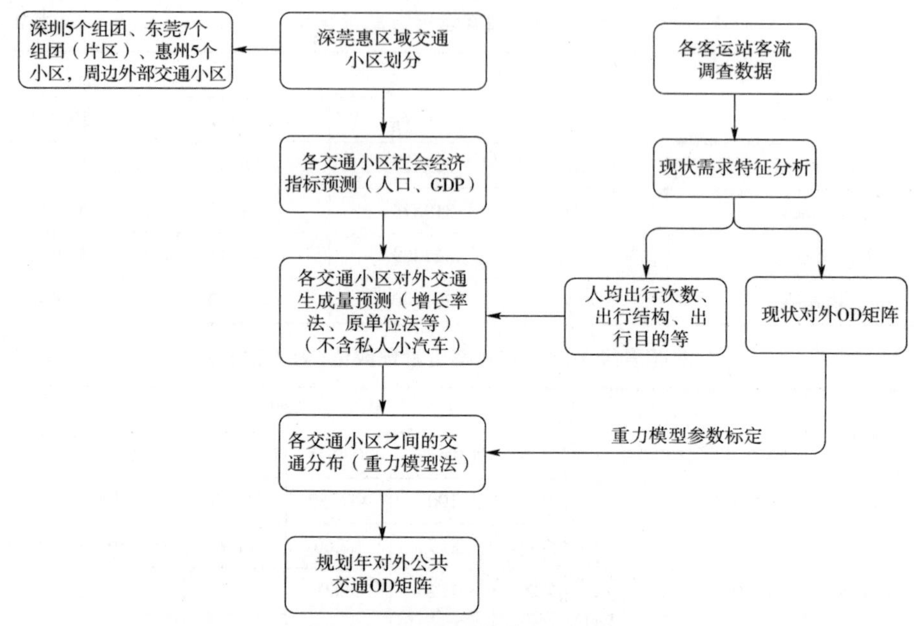

图4　换乘需求分析思路示意图

为了便于对规划年客流量进行预测,根据深莞惠区域各市主要组团、县市社会经济发展状况及深莞惠区域主要客流方向,将深莞惠及周边区域划分成23个交通小区,如图5所示。

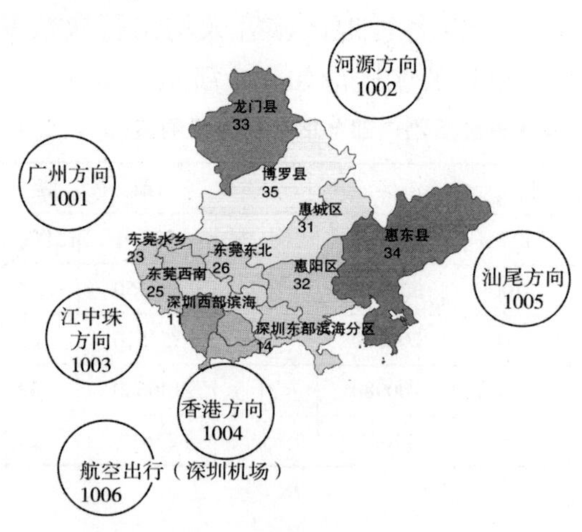

图5　交通小区划分示意图

首先,根据珠三角区域发展战略,结合深莞惠三市的城镇化、工业化特点,使用增长率法、类比法等多种方法对规划年社会经济情况预测;之后,根据问卷调查所获得的客流出行特征,综合利用出行次数法、回归分析法等多种方法,对深莞惠区域各小区对外发送量进行预测。在此基础上,采用重力模型法得到区域客运交通出行分布如图6所示,即为各组团间旅客换乘需求矩阵。

汇总以上预测结果,得到经济圈客运出行层次及换乘需求如表5所示。由表可知,2010年深莞惠经济圈客运总量约为24.8亿人次,其中经济圈对外联系客流与经济圈内部三市城际间交往客流量比例约为2∶1。随着区域一体化进程的推进,远景年经济圈内部三市间的客流量比例将呈逐步上升趋势,2030年经济圈对外客运出行总量约为17.3亿人次/年,经济圈内部三市间城际出行约为10.8亿人次,经济圈内城市客运出行约为26亿人次。

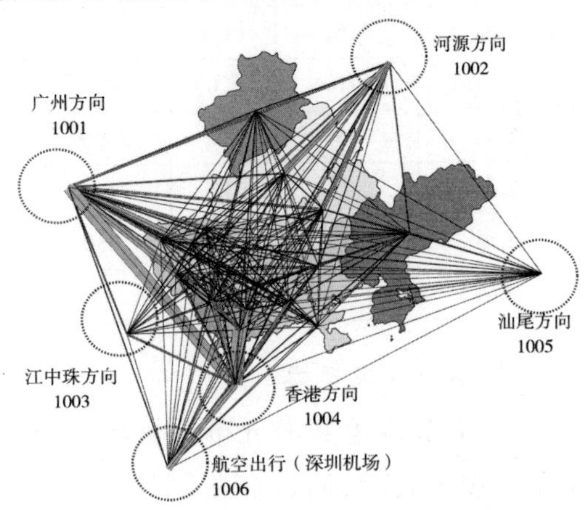

图6　2030年深莞惠区域对外客运出行期望线图

经济圈客运换乘需求预测结果(万人次)　　表5

类　型	2010年(实际)	所占比例(%)	2015年	所占比例(%)	2020年	所占比例(%)	2030年	所占比例(%)
经济圈客运总量	248060	100	321540	100	407750	100	540070	100
其中:经济圈对外客运量	74730	30	99680	31	130480	32	172820	32
经济圈内城际间客运量	35450	14	48230	15	69320	17	108010	20
三市内部出行客运量	137880	56	173630	54	207950	51	259240	48

为了把握经济圈客运换乘需求,在以上总量预测基础上,依据基年站场发送量占客运总量比例关系,结合区域未来客运发展趋势特征及各专题预测结

果，对各运输方式站场发送量预测如表6所示。

对外运输方式站场发送量预测结果（万人次） 表6

运输方式	现状值		预测值					
	2010年	比例（%）	2015年	比例（%）	2020年	比例（%）	2030年	比例（%）
合计	34422	100.0	65800	100.0	93880	100.0	152760	100.0
铁路	4161	12.1	28750	43.7	48260	51.4	96270	63.0
其中：国铁	1710	5.0	3750	5.7	5260	5.6	7370	4.8
城轨	2451	7.1	25000	38.0	43000	45.8	88900	58.2
公路	28954	84.1	34670	52.7	42460	45.2	52090	34.1
水运	151	0.4	430	0.7	560	0.6	800	0.5
民航	1156	3.4	1950	3.0	2600	2.8	3600	2.4

4. 枢纽换乘规模

在上节客运需求分布预测基础上，结合下节枢纽空间布局方案，运用“四阶段法”预测思路，通过在路网构造中增加连接不同综合客运枢纽换乘点的“虚拟路段”，利用STOCH方法对之前预测获得的2030年交通分布矩阵进行分配，得到各路段流量；再通过提取路网中与综合客运枢纽相关的节点、路段，可得到各枢纽内不同对外运输方式的旅客发送量及综合客运枢纽换乘量（仅限于枢纽对外运输方式与内部交通方式间换乘量），换乘需求分析流程见图7所示。

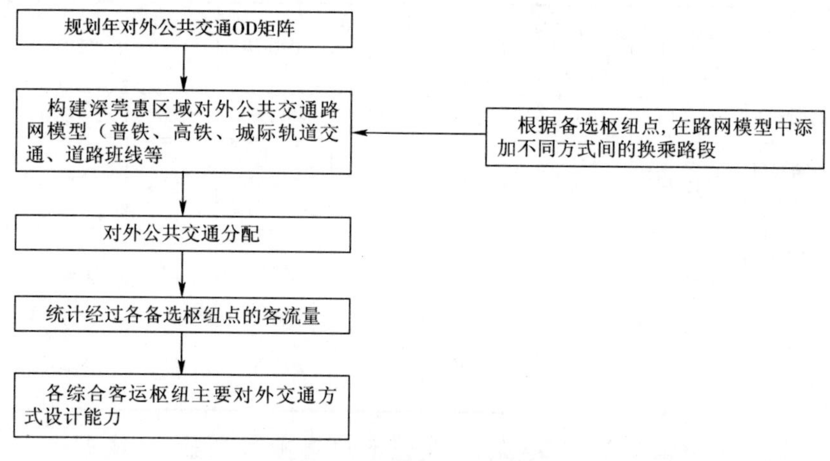

图7 换乘需求分析流程图

五、空间布局

1. 布局思路与方法

按照“自由度”联合布局思路，对深莞惠区域综合客运枢纽进行布局。总体思路如图8所示。

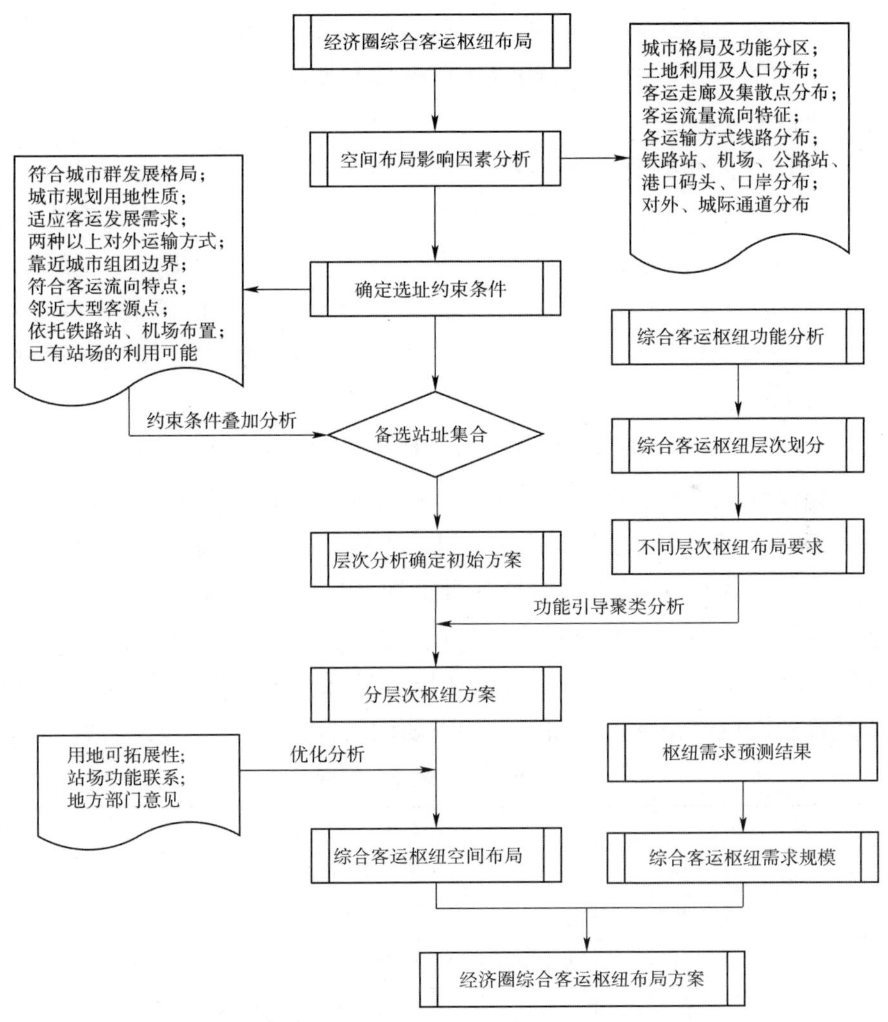

图8　深莞惠区域综合客运枢纽布局思路图

首先，对区域综合客运枢纽的布局影响因素进行分析，根据综合交通线网规划，寻找初步符合基本约束条件的综合客运枢纽空间布局区域，将此区域作为备选站址；其次，根据区域综合客运枢纽的功能导向要求，分析不同类型站场的功能需求与站址选择区域之间的联系，通过功能类型的匹配，引导未来的客运出行需求；再次，考虑各枢纽站场之间的彼此功能联系、交通转换的本源需求及各自的服务半径，综合考虑用地供给情况，对以上站址进行优化调整，得到深莞惠区域综合客运枢纽的空间布局方案；最后，结合枢纽需求预测结果，借鉴国内外同类设施的作业能力指标，确定各枢纽控制性用地规模。

2. 影响因素分析

1）经济圈空间布局及发展形态

《珠江三角洲城镇群协调发展规划（2004—2020）》对珠三角城镇体系的层级划分为区域性中心、地区性中心和地方性中心。根据深莞惠三市空间结构及产业发展方向，未来三市空间结构的总体思路将可能形成以深港为核心、莞惠为两翼的区域空间格局。打造深莞惠“三轴四带一环多节点”的空间结构，如表7和图9所示。

深莞惠区域的发展将以重要节点为依托，实现“以点带面、全面发展”的空间格局，带动区域产业和城市功能向外扩散和辐射。其中区域性中心、地区性中心等城镇节点应予以重点考虑，如罗湖、前海、常平、虎门—沙田、惠城、惠阳等属于区域对外合作重要节点，是区域对外综合枢纽产生的重要因素，可考虑布设一类综合客运枢纽。光明—沙井—长安—虎门、龙华—布吉—凤岗—塘厦、龙岗—坪山—惠阳—大亚湾、坪地—新圩—清溪将属于城际合作的重要节点，是服务城际间客流转换的区域综合客运枢纽产生的重要因素，考虑布设二类综合客运枢纽。

深莞惠区域城镇空间结构 表7

等级		中心城镇
区域性中心	主中心	深圳主城区
地区性中心	主中心	东莞主城区、惠州主城区
	副中心	深圳前海—宝安，东莞虎门—长安、常平—横沥，惠州惠阳—大亚湾
地方性中心	县（市、区）	深圳龙岗，惠州惠东、博罗
	重点区、镇	深圳沙井—松岗、龙华—观澜，东莞樟木头—塘厦

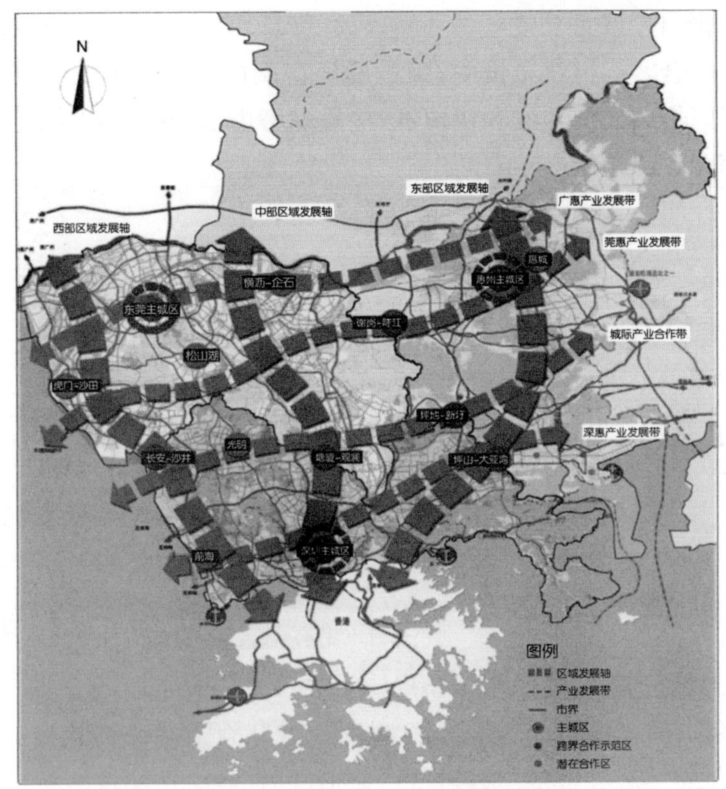

图9　深莞惠区域空间发展结构

2）人口组团分布与结构特征

综合客运枢纽的布局要适应所在区域人口组团的分布（表8）及经济发展水平，重点关注人口在100万以上城市组团。

各城市片区人口层次划分　　表8

衡量指标	等级划分	深　圳	东　莞	惠　州
总人口（万人）	>150	中心城区、西部滨海分区、中部分区	中心组团、西南片区	惠城区域
	100~150	东部分区	东北片区、东南片区	博罗区域
	60~100	—	东江组团、中部片区	惠阳—大亚湾区和惠东区域
	<60	东部滨海分区	水乡组团	北部山区

3)与香港口岸联系功能

在区域综合客运枢纽布设中,为鼓励经济圈内公共交通出行,提升不同公共交通方式间衔接的便利性和快捷性,应重点考虑依托机场和铁路直通关口岸构建区域综合客运枢纽(图10)。

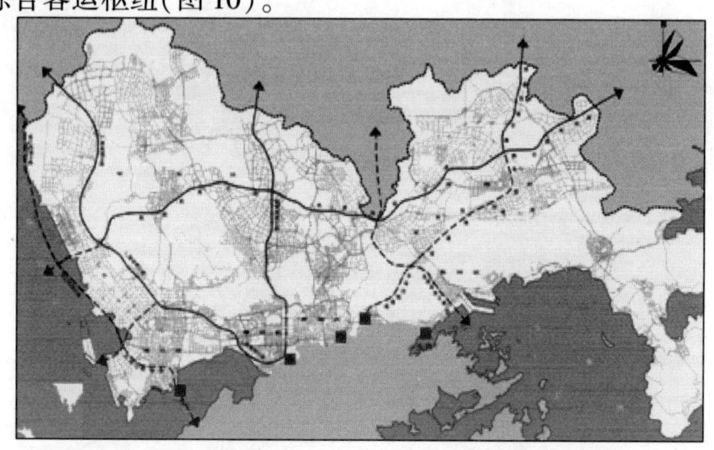

图10　深港一线公路口岸及过境通道总体布局

4)轨道交通三网定位及衔接布局

目前,我国国家铁路(包括普铁、高铁)、城际轨道和城市轨道(包括地铁、轻轨)三网之间在服务范围、功能定位、客运性质、线路长度及站间距、运行速度上均存在较大差异,在相当一段时期内任何两网之间的客流转换将主要通过换乘方式予以解决。根据区域铁路网规划、城际轨道交通规划、三市城市轨道交通规划,以及《深莞惠城际轨道交通发展研究》专题有关结论,深莞惠经济圈内国铁和城际铁路衔接的站点共有7个,城际铁路和城市轨道衔接的站点有35个。

深莞惠经济圈城际轨道与国铁干线在7处形成了三个层次衔接。第一层次为与枢纽性站点衔接,城际线路直接在枢纽性站点接轨或通过其他国铁路线路引入,并在其中始发终到城际列车,包括深圳北、惠州东2处站点。第二层次是为满足城际列车跨线运行需要,在国铁干线上的中间站或区间接轨的衔接,包括惠州南1个衔接点。第三层次城际与国铁站点间采用换乘方式,包括龙岗站、虎门站、惠州站、惠东北站4个衔接点。东莞市所属城镇组团的产业经济与居民出行特点非常紧密,规划的市域城市轨道穿越于各城市组团间,即除了承担快速联系市域内各中心镇区、覆盖市域主要客流走廊功能外,还要兼顾一定的城际轨道功能,属于三市经济圈内部联系各大城市组团间的轨道交通线路。因此在综合客运枢纽布局因素分析过程中要给予特别关注。

3. 布局方案

根据综合客运枢纽布局影响因素及功能分析,提出功能引导的层次分析模型,考虑各枢纽站场之间的功能联系及其可能的服务半径,结合用地供给情况,得到深莞惠区域综合客运枢纽的空间布局方案(图11)。

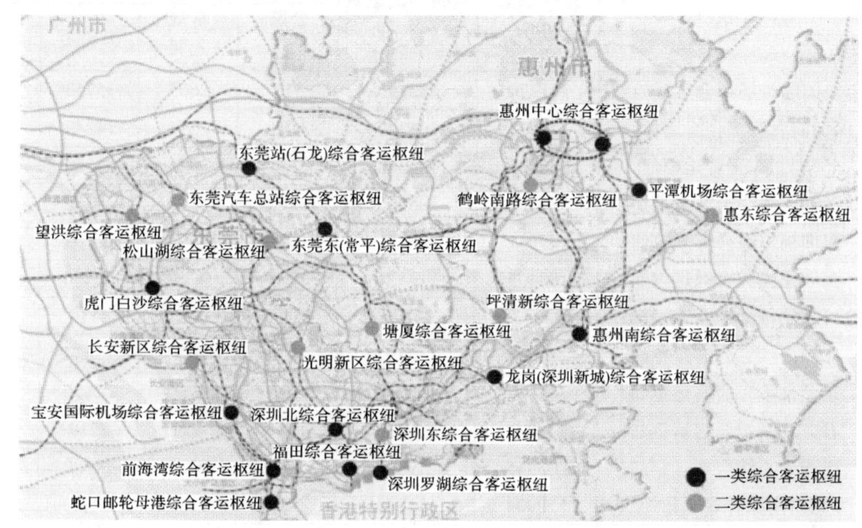

图11　深莞惠区域综合客运枢纽布局方案图

深莞惠区域综合客运枢纽空间布局方案中,深圳地区总共布局9个综合客运枢纽,其中一类综合客运枢纽7个,二类综合客运枢纽2个;东莞境内一共布局8个综合客运枢纽,其中一类枢纽3个,二类枢纽5个;惠州境内一共布局6个综合客运枢纽,其中一类枢纽3个,二类枢纽3个。

六、交通衔接

综合客运枢纽交通衔接规划是指从区域交通运输一体化视角出发,考虑区域交通资源的整合和网络系统优化,实现旅客换乘高效、交通组织顺畅的目标。综合客运枢纽交通衔接规划重点关注三方面:一是枢纽集疏运系统的配置与建设标准;二是枢纽内部各交通方式间的衔接形式及技术要求;三是枢纽内外信息及诱导标识系统的衔接规划与设计设置要求。本案例重点介绍深莞惠经济圈区域综合客运枢纽的集疏运系统衔接配置思路。

1. 衔接方案

依据综合客运枢纽换乘量预测结果，综合考虑各枢纽现状交通衔接方式、周边路网及土地利用情况，提出各枢纽对外交通集疏运量，如表9所示。

区域综合客运枢纽总换乘量及道路集疏运量预测　　表9

序号	枢纽名称	总换乘量（人次/天）	道路集疏运量（人次/天）	道路集疏运交通量(pcu/天)			
				公路客运	常规公交	出租车	社会车辆
1	宝安国际机场综合客运枢纽	241370	8219	313	2603	35753	26027
2	深圳前海湾综合客运枢纽	129973	104329	3131	1644	14247	13370
3	深圳北综合客运枢纽	366685	196384	3131	3945	37260	36384
4	深圳罗湖综合客运枢纽	230356	195507	6262	2959	25205	23452
5	深圳福田综合客运枢纽	149041	80000	1957	1397	12603	12055
6	深圳龙岗综合客运枢纽	188493	114521	1957	2219	22466	20274
7	蛇口邮轮母港综合客运枢纽	34247	35616	1957	137	4110	1370
8	虎门白沙综合客运枢纽	214247	155397	3914	2630	25534	22466
9	东莞常平综合客运枢纽	206137	196384	7045	2740	22466	20493
10	石龙新站综合客运枢纽	75068	62466	1957	959	8219	7671
11	惠州中心综合客运枢纽	203945	219945	7045	3288	29589	25973
12	惠州南综合客运枢纽	158904	101041	1957	1890	18849	16986
13	惠州平潭机场综合客运枢纽	84384	48219	783	877	10959	8767
14	深圳东站综合客运枢纽	78093	39364	313	888	8658	8570
15	深圳光明新区综合客运枢纽	75068	62466	1957	959	8219	7671
16	东莞汽车总站综合客运枢纽	92712	145973	7045	1479	9863	7890
17	东莞望洪综合客运枢纽	237370	51945	1174	904	9534	7890
18	东莞松山湖综合客运枢纽	74630	51945	1174	904	9534	7890
19	东莞塘厦综合客运枢纽	114082	68164	1174	1342	12603	12274
20	东莞长安新区综合客运枢纽	114082	70356	1174	1342	14795	12274
21	坪清新综合客运枢纽	84932	68164	1957	1068	10630	8767
22	惠州鹅岭南路综合客运枢纽	100822	104110	3914	1370	12055	9863
23	惠东综合客运枢纽	84932	68164	1957	1068	10630	8767

注：1. 表中总换乘量是指所有进入综合客运枢纽的客运量总和；道路集疏运量指需经由道路（城市道路、公路）进入和离开综合客运枢纽的客流总和。

2. 总换乘量预测过程中暂未考虑城市交通内部换乘因素，将所有城市交通方式均作为对外交通方式的集疏运方式来考虑。

依据综合客运枢纽道路集疏运需求总量和结构情况,结合对深莞惠区域综合交通线网规划分析,提出区域综合客运枢纽主要集疏运方式、线路衔接方案,以及对外集疏运通道所需基本车道总数,如表10所示。

深莞惠综合客运枢纽集疏运衔接规划方案　　表10

序号	枢纽名称	衔接轨道线路	衔接高快速公路	规划总车道数	对外集疏运所需理论车道数
1	宝安机场综合客运枢纽	轨道1、10号机场快线	广深沿江高速、机荷(沈海)高速、G107	18	5.4
2	深圳前海湾综合客运枢纽	轨道1、5、11号线	广深沿江高速、G107、规划南坪快速路、海滨大道、沿江高速等外围高快速路	30	2.7
3	深圳北综合客运枢纽	轨道4、5、6号线	龙大高速、珠三角环线、南坪快速、龙观快速、布龙路和民乐路	34	6.7
4	深圳罗湖综合客运枢纽	轨道1、8、9号线	东部沿海高速、清平高速、G205	16	3.8
5	深圳福田综合客运枢纽	福田:2、3、11、14;竹子林:1、7、11	广深高速、梅观高速	12	2.3
6	深圳龙岗综合客运枢纽	轨道12号线	长深高速、深汕高速、机荷高速、G205	20	3.9
7	蛇口邮轮母港综合客运枢纽	轨道2号线	沿江高速、南坪快速、南光高速、海滨大道、南沙路	28	1
8	虎门白沙综合客运枢纽	东莞R2	广深沿江高速、G9411莞佛高速	12	3.5
9	东莞常平综合客运枢纽	东莞R3	增莞深高速、S255樟深路	12	2.4

续上表

序号	枢纽名称	衔接轨道线路	衔接高快速公路	规划总车道数	对外集疏运所需理论车道数
10	东莞站(石龙)综合客运枢纽	东莞 R2	S256 东风北路	6	1.6
11	惠州中心综合客运枢纽	惠州 1,4,2	莞惠高速、G205	10	4.3
12	惠州南综合客运枢纽	惠州 1,3,6	沈海(深汕)高速	4	3.3
13	平潭机场综合客运枢纽	惠州 5		6	1.8
14	深圳东站综合客运枢纽	轨道 3、5 号线	水官高速、清平高速、丹平快速路、深惠路	22	1.5
15	深圳光明新区综合客运枢纽	深圳轨道 6 号线,东莞 R1			1.9
16	东莞汽车总站综合枢纽	东莞 R1 与 R2	G94 珠三角环线(莞深高速)	6	2.2
17	东莞望洪综合客运枢纽	东莞 R1 与 R2	广深高速、沿江高速、沿江公路、西部干道	20	1.6
18	东莞松山湖综合客运枢纽	东莞 R3	莞深高速	6	1.6
19	东莞塘厦综合客运枢纽	东莞 R4	S255 樟深路、S358	10	2.3
20	长安新区综合客运枢纽	东莞 R3	沈海高速、S358	10	2.5
21	坪清新综合客运枢纽	深圳轨道 12 号线,惠州 6 号线			1.6
22	惠州鹅岭南路综合客运枢纽	惠州 2,5	惠深高速	6	2.3
23	惠东综合客运枢纽	惠州 5,6	广惠高速、S356	12	1.9

需指出的是,现实中影响综合客运枢纽集疏运服务水平的往往并非对外集疏运通道能力,更多体现在:①与枢纽直接相连的集疏运方式在结构上是否与枢纽功能和换乘量匹配;②城市道路能力是否充足或周边路网级配是否合理,衔接形式是否合理;③枢纽周边的慢行交通系统设置是否合理等。鉴于以上分析,结合对国内外大型枢纽交通组织实践经验的借鉴与总结,提出衔接要求和标准。

2. 衔接要求与标准

结合对国内外大型枢纽交通组织实践总结,提出下列衔接要求和标准。

(1)优化通道结构及衔接方式,合理配置通道功能。

根据深莞惠区域综合客运枢纽各换乘量及换乘结构预测结论,参考国内外综合客运枢纽换乘规模数据,针对不同功能、规模的枢纽,提出建议性通道建设要求如下:

①处于第一层次的一类综合客运枢纽,必须应有城市轨道交通接入,并承担主要集疏运功能。

②总换乘量在10万人次/天以上的大型综合枢纽,应考虑城市轨道交通的接入,并在轨道线网规划的实施序列中予以优先考虑。

③有条件的地区应尽可能设置城市快速路专用匝道,将综合枢纽与高速公路直接连通,或在主要集疏运通道上设置快速公交专用道(BRT)或普通公交专用通道等。

(2)提高周边路网密度,重视路网功能和级配。

为保证综合客运枢纽周边集疏运路网规模结构的合理,参照欧洲、日本和国内外对铁路枢纽站场周边路网结构的相关研究,对深莞惠区域综合客运枢纽周边路网密度及路网级配提出如下建议标准:

①对于深莞惠区域新规划建设的综合客运枢纽站,应关注枢纽周边城市路网密度和次干路、支路的级配比例问题,做好交通影响分析,规划预留足够空间,确保枢纽的集疏运要求。对于位于中心区或周边商业开发密度较大的地区,更应切实提高路网密度及支路比例。

②集疏运通道设施规划设计时,应尽量实现路网服务功能的合理配置,将过境交通、集散交通和周边开发吸引的交通适度分离,并注意周边立交及进出

枢纽站匝道的容量测算、功能设计,避免出现明显交织点。

(3)关注慢行系统规划,切实解决好安全与效率问题。

现代化的综合客运枢纽设计应当提倡以TOD模式引导城市的发展,构建以枢纽为核心、以慢行系统为搭接的公共换乘空间,关注和提高慢行主体(主要指步行和自行车出行者)出行换乘的安全、保障慢行换乘空间的顺畅、构建优美的慢行环境、贯彻以人为本的设计理念。衔接通道设置方面,应满足以下要求和标准。

①在枢纽与城市衔接的道路应给予自行车和行人专用通行道,保证自行车出行畅通;步行道路上不应设置障碍物,并通过绿化等环境构筑高品质步行空间。

②为保证过街行人的安全并考虑减少对道路交通的影响,应在枢纽周边设置平面或立体行人过街专用设施。

③平面过街设施可利用中央分隔带建立行人过街安全岛,并在安全岛前做保护区。

④立体过街设施可设置行人过街天桥,并注意设施的无障碍设计。

⑤对于设置在建筑体外的换乘通廊,应设置挡风避雨设施,提升旅客换乘舒适度。

七、换乘组织

换乘组织规划的目的在于推进客运枢纽逻辑组织上的一体化,保障一体化客运系统功能的实现。规划目标是:通过设计合理的出行服务模式,引导和规范不同人群的出行行为,打造依托以综合枢纽换乘组织为核心的公共客运服务模式,全面提升全区域空间易达性,减少城市交通拥堵和环境污染,促进三地市客运服务的融合一体。主要研究三方面的问题:一是过程的协作,二是发展的协调,三是管理的协同。

规划案例结合深莞惠经济圈客流需求特征以及综合客运枢纽功能差异,分别设计提出了基于区域共享的换乘组织、基于轴幅中转的换乘组织、综合客运的功能融合等三类组织模式。本书重点介绍基于区域共享的换乘组织模式。

1.基于机场枢纽的区域共享服务模式

规划中的深圳宝安机场枢纽、前海湾综合客运枢纽、惠州平潭机场枢纽均为深莞惠区域一类综合客运枢纽，依托区域内的深圳机场、香港机场、平潭机场，构建形成具有区域集散功能、门户型枢纽功能和国际中转功能为一体的综合客运枢纽（图12）。

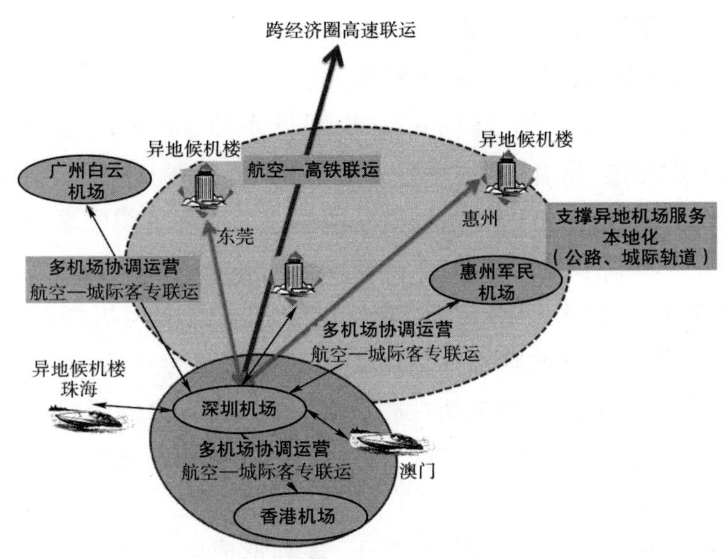

图12　深圳机场客运服务模式示意图

基于机场服务共享的基本原则：充分发挥远程与中远程运输的优势互补，实现航空、铁路、轨道交通、陆路交通和水上运输便捷换乘和集散联系，实现机场资源和航空服务在整个经济圈内得以便捷共享。

客运服务模式设计：规划形成以空铁联运、多机场协调运营为主，以公路和水路机场快线支撑旅客集疏，实现异地机场“本地化”服务模式。具体包括：

（1）“航空—高铁”跨经济圈高速联运模式。依托深圳机场枢纽，开行高频率、高速度、大容量、小编组动车，与香港机场、深圳机场的航空服务共同整合形成“航空—高铁”运输产品，增强机场枢纽对外辐射能力，服务于经济圈内部及对外快速联运。

（2）“航空—城际客运专线—航空”区域多机场协调运营模式。远景年可以在深圳、香港机场之间通过深港西部快线轨道专线，推行代码共享，方便旅客在枢纽机场之间的航空中转和航线、航班选择，实现深港机场协调运营。

(3)依托"陆路或水路"集散的异地机场本地化服务模式。在异地市中心、火车站、轨道交通枢纽站、重要码头等设置城市候机楼和沿途配客点,通过机场快线或在高速公路上设置客车专用车道、轨道交通、水翼飞船等直达机场,方便旅客远程办理和机场旅客异地集散。

2. 基于高铁枢纽的区域共享服务模式

枢纽主要包括深圳北站、深圳龙岗站、东莞东站、虎门站、惠州站等。该类枢纽主要通过广深港、京九客专、沿海高速铁路(厦深线)承担深莞惠经济圈与周边地区和国内省会、经济中心和重要交通枢纽的区际干线联系。

高铁服务区域共享基本原则:在高铁线路和城际轨道线路已逐步成网的前提下,高铁枢纽站的服务性质属于"准门户级",虽无法与机场的门户作用相比,但也超过一般地区性城际换乘枢纽的辐射范围。为此,高铁服务需要做到"集客的相对集中性和疏散的灵活性相结合",须与当地城际轨道、城市轨道系统以及公交、出租、公路等多方式进行有效换乘,实现出行路径选择多样化和联程服务的无缝化。

客运服务模式设计:在一体化背景下,规划形成以轨道和直达班线客运为核心的快速市际疏运服务和以城际轨道为主体的集客服务的两类高铁枢纽站区域共享服务模式。

(1)快速多模式高铁疏运服务模式。依托高铁枢纽站换乘,开行高密度、小编组的城际轨道疏运班列、跨地客运班线和与周边大型枢纽(机场、其他高铁站)短途接驳班车、城市轨道班列、出租车等,实现旅客铁路长途与中短途客运的联程无缝衔接。

(2)城际大容量高铁集客服务模式。在满足选择多样性的同时,通过提供城际站与高铁站之间中转换乘、远程购票等便利措施,提升和强化旅客乘坐轨道交通和短驳交通到高铁枢纽站换乘并乘坐高铁出行的意愿,实现城际轨道—高铁枢纽站的城际大容量集客服务模式。

3. 基于邮轮母港的区域共享服务模式

规划蛇口邮轮母港是深莞惠经济圈对外交通的国际性邮轮航运码头,与香港邮轮母港和规划中的珠海邮轮母港共同形成珠三角的邮轮基地。邮轮旅游属于中高端旅游消费,枢纽在邮轮服务三地一体化过程中主要发挥促进短程接驳、水水中转以及通关服务便利化等方面的作用。

邮轮服务区域共享基本原则:通过提供便利的前置通关服务、短途接驳服务,方便邮轮旅客靠泊消费和返程登船;并通过与莞惠地区邮轮停靠点设置相结合,形成水—水接驳服务模式。

客运服务模式设计:规划在一体化背景下,形成邮轮靠泊陆运服务模式和邮轮水—水接驳客运服务模式。

①邮轮靠泊陆运服务模式。通过设置蛇口港至深圳地铁蛇口站的短途摆渡巴士、蛇口港邮轮包车服务以及通关服务设施,方便游客靠泊消费、离船和返程登船。

②邮轮水—水接驳客运服务模式。通过在惠州、东莞规划有关旅游岛屿的停靠点、虎门港停靠点等,实现国际邮轮短期靠泊和大船与旅游小船的支线—停靠点之间往返接驳服务,具体如图 13 所示。

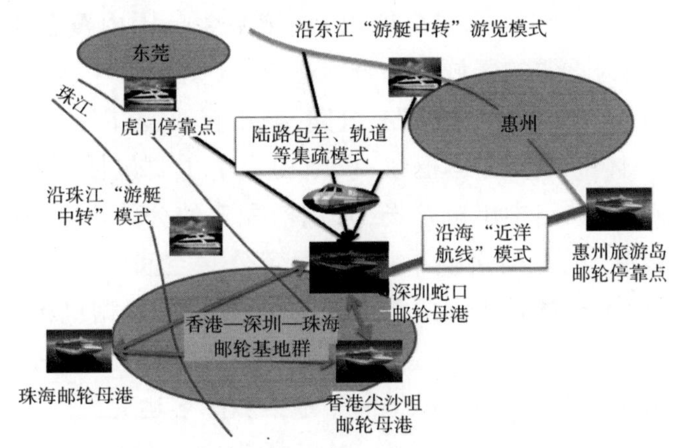

图 13　邮轮客运区域共享服务模式示意图

案例二　兰州中川国际机场综合交通枢纽项目总体规划

一、背景介绍

本案例重点分析研究新建单体综合客运枢纽项目的总体规划，主要应用了本书之前章节中提出的选址优化、平面布局、衔接设计等理论与方法。

1.项目背景

兰州中川国际机场综合交通枢纽位于兰州市北部、全国第五个国家级新区兰州新区境内，地处兰州、西宁、银川三个省会城市的地理中心，300km 内可以辐射兰州、白银、武威、临夏等 8 个地市，直接服务范围内覆盖人口近 2000 万人，是甘肃省内最为重要的区域型综合客运枢纽(图 1)。兰州中川国际机场综合交通枢纽定位于一个集民航、铁路、公路、城市轻轨、城市公交、出租等多种交通运输方式于一体的综合客运枢纽，设施构成中主要包括了兰州中川国际机场、兰州—张掖城际铁路中川机站场，并包括配建的公路客运、城市公交、出租车等交通功能设施，以及衔接换乘设施、配套公共空间以及相关的商业设施。其中，兰州中川国际机场是我国西北地区的干线机场，根据机场总体规划，2035 年的吞吐量将达到 2500 万人次；兰州—张掖城际铁路中川机站场建成后，将满足兰州机场客流集疏需要，同时承担河西地区城际客运交流。

根据世界各大城市的发展经验，以机场为主导的综合客运枢纽多属国际、国内区域性综合客运枢纽，是内陆城镇群走向世界体系的重要依托；结合兰州新区的发展实际，通过建设以中川机场为主导的综合客运枢纽，能够实现兰州新区与国际、国内各主要城市的快速直达交通联系，支撑兰州新区对外、对内开放的发展需要；辅之以高速铁路重要的集疏运条件，能够大大强化兰州对周边区域的辐射能力，实现区域间换乘客流的快速转换，支撑区域中心地位的实现。

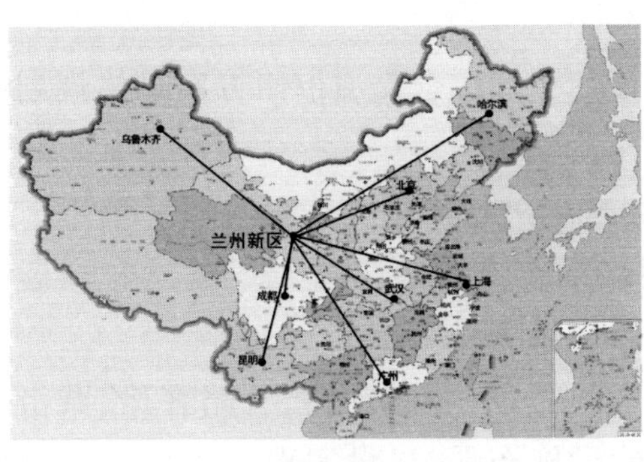

a) 兰州中川国际机场区位

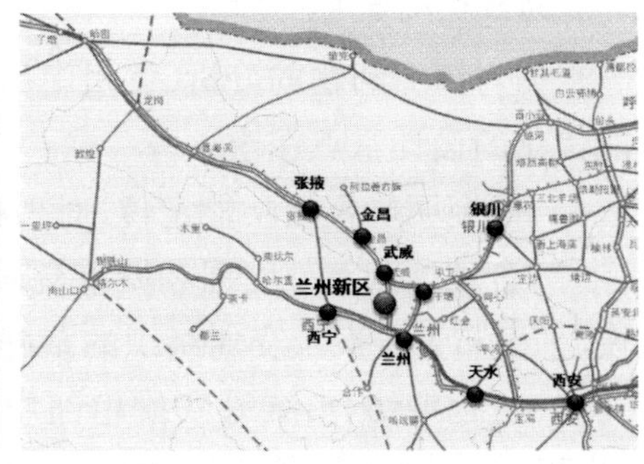

b) 城际铁路站区位

图1　中川机场综合客运枢纽交通区位示意图

为实现中川国际机场综合交通枢纽对区域发展的支撑功能,甘肃省交通行业主管部门借助利用中川国际机场扩建、兰州—张掖城际铁路新建契机,研究建设综合客运枢纽的必要性与可行性,综合考虑公路与公交接驳需求,并考虑社会停车、轻轨预留等城市交通衔接要求,对机场航站楼前区域进行统一规划设计,建设成为集民航、铁路、公路、城市公交、出租等交通功能于一体的综合客运枢纽,实现旅客在各方式之间的零距离换乘。

2. 项目面临问题

兰州中川国际机场综合交通枢纽在方案规划之初面临以下问题:

(1)新建综合客运枢纽项目在规划之初首先面临两个选址方案:一是在中川国际机场2号航站楼站前区域,二是在兰州－张掖城际铁路兰州新区站前区域,仍需对项目选址进行深化论证。

(2)兰州新区尚处于初步建设阶段,规划未来一段时期将实现人口从30万到100万的增长,同时也会带来本地旅客对外运输服务需求的快速增长。综合客运枢纽项目的客流规模尚未确定,各方式之间的换乘关系比较复杂。

(3)项目业主以及项目建设运营管理模式尚未明确,建设之初面临甘肃交建集团、公航旅集团、海航公司、公运公司等各相关利益方,在功能诉求上存在较大冲突,协调困难。

(4)项目用地范围内存在民航、铁路、公路、城市公交、出租车、社会车辆等多种交通方式,民航机场2号航站楼及附属工程已基本建成,城际铁路站已开始施工,项目用地权属、设计边界条件、未来施工组织十分复杂。

3. 功能优化重点

根据对以上问题的分析,兰州中川国际机场综合交通枢纽方案总体规划与功能优化的设计重点在于:

(1)研究明确枢纽功能定位,对项目选址进行优化。

(2)合理预测对外交通和城市交通换乘客流,作为确定综合客运枢纽建设规模、平面布置方案及交通组织的基础参考依据。

(3)近远期结合,统筹安排枢纽中民航机场、城际铁路、公路客运、城市公交、出租车、社会车辆等交通方式的功能设施布局,尽量实现一体化的室内换乘,并考虑远期城市轻轨及商业设施扩展的空间预留。

(4)项目面临多个建设运营主体,方案规划过程中需提前谋划好枢纽建成后的运营模式,做好与周边站场运行关系协调,确保枢纽可持续运营。

二、功能定位

通过规划研究得到中川机场综合客运枢纽的总体定位,如下:

1. 西北地区的区域性门户枢纽

中川机场综合客运枢纽是一个以航空为主导的区域型综合客运枢纽,依托作为西北地区干线机场的中川国际机场,集中了连接西北五省区域的铁路、公路等多种交通运输方式,具有一定的门户功能;另外,通过有效组织航空客运、铁路客运、公路客运、城市公交、出租车等多种交通方式,使各种交通方式间能够便捷有效地换乘,进一步提高综合客运枢纽的可达性,有助于提升枢纽地区的门户效应。

2. 兰州新区的城市徽标及走向世界的窗口

兰州新区是拥抱中川机场建设起来的城市,中川机场综合客运枢纽代表着未来兰州新区的城市形象。中川机场在地区内门户功能的提升,会在带来大量出行与换乘旅客的同时,产生强化兰州新区城市印象的作用。通过统筹枢纽地区的设施布局,在建筑设计中,融入反映兰州城市文化底蕴与兰州新区城市形象的元素,有利于打造兰州新区的城市徽标;并充分利用区域性综合客运枢纽汇聚的大量客流优势,配合建设完善周边的高端会展、旅游集散、文化推广等功能,综合客运枢纽将成为面向世界宣传兰州新区的文化窗口。

3.服务兰白地区的商务高地与经济引擎

中川机场综合客运枢纽是区域内航空、铁路、高速公路及市内交通的交汇点和转换点，枢纽所在区域将成为甘陇地区交通可达性最高的地区，并汇聚大量的人流、物流和信息流，与之相关联的商业、办公、休闲、旅游等服务功能也将会相应增长。从服务对象上看，该地区的办公主要是以面向西北地区的区域性营运总部、研发中心为主，同时对中央企业的地区总部和专业部门也将有一定的吸引力。以交通设施为载体，配套发展高端商业、高级办公、旅游集散等功能设施，将直接吸引那些高度依托航空客运、高速铁路客运发展的现代产业集聚，如商务、酒店、展览、会议、办公、零售、餐饮等，成为兰白地区的区域性现代专业服务集聚区，并带动周边地区经济发展，有效支撑总体规划中兰州新区发展定位的实现。

因此，兰州中川国际机场综合交通枢纽应重点体现以下服务功能：①提供西北地区国际、省际航空旅客运输服务；②强化空—铁—公换乘功能，为快速集散中川机场旅客服务；③承担兰白地区对外省际、城际中长途旅客运输和区域内中短途旅客公路运输服务；④为兰州—白银地区对外交通和城市交通客流转换提供优质的服务场所；⑤提升兰州的门户形象，提供高端会展、旅游宣传、文化推广等服务功能。

三、站址比选

综合客运枢纽在建设初期面临两个选址方案，如图2所示。

选址方案一，重点依托中川机场，构建集航空、铁路、公路、公交等各类运输方式于一体的综合客运枢纽；城际铁路兰州新区站在新区发展初期，仅需考虑铁路与城市交通(公交、出租)的衔接关系，远期逐步丰富拓展其综合客运枢纽功能。

选址方案二，依托城际铁路兰州新区站，建设集铁路、公路、公交等交通方式于一体的综合客运枢纽。在中川机场地区仅考虑铁路对民航的集疏功能，在兰州新区与机场之间通过快巴捷运系统衔接，以满足本地旅客对民航的换乘需求，见图2。

基于本书前述章节中提出的综合客运枢纽选址原则，从长远发展战略角度，最终选择了依托中川机场构建集航空、铁路、公路、公交等各类运输方式于一体的综合客运枢纽的思路，这样更加有助于实现中川综合客运枢纽在西北地区参与国际、省际交往门户功能的定位，提升甘肃省在国际、省际、城际间的旅客换乘服务水平，因此本项目将重点围绕中川机场开展综合客运枢纽的方案规划与功能优化设计工作。同时，前瞻性考虑兰州新区的快速发展，在新区一并规划建设集铁路、公路与城市交通等功能于一体的综合客运枢纽，重点解决兰州新区本地的城际交通出行需求。两个项目同步规划、建设，关键是处理好近远期建设时序与建设内容的问题，在项目选址和用地预留上做好一次性规划。

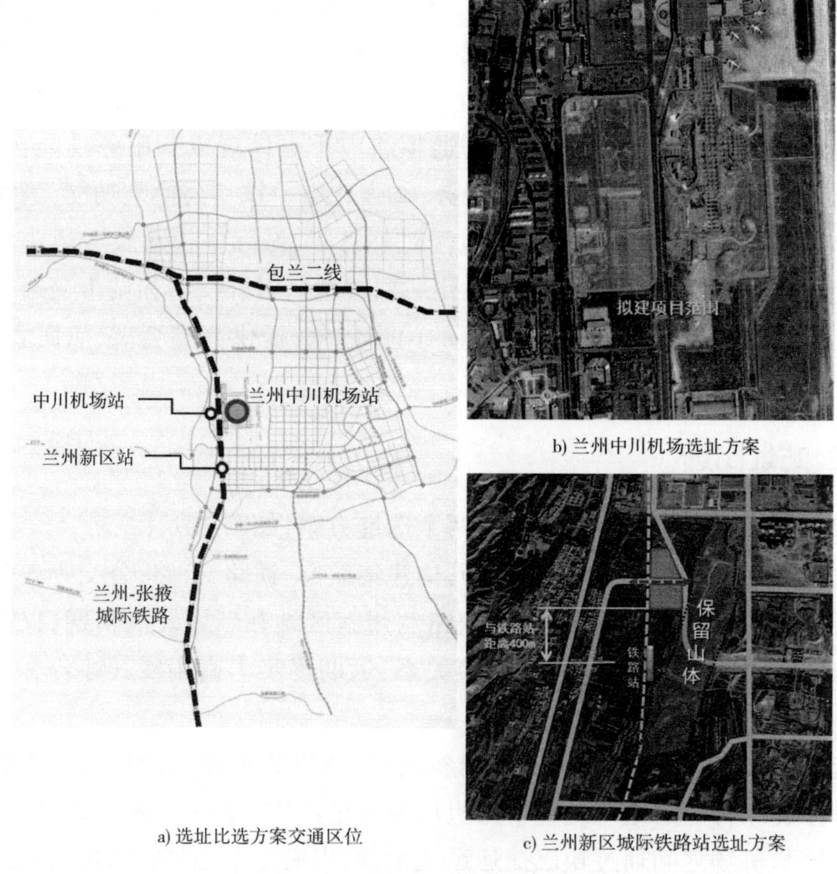

a) 选址比选方案交通区位

b) 兰州中川机场选址方案

c) 兰州新区城际铁路站选址方案

图 2　兰州新区综合客运枢纽站址比选

四、需求分析

根据本书提出的需求预测思路与方法，确定项目对外交通及城市交通的客运换乘需求，为枢纽内各类交通设施的规模确定提供依据。

1. 对外客运需求总量

对外客运需求预测是解决兰州新区对外交通组织、确定中川机场综合客运枢纽建设规模的重要依据。对外客运需求预测主要包括客运需求总量预测、客运结构预测及客运方向预测，以及兰州新区对外客运量预测等多项指标，预测流程如图3所示。

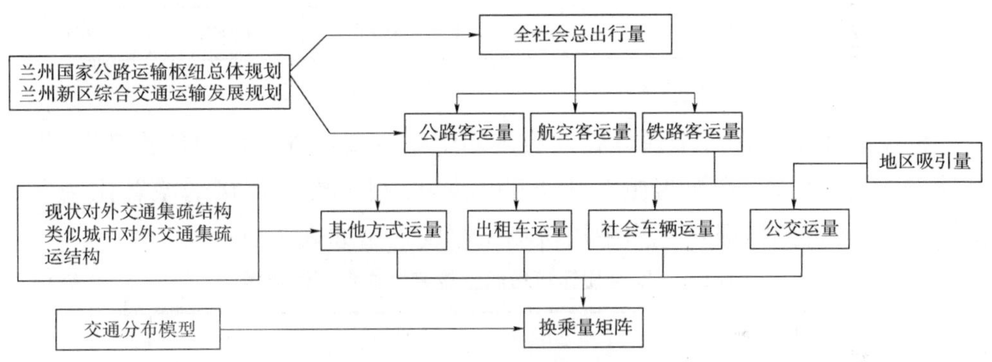

图3　综合客运枢纽需求预测流程

1）公路旅客发送量预测

依据兰州新区综合交通运输发展规划，未来中川机场公路客运站将分担较多的公路长途客流，由此预测中川机场公路客运站旅客发送量占所有客运站发送总量比例在2016年、2020年、2026年和2036年分别为100%、60%、50%和40%左右，在此基础上，计算得到特征年中川机场公路客运站的旅客发送量如表1所示。

中川机场综合交通枢纽公路旅客发送量预测结果　　表1

年份	2016年	2020年	2026年	2036年
日均旅客发送量(人次/天)	6000	9000	15000	20000

2）铁路旅客发送量预测

中川机场综合交通枢纽主要汇集的铁路线为兰州—张掖城际铁路，是兰州新区与甘肃省际主要城镇走廊快速客运联系的重要城际铁路通道，在兰州新区段长40km，设兰州新区和中川机站场，建成后将成为兰州新区沟通兰州、天祝、古浪、武威、金昌、山丹及张掖的主要铁路干线。在参考《新建铁路兰州至中川机场线初步设计》等相关资料预测数据的基础上，一是考虑到线路承担客流分为兰州—西固—中川机场短途城际客流和跨线长中途城际客流，二是根据中川机场综合交通枢纽功能定位，伴随铁路中川机站场的建设运营，其在兰州市铁路枢纽中的地位将逐步提升。因此预测得到各特征年旅客发送量如表2所示。

中川机场综合交通枢纽铁路旅客发送量预测结果 表2

年份	2016年	2020年	2026年	2036年
日均旅客发送量(人次/天)	5000	8500	12000	20000

3)航空旅客发送量预测

依据兰州新区综合交通运输发展规划中航空旅客吞吐量的预测结果，为与其他方式统一口径，转换为旅客发送量。据此，在考虑一定接送旅客比例系数基础上，测算得到特征年兰州中川机场旅客发送量如表3所示。

中川机场综合交通枢纽航空旅客发送量预测结果 表3

年份	2016年	2020年	2026年	2036年
日均旅客发送量(人次/天)	8000	14000	20000	30000

2. 城市交通换乘需求预测

根据中川机场综合交通枢纽的地理位置及功能，未来综合客运枢纽内公交、出租车、社会车辆、步行等城市交通方式主要承担自航空、长途汽车和铁路的客流集散功能。考虑以下方面因素：

(1)2036年，兰州新区公共交通结构以常规公交为主体，根据国际经验和兰州新区现阶段公共交通发展水平综合研判，2036年之前兰州新区城市交通系统难以形成公共交通主体的集疏运模式。

(2)考虑国家节能减排和可持续发展战略的实施，结合兰州新区交通出行实际和中川机场综合交通枢纽的旅客属性判断，兰州新区未来以小客车为主体的集疏运模式的可能性同样较低。

由此判断中川机场综合交通枢纽将采取公共交通和个体交通方式均衡发

展的模式。据此参照国内外同类规模体量城市，预测得到城市交通各方式换乘总量(表4)。

城市交通各方式分担比例　　表4

交通方式	2026年分担比例(%)	2026年分担客流量(人次/天)	2036年分担比例(%)	2036年分担客流量(人次/天)
公交	48	7400	49	13200
出租	28	4300	27	7100
社会车辆	23	3500	21	5700
其他	2	300	3	700
合计	100	15500	100	26700

3. 综合客运枢纽换乘需求预测

中川机场综合客运枢纽作为区域性综合客运枢纽，主要承担跨区域出行的客流转换功能，其换乘需求主要包括公路、铁路、航空、城市交通方式(含公交、出租车、社会车辆)等多种方式。结合中川机场现状换乘客流特点及未来各运输方式客流发展趋势，在参照国内类似项目(上海虹桥综合交通枢纽)的基础上，预测得到中川机场、新区铁路综合客运枢纽2030年换乘量矩阵及各方式总换乘量(图4)。按照本书提出的换乘量预测方法，预测中川机场综合交通枢纽在2036年的总换乘量将达到95200人次/天，相当于上海虹桥综合交通枢纽设计换乘量的1/10(表5)。

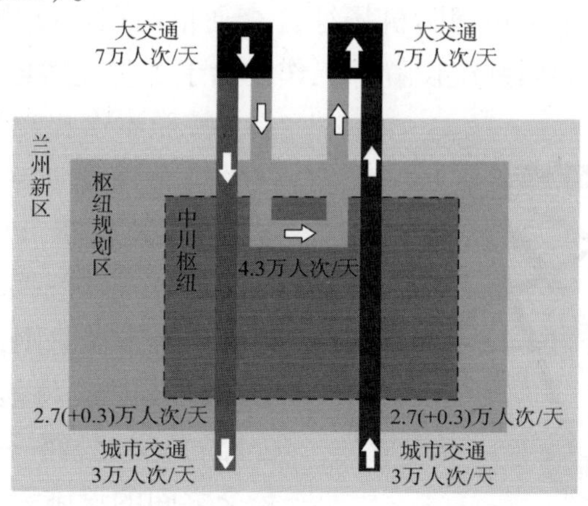

图4　中川机场综合客运枢纽旅客换乘量示意图

中川机场综合交通枢纽2036年日换乘量矩阵(人次/天)　　表5

交通方式	公路客运	铁路	航空	公交	出租车	社会车辆	其他	合计
公路客运	1500	4000	7500	2000	1500	1400	100	18000
铁路	4000	2800	7000	3000	1800	1400	0	20000
航空	7500	7000	2000	7000	3300	2700	500	30000
公交	2000	3000	7000	2500	0	0	0	14500
出租车	1500	1800	3300	0	0	0	0	6600
社会车辆	1400	1400	2700	0	0	0	0	5500
其他	100	0	500	0	0	0	0	600
合计	18000	20000	30000	14500	6600	5500	600	95200

五、空间布局

1.换乘关系分析

根据中川机场综合客运枢纽换乘量矩阵,中川国际机场综合交通枢纽内部各种交通方式之间的换乘量以航空—铁路、航空与公路/公交、公路—铁路、公路/铁路—公交之间换乘量为最大,这几种换乘方式在客运换乘系统中占有相对重要的地位,构成了中川国际机场综合交通枢纽内部换乘主体,在后期的平面布置、交通组织和导向系统设置等工作中给予了优先考虑,如图5所示。

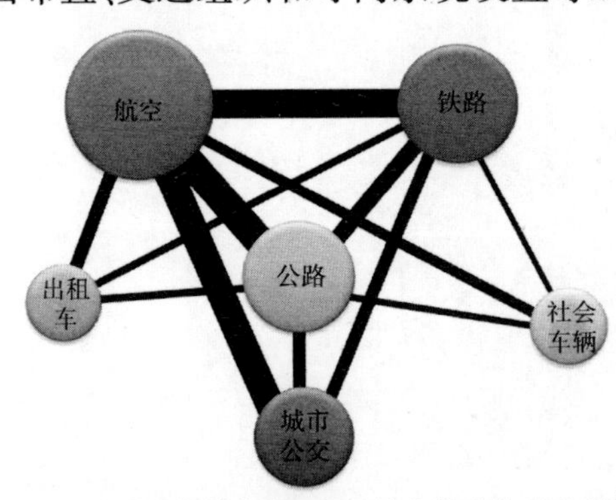

图5　中川机场综合客运枢纽旅客换乘关系示意图

按照本书提出的单体综合客运枢纽站场布局规划基于功能空间“关联度”的布设思路,以“换乘量最大的两种交通方式之间换乘距离或换乘时间最短”为基本原则,在平面布置、交通组织设计时应将航空—铁路、航空与公路/公交、公路—铁路、公路/铁路—公交之间的设施邻近布置。

2. 平面布置方案

遵循“坚持一体化规划设计原则，鼓励同站换乘、立体换乘”等设计原则，中川国际机场综合交通枢纽以一体化换乘为目标，确定平面布局方案。

（1）民航机场航站楼布局：依托已建成的中川机场2号航站楼空间布局，充分考虑与城际铁路站及其他交通方式的衔接，考虑对立体空间的综合利用，预留好与其他交通方式站场的通道接口。

（2）城际铁路站布局：兰州—张掖城际铁路按照铁路设计的站位设置，出入口设计应与综合客运枢纽设计结合，减少换乘步行距离，尽量使乘客不用出站即可实现城际铁路与其他交通方式之间的换乘。

（3）公路客运站场布局：根据本书倡导的设计理念，采用“线路固定，车道边换乘，枢纽外蓄车”的管理模式，不建议建设实体的公路长途客运站，而是将公路客运场站设计为站台流水发车形式，既可以节省枢纽场站空间，又可以与其他交通方式的紧密衔接，减少换乘距离。

（4）常规公交布局：采用定点、定线、定时的公交快巴模式，尽量利用车道边停靠或港湾式停靠模式组织，即停即走，采取公交快巴上落点与蓄车场分离的布设模式。

（5）出租车布局：应设置出租车下客区和候客区，下客区靠近进站口，候客区靠近出站口。

（6）停车场布局：设置在枢纽换乘功能区背部，一是减少对主要换乘客流的干扰，二是减少社会车辆与公路客运班车、城市公交车、出租车的相互干扰。

根据以上布局原则，中川国际机场综合客运枢纽的平面布局方案如下：

保持铁路站房现有设计方案不变，采用一体化布局方法，在航站楼与铁路站之间，利用地下空间，建设一个立体综合换乘中心，并通过地面一层南北两侧人行连廊延伸至铁路站后侧的立体停车楼，形成一体化的交通枢纽综合体。另外一方面，基于人车分层的总体思路，地下一层作为主要车行空间，地面一层作为主要人行空间，各交通设施在结构上保持相对独立性，功能上通过地下空间及地面廊道进行衔接，航空、铁路客流均可通过设置在交通枢纽综合体内部的综合换乘大厅前往各交通方式功能区，如图6和图7所示。

图6　总平面布置图(地面一层)

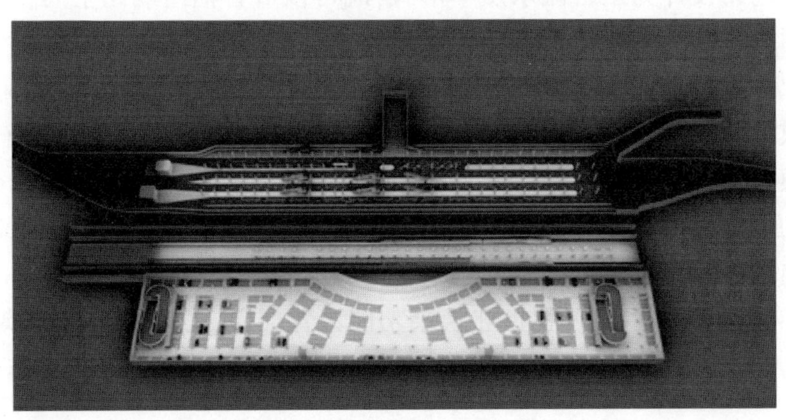

图7　总平面布置图(地下一层)

综合换乘大楼布设在铁路站东侧、机场航站楼西侧,公路长途、城市公交、机场大巴、出租车站台(或上落客区)均设置在枢纽综合体的地下一层,通过楼扶梯与地面一层的综合换乘大厅相连。社会车辆停车场设置在铁路站房后方两侧,并通过商业连廊系统与综合换乘大厅相联系,构成一体化的枢纽综合体。换乘民航的出租车/机场大巴旅客落客区设置在机场航站楼出发层车道边以及综合换乘大楼地下一层车道边,出租车/机场大巴上客区统一布设在综合换乘大楼地下一层车道边,便于旅客就近上下。出租车蓄车场及机场大巴停车场分别布置在航站楼与铁路站的南侧,如图8所示。

图8　总平面功能布局示意图

3. 衔接设计

基于一体化的衔接思路，在航站楼与铁路站之间，利用地下空间，建设一个立体综合换乘中心，并通过地面一层南北两侧人行连廊延伸至铁路站后侧的立体停车楼，形成一体化的交通枢纽综合体，各种交通方式之间均通过立体综合换乘中心进行换乘（图9）。衔接设计的总体原则是实现人车分离、互不干扰、高效通行：旅客在各交通建筑体（机场航站楼、长途客运站、城际铁路车站、停车场）之间完全可通过相应立体通道步行，与机动车道均无平面交叉。

图9　中川机场综合交通枢纽建筑剖面图

1）民航旅客换乘流线

实行进出分流原则，民航到达旅客主要通过交通枢纽综合体换乘至铁路、公路、社会车辆等；铁路、公路旅客主要通过地面一层的综合换乘中心换乘至民航,如图 10 所示。

图 10　民航旅客换乘铁路/公路/社会停车流线

(1)民航换乘铁路:民航旅客出站后通过航站楼地面一层进入一体化的交通枢纽综合体,通过综合换乘中心直接进入铁路站房换乘。

(2)民航换乘公路:民航旅客出站后通过航站楼地面一层进入一体化的交通枢纽综合体,在综合换乘中心公路长途客运柜台进行购票、候车后,可直接下至地下一层专用站台换乘公路长途车。

(3)民航换乘社会车辆:民航旅客出站后通过航站楼地面一层进入一体化的交通枢纽综合体,之后到达两边廊桥系统,之后可通过廊桥系统进入立体停车库换乘社会车辆。

2)铁路旅客换乘流线(图 11)

(1)铁路换乘民航:铁路旅客出站后沿地面一层的综合换乘中心,直接步行至航站楼地面一层换乘民航。

(2)铁路换乘公路/出租车:铁路旅客出站后沿地面一层的综合换乘中心,进入综合换乘大楼内部换乘,通过楼扶梯进行长途客运地下一层站台换乘公路长途/出租车。

(3)铁路换乘社会车辆:铁路旅客出站后通过进入一体化的交通枢纽综合体,之后可通过两侧的廊桥系统进入立体停车库换乘社会车辆。

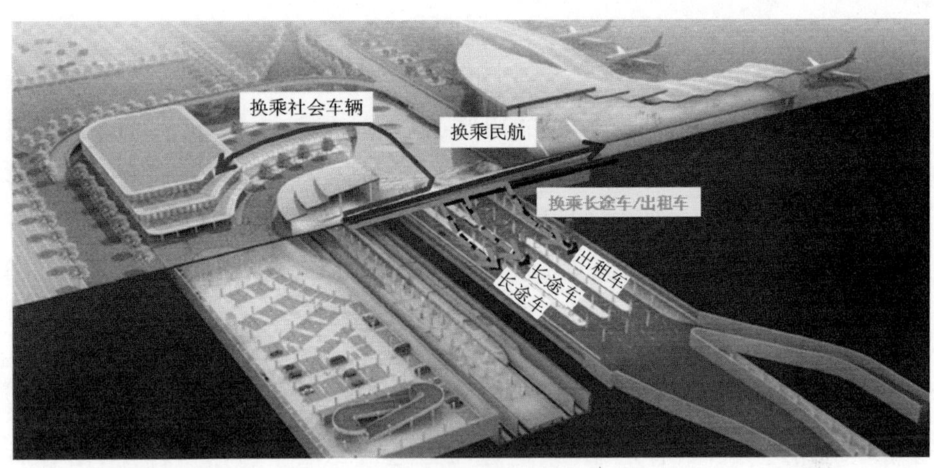

图11　铁路旅客换乘流线

3)公路或城市公交旅客换乘流线

公路或城市公交换乘民航/铁路:公路长途旅客或城市公交旅客在地下一层落客后,沿楼扶梯进入地面一层的枢纽换乘大厅,之后可直接步行到达航站楼出发层换乘民航,或直接步行至铁路站房换乘铁路(图12)。

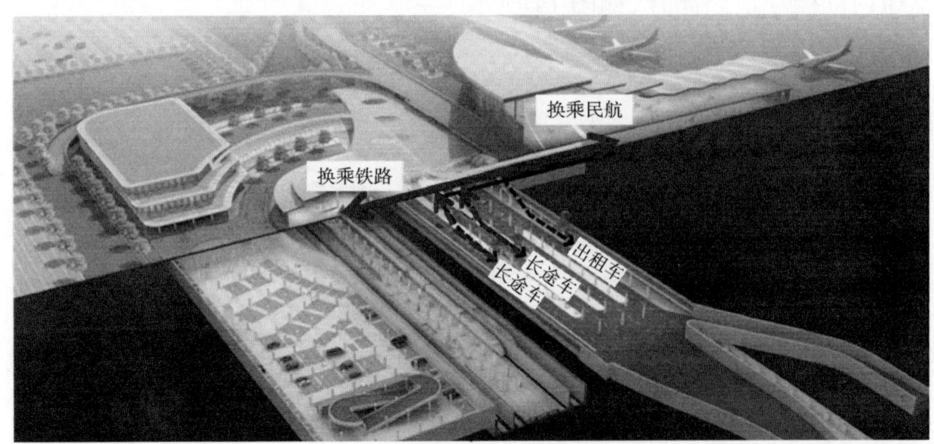

图12　公路/城市公交旅客换乘流线

通过衔接设计的优化,实现了各种运输方式之间无缝衔接。

六、交通组织

本节重点对中川机场综合客运枢纽内部各类机动车交通组织进行设计

分析。

机动车交通组织重点考虑了中川机场地区交通空间狭长、流线多样化的特点，提出了“功能融合、流线顺畅”的原则，以航站楼与铁路站之间的下穿道路系统及铁路站西面的交通通道为主要通道，依托这两条基本平行的道路，形成闭合的环状道路系统，按照定向循环的原则组织对外交通集疏运；枢纽内各交通方式均按照各自独立形成的小区通道进行交通组织，小区内按照顺行方向进行交通流线设计，避免不同交通方式之间的交织与干扰，各交通方式交通流线如下：

(1)长途车/公交车流线：长途车与公交车采用同一交通组织流线，由南侧通过市政道路进入各自客运站场，通过匝道进入二层平台落客停车，落客后下至一层出发层，上客后由西侧驶出站场进入市政路离开，如图13所示。

(2)社会车辆：社会车辆从其专用道路进入综合客运枢纽，乘客下车后通过楼扶梯进入地面换乘大厅，步行至航站楼或铁路站等进行换乘，离开时从西侧道路离开；或由南侧直接上至航站楼出发层高架落客，落客后通过下引桥进入枢纽内部循环道路离开，如图14所示。

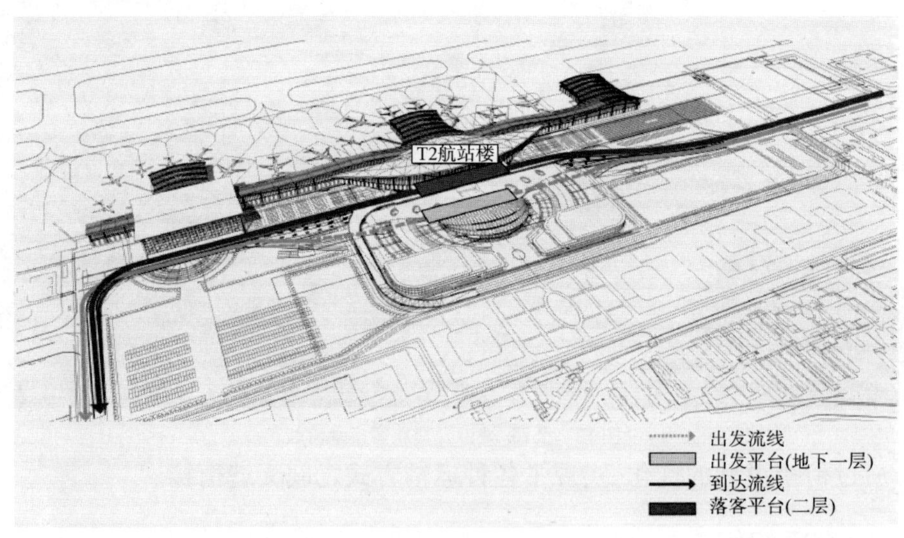

图13　长途车/公交车交通流线

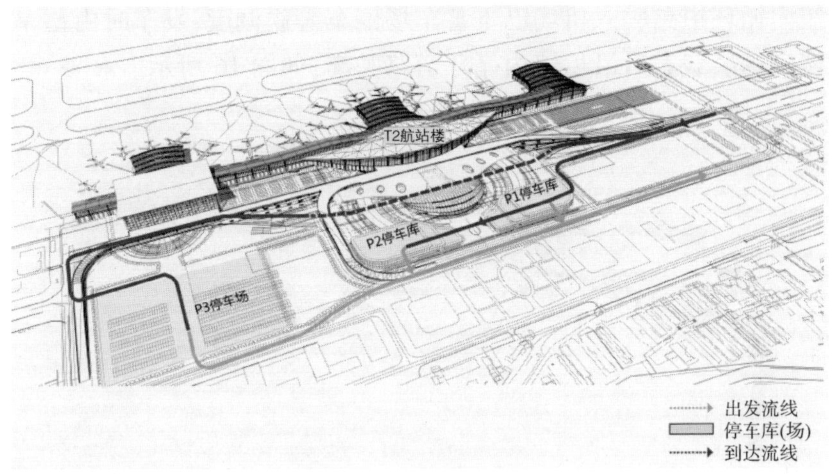

图 14　社会车辆交通流线

(3)出租车:出租车车辆由南侧上至航站楼出发层高架或地下一层出租车落客区落客,落客后车辆通过枢纽内循环道路驶入出租车停蓄车场排队等候调度,后可驶入地下一层出租车出发车道边排队等候载客离开;或出租车空车直接进入地下一层出租车出发车道边排队等候载客离开,如图 15 所示。

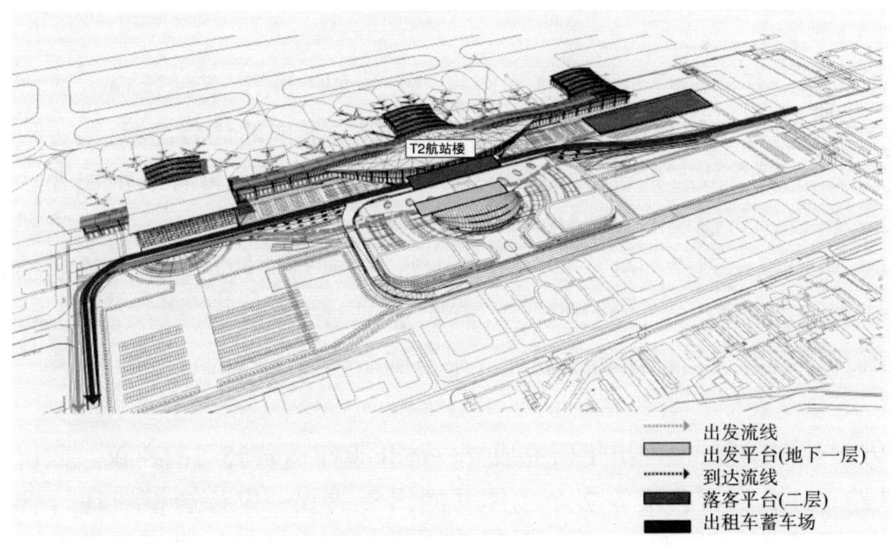

图 15　出租车交通流线

(4)机场巴士:机场巴士由南侧上至航站楼出发层高架落客,落客后车辆通过枢纽内循环道路驶入机场巴士蓄车场停车等候调度;发车时由蓄车场出发至航站楼到达层载客后沿枢纽内循环道路驶离,如图 16 所示。

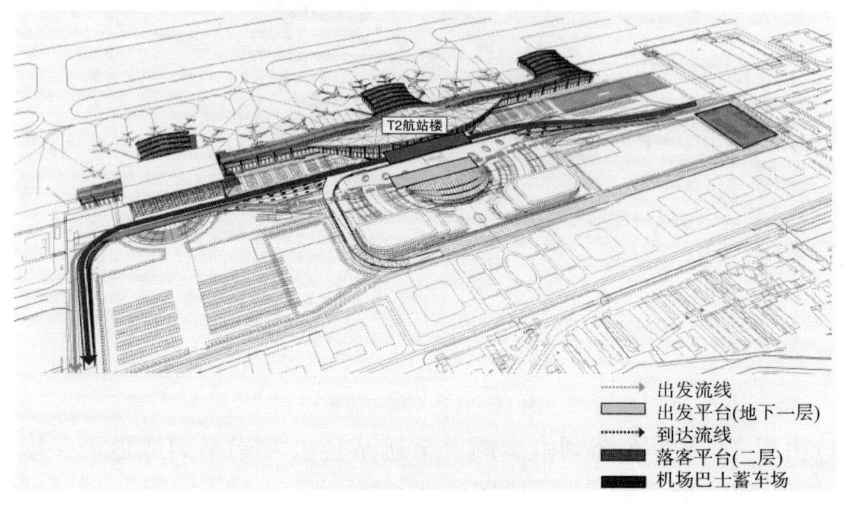

图 16　机场巴士交通流线

七、建设运营模式

1. 建设模式

枢纽建设开发同时面临政府与市场、多个政府部门、多种运输方式之间的协调关系。借鉴我国在综合客运枢纽建设实践中形成的优秀经验,通过建立统一行政决策平台,或者促进形成统一投资主体两大措施,可有效推动综合客运枢纽开发、设计与建设的顺畅协调。为此,项目实施期间,成立了甘肃省民航机场集团,由机场集团作为独立唯一投资主体,负责对除铁路客站之外的综合客运枢纽部分进行统一开发、建设,从而实现了“统一规划、统一设计、同步实施”,确保了综合客运枢纽衔接设计效果与施工建设工作的有效推进。

2. 运营模式

方案规划阶段,也提出了研究成立一体化枢纽运营公司的建议。建议由民航、铁路、公路、城市公交等多个主体共同出资成立一家综合枢纽运行管理公司,总体负责中川机场综合交通枢纽项目的后期运营管理与后续综合开发工作,以进一步提升综合客运枢纽内各种交通运输方式的协同运行与管理,提升枢纽服务水平。

案例三　长沙汽车南站综合客运枢纽概念性方案设计

一、项目背景

2010 年,随着长沙市城市总体规划修编、长沙地铁及长株潭城际开工建设,长沙市政府决定在现长沙汽车南站原址进行整体改扩建,构建集公路客运、城际铁路(也称城际轨道)、地铁、常规公交、出租车等多种交通方式于一体的公路主导型综合客运枢纽,作为全市对外客运的南大门,为城市综合实力发展提供有力支持和保障。

如何从实际出发,近、远结合地解决好汽车南站、长株潭城际铁路、公交枢纽、地铁站等各类交通运输方式一体化衔接设计,确保未来该枢纽地区内外人流、车流的高效运行,建设好无缝衔接的综合客运枢纽显得十分迫切。交通运输部规划研究院与 GHD 建筑设计公司联合体参与了该项目的概念设计国际招标方案。

因此,长沙汽车南站综合客运枢纽概念性方案设计的基础背景条件为:

(1)综合客运枢纽在长沙汽车南站原址进行整体改扩建,不存在选址优化问题。

(2)现状具备公路、公交、出租车等,未来将具备公路、城际铁路、地铁、公交、出租车等方式,对外交通、城市交通客流及换乘关系将在枢纽内发生变化,方案设计中需重新预测对外交通和城市交通换乘客流,作为确定综合客运枢纽建设规模、平面布置方案及交通组织的基础和依据。

(3)综合客运枢纽平面布局需要考虑城际铁路站及地铁站衔接,尽量实现一体化、室内换乘。

(4)长沙汽车南站位于城区,现状车辆相互干扰严重,未来形成综合客运枢纽后,对周边道路交通压力继续增大,需要对枢纽内外交通组织和内部交通组织进行优化。

二、功能定位

长沙汽车南站综合客运枢纽是长沙市对外交通和市内交通多种方式聚集的综合枢纽。依据对枢纽所处区域、城市及周边区位与相关规划分析，确定其总体定位如下：

1. 长株潭区域综合交通运输体系的重要节点

长沙汽车南站综合客运枢纽位于长株潭城市群的中心位置，将高效连接全省及邻近省市各条高速公路运输与京珠高速运输，使高速公路运输方式得到充分发挥；同时，通过长株潭城际铁路建设，三市区域间交往更为紧密频繁，枢纽成为长沙对外综合交通运输体系的重要节点。长沙汽车南站目前日均发送客流达2万多人次，与客运西站（当前已经改造为湘西新区综合交通枢纽）组成了长沙市区客流量最大的两个客运枢纽。随着长株潭城际铁路的建设、城市地铁车站的融入，长沙汽车南站综合客运枢纽具备打造成长株潭地区乃至国家中原地区重要的综合交通枢纽的实力，承担区域客流转换的重要作用，如图1所示。

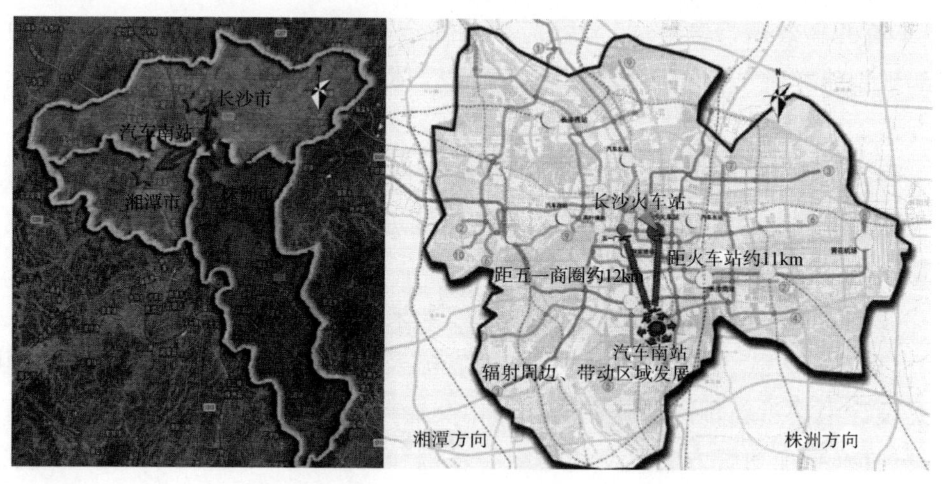

图1 长沙汽车南站综合客运枢纽区位功能示意图

2. 长沙地区多模式交通体系构建主体

长沙汽车南站综合客运枢纽是包括公路、城际铁路、地铁、公交、出租车、社会车辆等多种交通方式的集结地，不仅是城市多模式复合交通体系的构建主体，其体系构建的科学性、合理性（如多模式间的换乘衔接等）更可以体现以人为本、方便市民出行的宗旨，而且还将带动区域多模式综合交通运输体系的形成。汽车南站综合客运枢纽一方面通过公路、城际铁路组织了长沙与株洲、湘潭等多地的客流运输，加强了长株潭城市群内城市间的密切联系；另一方面对于市内交通，通过公交、地铁等多种城市交通运输方式，快速集散交通客流，体现各种交通方式有机的接驳与转运功能，并适应不同层次客运的需要，如图2所示。

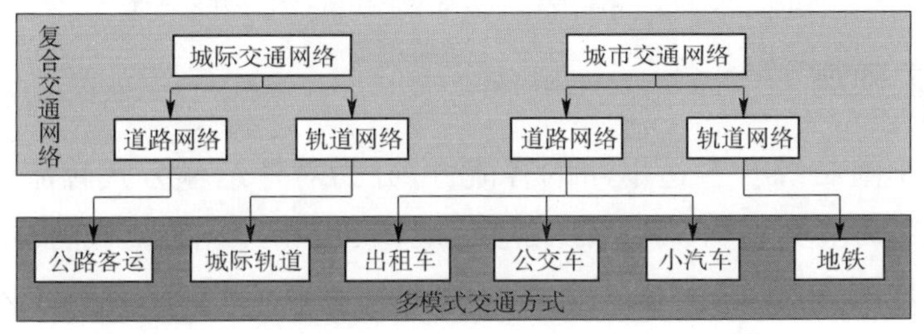

图2　长沙汽车南站综合客运枢纽多模式交通体系构建主体

3. 探索城市交通用地综合开发的样板工程

综合客运枢纽带来大量客流。依托综合客运枢纽进行用地综合开发反哺客运枢纽运营，已成为国内外推进站场一体化发展的主要模式。将多种城市功能（包括交通、商业、办公、居住功能等）与客运枢纽的设计、建设与开发相结合，充分利用客运枢纽所聚集的大量人流，所提供的交通可达性，以及由此创造的公共活动与区位经济优势，来推动城市开发与旧城更新，实现城市的可持续发展。

长沙汽车南站综合客运枢纽的发展应结合SID（Station Integrated Development）的思想进行相应周边的用地开发，并以南站为核心，在城际铁路及地铁沿线推广TOD（Transit Oriented Development）的发展模式。从图3可以看出，汽车南站位于较为密集的深色地块（代表商业，最高地块容积率达6.5）中心，体现出以南站为核心的枢纽综合开发思想，将多种城市功能（包括交通、商业、办公、居住功能等）与客运枢纽的设计、建设与开发相结合，以交通带动周边经济的模式，将会成为长沙南部雨花区乃至长株潭城市群区域的发展典范。

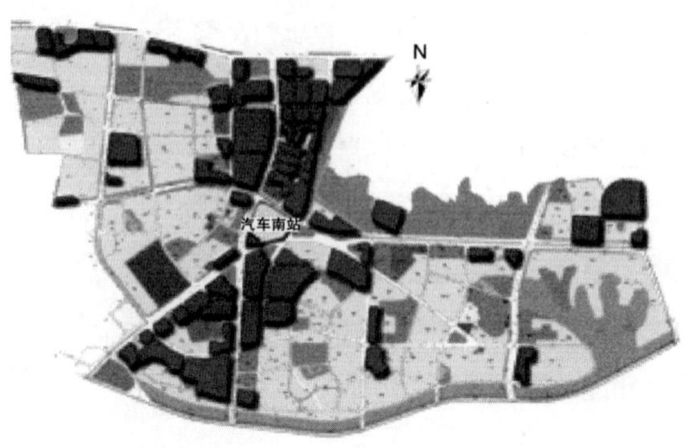

图3 长沙汽车南站枢纽周边规划商业用地开发分布情况

三、需求预测

长沙汽车南站综合客运枢纽的客流，可分为对外运输方式客流(公路客运、城际铁路)及城市交通方式客流(公交、地铁、出租车、社会车辆、慢行交通)。根据换乘量预测方法，确定对外交通及城市交通客运需求，为枢纽内各类交通设施的规模确定提供依据。

1.公路客运量分析

根据长沙市的国民经济指标及运输量的历史资料，以定量计算与定性分析结合的方法，预测运输量发展的总水平。2009年长沙市对外运输方式完成客运总量15790万人次，1995年以来年均增长率为3%，如表1所示。

长沙对外运输方式客运量发展情况(万人次)　　表1

年份	铁路	公路	水运	航空	合计
1995	785	8021	44	43	8893
2000	981	7825	43	102	8951
2001	1070	7242	44	111	8467
2002	984	8743	45	130	9902
2003	942	9351	17	150	10460
2004	1187	10003	9	190	11389
2005	1218	9228	7	221	10674
2006	1243	10022	3	298	11566
2007	1305	9934	0	340	11579

续上表

年　份	铁　路	公　路	水　运	航　空	合　计
2008	1442	11333	0	357	13132
2009	1479	13369	0	942	15790
1995—2009	7%	6%	—	44%	6%

长沙汽车南站位于长沙城市东南端,主要为长沙以南的公路客流服务,如表2所示。

长沙汽车南站公路客运站在建成初年即将开行的班线　　表2

班线类别	班　次	座位数
省级班线	35	1575
市级班线	380	14060
短途班线	472	8968
总计	887	24603

根据预测开行班线按座位数80%计算作为汽车南站公路客流计算依据,2011年旅客平均日均发送量 $W = 24603 \times 80\% = 19682$ 人次/天;按每年6%的速度增长,2015年旅客平均日均发送量为24849人次/天,考虑到2015年城际铁路建成对公路客运的分担影响因素,公路客运年增长率将以4%的速度增长,预测到2020年旅客平均日均发送量30232人次/天;2030年旅客发送量达到44751人次/天,如表3所示。

汽车南站公路客运量预测值　　表3

年　份	2015年	2020年	2030年
汽车南站公路客运量(人次/天)	24849	30232	44751

2. 城际铁路客运量分析

长株潭城际铁路将于2015年左右建成开通,汽车南站是该城际铁路线路上重要的交通枢纽站。根据《长株潭城际铁路可行性研究》,长株潭城际铁路客流预测是通过现状土地使用,建立客运出行发生、吸引回归模型,采用"四阶段"交通需求预测方法,得出近、远期客流规模,如表4所示。

城际铁路客流预测主要指标　表4

年度	全日客运量（万人次/天）	高峰小时客运量（万人次/h）	全日客运周转量（万人 km/天）	全日平均乘距（km）	全日最高断面（人次/天）	高峰小时最高断面（人次/h）
2020	37.8	4.2	888.3	23.5	95255	10478
2030	54.2	5.4	1555.5	28.7	135882	13678

根据《长株潭城际铁路可行性研究》，长株潭城际铁路客运总量近期为37.8万人次/天，远期为54.2万人次/天，客运总量呈逐年增长趋势。随着远期长株潭城市群所有城际铁路网的建成，全线承担的客运量加快增长，近期至远期年均增长率为3.67%。圭塘至汽车南站段的客流量为10478人/高峰小时，近、远期高峰小时断面流量呈现向心的特征。长株潭城际铁路全线设长沙西、捞刀河、开福、长沙火车站、树木岭、圭塘、汽车南站、理工大学、暮云、白马垄、株洲北站、白石港站、株洲站、七斗冲、荷塘、湘潭火车站16个车站。根据各站年平均旅客发送量（2020年953万人次，2030年1228万人次，最高聚集人数500人次），预测长沙汽车南站综合客运枢纽内的城际铁路站2020年日平均客流为26110人次，2030年日平均客流为33643人次。按工可报告中的近远期增长率3.67%推算，2015年城际铁路旅客发送量约为19100人次/天。

3. 对外运输方式集疏运结构分析

根据《长沙市城市综合交通体系规划（2010—2030）》，长沙汽车南站综合客运枢纽片区近、中、远期的各种交通方式分担比如表5所示。

长沙汽车南站综合客运枢纽集疏运方式分担比　表5

预测年	2015年				
交通方式	轨道交通	常规公共交通	小汽车	慢行交通	出租车
分担比（%）	10	20	30	37	3
预测年	2020年				
交通方式	轨道交通	常规公共交通	小汽车	慢行交通	出租车
分担比（%）	15	25	20	35	5
预测年	2030年				
交通方式	轨道交通	常规公共交通	小汽车	慢行交通	出租车
分担比（%）	25	25	15	30	5

4. 城市交通及换乘量分析

根据上述分析预测,长沙汽车南站综合客运枢纽对外总的旅客日发送量(包括公路客运和城际铁路客运量)在 2015 年、2020 年、2030 年分别为 43949 人次、56342 人次、78349 人次。按高峰小时系数 0.12 计算推算高峰小时客流量如表 6 所示。

各年高峰小时对外运输方式客流量 表 6

预 测 年	2015 年	2020 年	2030 年
高峰小时客流量(人次/h)	5273	6761	9407

根据长沙汽车南站综合客运枢纽近、中、远期客流分担情况,得到各城市交通方式的客流量如表 7 所示。

各预测年城市交通方式客流量(人次/h) 表 7

交通方式	慢行交通	公 交	小 汽 车	出 租 车	轨 道
2015 年	1846	1055	1582	158	633
2020 年	2366	1690	1352	338	1014
2030 年	2822	2352	1411	470	2352

根据上文对枢纽总客流预测及各交通方式分担情况,确定长沙汽车南站综合客运枢纽客流分方式集散规模(表 8),为确定南站枢纽各类交通设施规模提供依据。

长沙南站综合客运枢纽客运量集散情况表(人次/h) 表 8

预测年	高峰小时	公路客运量	轨道交通（城际铁路与地铁）	常规公交	小汽车	出租车	合计
2015	发出量	2584	370	4933	1931	378	10196
	到达量	2197	315	4249	1642	288	8691
	集散量	4781	685	8823	3573	614	18476
2020	发出量	3628	3133	5541	1518	599	14419
	到达量	4019	2757	4697	1174	592	13239
	集散量	7647	5890	10238	2692	1191	27658
2030	发出量	5370	4037	6927	1363	693	18390
	到达量	5826	3553	5269	1054	627	16329
	集散量	11196	7590	12196	2417	1320	34719

根据2030年高峰小时各种交通方式的出发量和到达量，运用重力模型，利用交通规划软件TransCAD，得出规划年该交通枢纽高峰小时的换乘量矩阵如表9所示。

2030年高峰小时各种交通方式的换乘量(人次/h) 表9

交通方式	公路	轨道交通(城际铁路与地铁)	常规公交	出租车	小汽车	合计
公路	58	873	3400	370	740	5441
轨道交通(城际铁路与地铁)	826	700	2100	220	620	4466
常规公交	2600	2100	700	120	0	5520
出租车	458	288	19	0	0	765
小汽车	814	443	16	0	0	1273
合计	4756	4404	6235	710	1360	17465

四、建设规模

1.公路客运

以2020年为预测目标年，并以2030年的预测值作为南站枢纽公路客运需求的控制规模，如表10所示。

汽车南站公路客运发送量预测 表10

年限	公路客运发送量(人次/天)	年均增长率(%)	高峰小时发送量(人次/h)	高峰小时发送系数(%)	高峰小时发送班次(班次/h)	高峰小时车均载客量(人/车)
2015年	24849	6	2584	10.4	129	20
2020年	30232	4	3628	12	145	25
2030年	44751	4	5370	12	215	25

注：考虑远期公路客运将以大客车为主，车均载客人数将增长，因此取25人/车计算。

汽车南站为公路客运一级站，根据《汽车客运站级别划分和建设要求》(JT/T 200—2004)、《交通客运站建筑设计规范》(JGJ/T 60—2012)中等级划分的规定，年均日旅客发送量1万~2.5万人次的一级站一般设20~24个发车位，停车场的最大容量按同期发车量的8倍计算：

2020年，日发送客运量约3.0万人次，按照规范要求需发车位30个，停车位240个；2030年，日发送客运量约4.5万人次，按照规范要求需发车位48个，停车位384个。

2. 公交

目前，常规公交高峰小时发送旅客量约2500人次/h，预测在2020年高峰小时发送旅客量5541人次/h，取高峰小时平均发车间隔5min，车均载客人数25人/车，需要的发车线路为：

$$5541/25/(60/5)=19\text{ 条/h}$$

2030年，高峰小时发送旅客量6927人次，发车线路为23条/h。

目前，南站公交配车量258台，根据运力和客运量成正比原理，汽车南站近期（2020年）配车数量需346台（415标台），远期（2030年）需498台（597标台）。

3. 出租车

2020年出租车的高峰小时集散客流量约599人次/h，以1.5人/车计算，可得出租车车道边通行能力需求为：

$$\text{车道边通行能力需求}=\text{高峰小时发送量}/1.5=343\text{ 辆/h}$$

2030年出租车的高峰小时发送客流量为693人次/h，可得车道边通行能力需求为462辆/h。

4. 社会车辆

由于南站客流规模增加及用地综合开发，社会停车泊位的规模要满足客运及综合开发的停车泊位量；用地综合开发需要的停车泊位数以《长沙市建筑工程配建停车库（场）规划设置规则》（长政办发〔2005〕3号）进行测算。

根据方式划分中，小汽车比例2020年高于2030年，因此，社会停车场规模以2020年为依据。2020年按照小汽车日发出8434人、到达6524人、小汽车集散比例为12%、周转率为2.5、车均载2人进行测算，需要停车位150～200个。

按照《长沙市建筑工程配建停车库（场）规划设置规则》，测算需600～800个停车泊位。综合两部分需求量，汽车南站枢纽共需要750～1000个公共停车泊位。综上所述，远期南站枢纽交通设施规模需求汇总如表11所示。

南站枢纽交通设施规模需求汇总表　　表 11

年　限	公路客运		常规公交(含 BRT)	出　租　车	社会停车场
	发车位(个)	停车位(个)	线路位数(条)	车道边通行能力(辆)	泊位数(个)
2020 年	30	240	19	343	700
2030 年(控制规模)	48	384	23	462	1000

注:1. 社会停车场需根据用地性质及开发强度确定其配建停车泊位数量。

2. 出租车的需求规模为上下客的车道边通行能力。

3. 考虑远期 2030 年南站枢纽的发展控制规模,总体规划方案应适当预留集散交通设施的发展余地。

由上述分析,现状汽车南站场地难以满足远期需求,因此建议规划建设立体交通设施,例如客运站场立体开发、停车库立体开发等,以实现土地的节约集约与资源的优化配置。

五、设计原则

依据长沙汽车南站综合客运枢纽所处区域位置与项目功能定位,提出了六大设计原则。

安全:人车分流,减少交织,保证行人缓冲空间。

便捷:提供舒适换乘体系、缩短换乘距离。

高效:强化建筑导向,实现"所见即所达"。

绿色:注重可持续性设计,满足环境友好、资源节约。

文化:建筑形态与交通功能、地域文化契合,体现地标性。

可行:在城际铁路控制线范围内无上盖设计,保障同时施工,互不影响。

六、功能布局

基于项目背景中的限定条件、项目的设计原则与换乘需求分析结果,依据"功能空间关联度"的分析方法,对枢纽总体功能布局做出以下安排。

(1)尊重城际铁路站场设计已经完成,站址和内部功能不做调整,布设在最右侧。

(2)考虑公交与长途、与轨道的换乘量均为最大,应居中相邻布设,便于换乘。

(3)考虑长途客车的进出顺畅,将长途客运主站房布设在靠近城市外围的左侧区域。

(4)从集约利用空间角度考虑,将静态停车功能立体设置。

(5)考虑交通与商业功能关系,在主站房内仅提供适量配套便利性商业,在辅地块设置集中商业,以做到交通人流和商业人流的适度分离,同时为便于主、辅地块间的交流,设置下沉广场和地下通道进行衔接,并注重韶山路一侧临街景观,以美化城市形象。

按照以上功能空间布局思路,得到长沙汽车南站综合客运枢纽的总体布局方案。项目换乘关系及总体布局分别见图4所示。

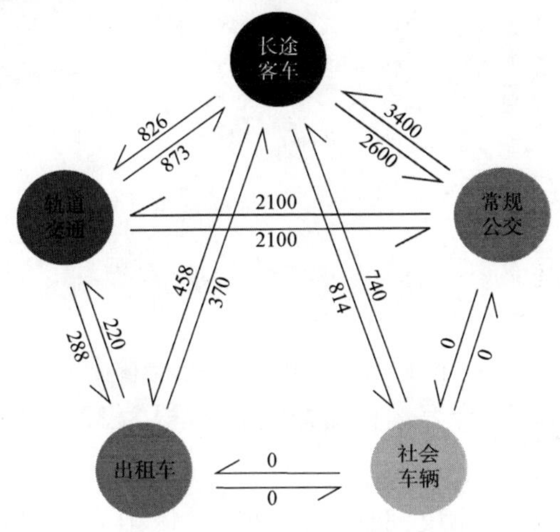

图4　长沙汽车南站综合客运枢纽换乘关系示意图

七、建筑方案

简要介绍长沙汽车南站综合客运枢纽建筑方案,如下:

长沙汽车南站综合客运枢纽用地位于韶山路东侧,被时代阳光大道分为南北地块,用地面积130000m²(合194.9亩)。规划设计为多层及高层建筑群,其中南地块包括主站房和地下车库、客运停车楼和公交停车场、高层酒店和商业群房,北地块为高层办公和商业裙房,及公交停车楼。其中3层主站房沿韶山路成流线型布置,站房北端为5层商业裙房及17层酒店,站房南侧为4层客运停车楼;26层办公楼及5层商业群房位于韶山路以东、时代阳光大道以北,办公楼南侧为5层公交停车楼。

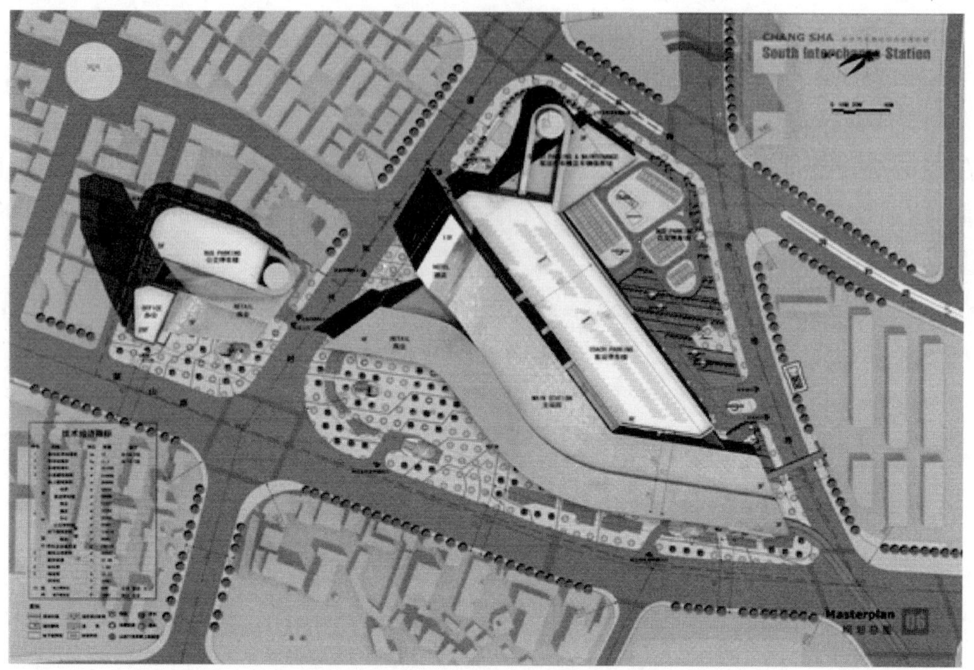

图5　长沙汽车南站综合客运枢纽总体布局图

(1)长沙汽车南站综合客运枢纽总建筑面积为321005m²,其中地上建筑面积面积为206895m²。

(2)主站房位于南侧地块,韶山路以东,时代阳光大道以南,沿韶山路成流线型布置。总建筑面积为38934m²,共3层,层高均为5.5m,共享大厅五层通高,不但利于自然采光,也使建筑空间更加流畅。一层为主门厅及售票大厅,设有两层沿街商业,内设换乘大厅;二层为公交换乘平台,办公,部分商业;客运候车厅及发车区设于三层,旅客到站也在此层,出发旅客可利用多部自动扶梯直达三层客运候车厅,到达旅客可利用多部自动扶梯直达负一层的士站及负三层城际铁路站,亦可通过二层公交换乘平台到达站房南侧公交站。主站房及商业地下设二层地下室,平时为车库,内设的士站及社会车辆停放;采取平战转换的形式,临战在地下二层设防空地下室甲6级二类人员掩蔽部,人防建筑面积约40000m²。

(3)客运停车楼位于主站房东南侧,建筑面积54088m²,共4层,底层架空用于公交发车、停车及保养;客运保养场设于二层,上下出入口独立设置;三层设有通道连接落客与发车区，其他层客运车可通过外挂车道抵达三层进入发车区；四层及屋顶均为客运停车。

(4)公交停车楼位于办公楼东侧，总建筑面积为25461m²，共5层，上下出入口也是独立设置。

(5)酒店位于主站房东北侧，有利于独立经营，建筑面积16700m²，共17层。一至四层为商业群楼，其中二层商业与主站楼连接，形成完整商业层，不但方便满足乘客各种需求，也使整个建筑空间更加完整；五层以上为酒店。

办公楼位于北侧地块，建筑面积30265m²，共26层。一至五层为商业群楼，拥有多处独立出入口，有利于独立经营和人流的快速到达与疏散；五层以上为办公楼。

商业部分由酒店的4层裙房和办公的5层裙房共同组成。总建筑面积41447m²。依托将来巨大的人流量，定会将区域的商业价值发挥到最大，并与南站共同形成长株潭城市群的核心区域之一。枢纽各层平面图及剖面图如图6～图13所示。

图6　综合客运枢纽设计效果鸟瞰图

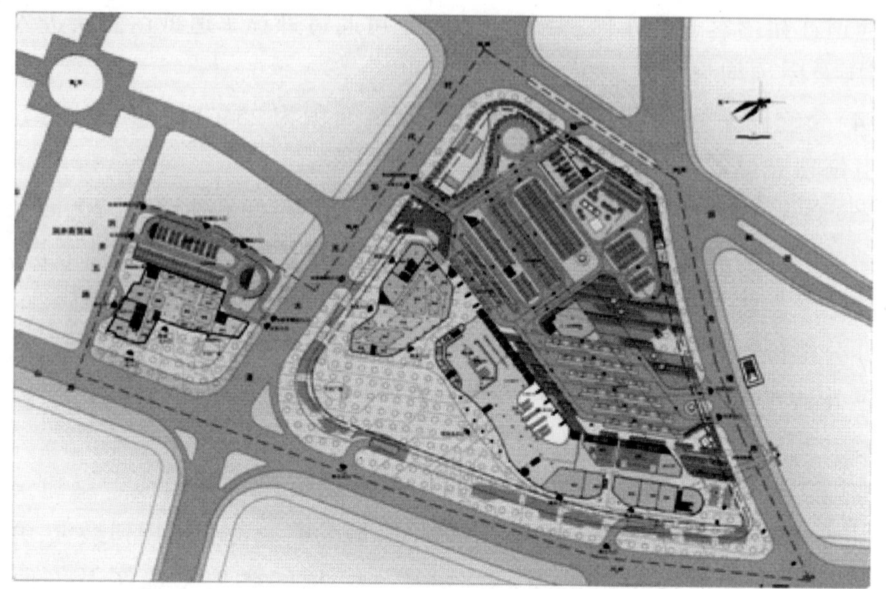

图7　枢纽地面一层平面图

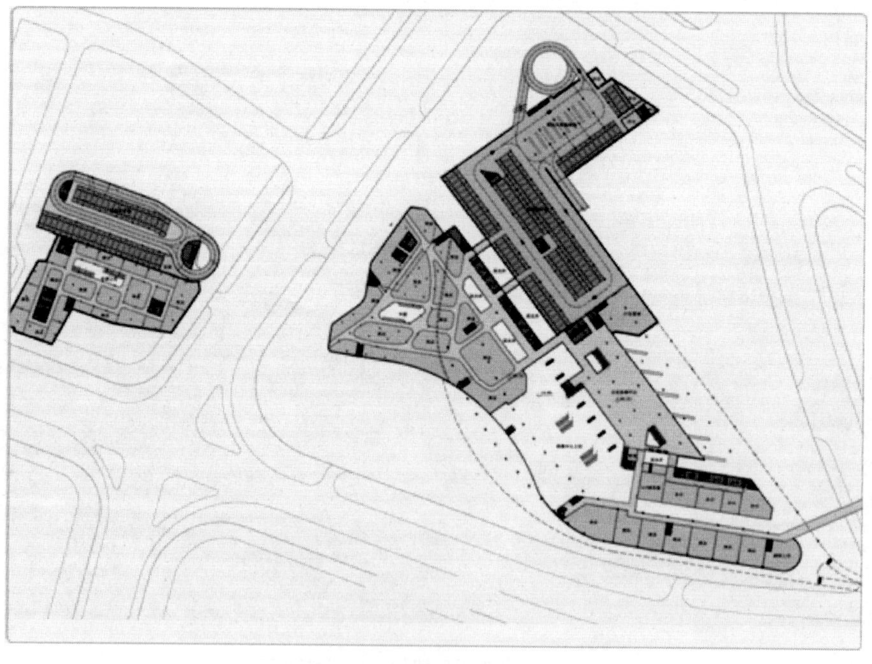

图8　枢纽地面二层平面图

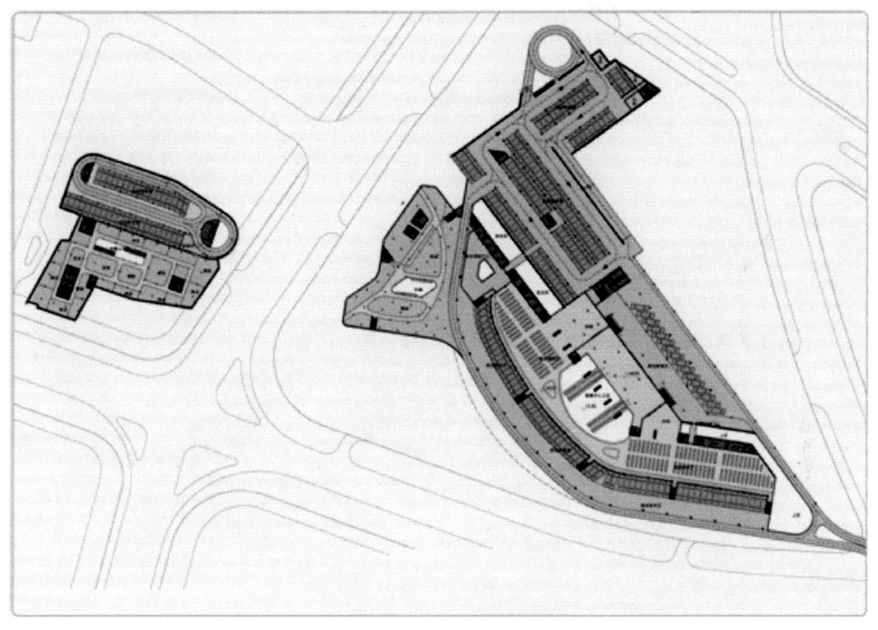

图 9　枢纽地面三层平面图

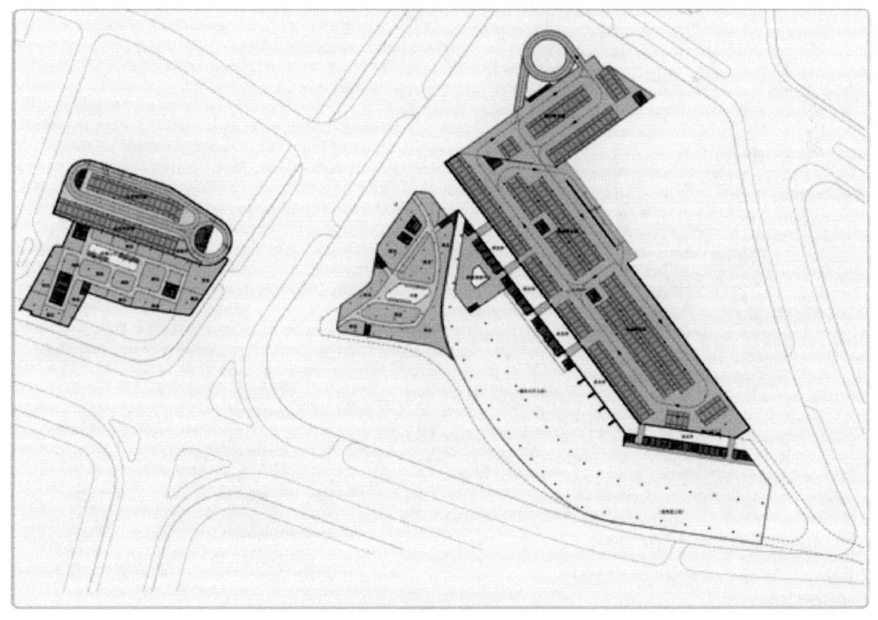

图 10　枢纽地面四层平面图

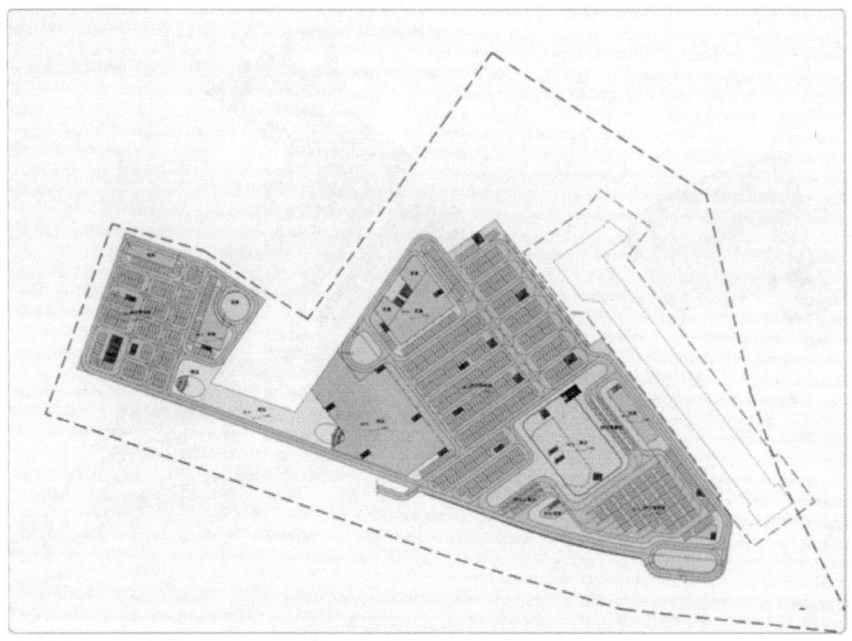

图 11　枢纽地下一层平面图

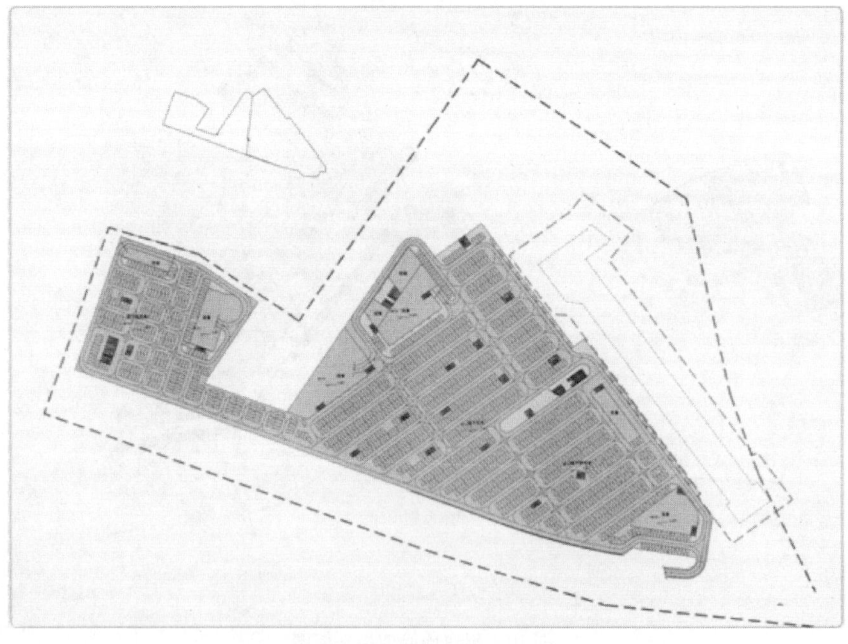

图 12　枢纽地下二层平面图

图 13　长沙汽车南站综合客运枢纽剖面图

参 考 文 献

[1] K·IO·斯卡洛夫. 城市交通枢纽的发展[M]. 北京:中国建筑工业出版社, 1982.

[2] H·B·普拉夫金. 枢纽内各种运输方式的协调[M]. 北京:中国铁道出版社,1988.

[3] 胡思继. 交通运输学[M]. 北京:人民交通出版社, 2011.

[4] 陈方红. 城市对外交通综合换乘枢纽布局规划与设计理论研究[D]. 成都:西南交通大学,2009.

[5] 罗仁坚. 交通运输枢纽相关概念的系统化和规范化[J]. 综合运输, 2012(11): 4-8.

[6] 中华人民共和国行业标准. JT/T 200—2004　汽车客运站级别划分和建设要求[S]. 北京:人民交通出版社,2004.

[7] 中华人民共和国国家标准. GB 50226—2007　铁路旅客车站建筑设计规范[S]. 北京:中国计划出版社,2012.

[8] 中华人民共和国行业标准. JGJ/T 60—2012　交通客运站建筑设计规范[S]. 北京:中国建筑工业出版社,2013.

[9] 中华人民共和国行业标准. 建标 105—2008　民用机场工程项目建设标准[S]. 北京:中国民航出版社,2008.

[10] 交通运输部规划研究院. 综合客运枢纽项目可行性指南[M]. 北京:人民交通出版社, 2012.

[11] 交通运输部规划研究院. 综合客运枢纽设计指南[M]. 北京:人民交通出版社, 2013.

[12] 综合客运枢纽布局规划研究[R]. 北京:交通运输部规划研究院, 2011.

[13] 交通运输部规划研究院. “十三五”期综合客运枢纽政策研究[R]. 2015.

[14] 交通运输部规划研究院, 澳大利亚 GHD 建筑设计有限公司. 长沙汽车南

站综合交通枢纽方案设计[R].2011.

[15] 交通运输部规划研究院.深(圳)(东)莞惠(州)区域综合客运枢纽规划研究[R]. 2012.

[16] 交通运输部规划研究院,同济大学建筑设计研究院.中川国际机场综合交通枢纽工程可行性研究[R]. 2014.

[17] 宣登殿. 综合客运枢纽系统规划方法研究[D] . 西安:长安大学, 2011.

[18] 漆凯, 张星臣. 我国综合客运枢纽等级分级方法的研究[J] . 交通运输系统工程与信息, 2011, 11(5):17-21.

[19] 贾洪飞, 宗芳, 乔路. 综合客运枢纽换乘量预测方法[J] . 系统工程, 2009(1):15-20.

[20] 过秀成, 马超, 杨洁,等. 高速铁路综合客运枢纽交通衔接设施配置指标研究[J] . 现代城市研究, 2010, 25(7):20-24.

[21] 鞠阳, 王晓君. 高铁枢纽建设对城市空间发展的影响机制研究[C] . 多元与包容——2012 中国城市规划年会论文集, 2012.

[22] South Yorkshire Passenger Transport Executive. PIRATE[R]. Brussels:THE EUROPEAN COMMISSION, 1999.

[23] A,vonKnobfoch.汉堡的综合交通换乘设施[J].城市轨道交通研究 ,1999(1): 36-39.

[24] Ian S. J. Dickins. Park and Ride Facilities on Light Rail Transit Systems[J]. Transportation,1991: 23-36.

[25] Chen, Shaokuan, Mao Baohua, Ding Yong, Du Peng. A route choice model on multimodal transport network[A]. Proceedings of the Conference on Traffic and Transportation Studies,ICTTS, v4, Traffic and Transportation Studies - Proceedings of the Fourth International Conference on Traffic and Transportation Studies[C], 2004: 411-419.

[26] Sascha Hoogendoorn-Lanser, Rob van Nes, and Serge P. Hoogendoorn. Modeling Transfers in Multimodal Trips: Explaining Correlations[J]. Transportation Research Record: Journal of the Transportation Research Board, No. 1985, Transportation Research Board of the National Academies, Washing-

ton, D. C., 2006: 144-153.

[27] J. De Cea, E. Femandez. Transit assignment for congested Public transport systems: an equilibrium model [J]. Transportation Seience. 1993, (27): 133-147.

[28] Bates E. q. A study of Passenger Transfer Facilities[C]. TRR, 1977.

[29] XiaJin. Transit accessibility, connectivity, and mode captivity: factors in mode choice models[D]. Milwaukee: The University of Wisconsin, 2004.

[30] Davis D G, B John. Level of service standards for platooning Pedestrians in transportation terminals[J]. ITE, 1987, 57(4): 31-35.

[31] Kitti. Cost-Based Space Estimation in Passenger Terminals[J]. Journal of Transportation Engineering, 2002, 128(2): 191-197.

[32] Hall, R. W. Vehicle scheduling at a transportation terminal with random delay-en route[J]. Transportation Scienee, 1985, 9(3): 308-320.

[33] Peter. Optimized Transfer Opportunities in Public transport[J]. Transportation Science, 1995, 29(1): 101-105.

[34] Lee, K. K. T. Optimal slack time for timed transfers at a transit terminal[J]. Journal advanced Transportation, 1991, 25(3): 281-308.

[35] J. K. Jolllffe, T. P. Hutehinson. A Behavioral Explanation of the Association Between Bus and Passenger Arrivals at a Bus Stop [J]. Transportation Seience, 1975, 9: 248-282.

[36] MeyerR. John. Kain F. Jobn. The Urban Transportation Problem[J], Cambridge(mass) Harvard Uinversity Press, 1965.

[37] 刘小丹. 综合客运枢纽内部换乘组织研究[D]. 成都: 西南交通大学, 2008.

[38] 发展改革委员会. 综合交通网中长期发展规划的通知[EB/OL], 2007.

[39] 中国民用航空局. 全国民用机场布局规划[EB/OL], 2008.

[40] 新华网. 中华人民共和国国民经济和社会发展第十二个五年规划纲要[EB/OL], 2011.

[41] 张复明. 区域性交通枢纽及腹地的城市化模式[J]. 地理研究, 2001

(1): 49-55.

[42] F. W. C. J. van de Vooren. Modelling transport in interaction with the economy[J]. Transportation Research Part E,2004,40(5):417-437.

[43] 中华人民共和国行业标准. JT/T 200—2004 汽车客运站级别划分和建设要求[S]. 北京:人民交通出版社,2004.

[44] 中华人民共和国国家标准. GB 50226—2007 铁路旅客车站建筑设计规范[S]. 北京:中国计划出版社,2012.

[45] 中华人民共和国国家标准. GB 50091—2006 铁路车站及枢纽设计规范[S]. 北京:中国标准出版社,2006.

[46] 中华人民共和国行业标准. 建标 105—2008 民用机场工程项目建设标准[S]. 北京:中国建筑工业出版社,2008.

[47] 中华人民共和国行业标准. MH-5023—2006 民用航空支线机场建设标准[S]. 北京:中国民用航空总局,2006.

[48] 中华人民共和国行业标准. JGJ 60—2012 港口客运站建筑设计规范[S]. 北京:中国建筑工业出版社,2013.

[49] 中华人民共和国行业标准. 建标 104—2008 城市轨道交通工程项目建设标准[S]. 北京:中国计划出版社,2008.

[50] 中华人民共和国国家标准. GB 50490—2009 城市轨道交通技术规范[S]. 北京:中国建筑工业出版社,2009.

[51] 中华人民共和国国家标准. GB 50157—2013 地铁设计规范[S]. 北京:中国建筑工业出版社,2014.

[52] 中华人民共和国行业标准. 建标 128—2010 城市公共停车场工程项目建设标准[S]. 北京:中国计划出版社,2010.

[53] Jodie Y. S. Le, William H. K. Lam. Level of Service for stairway in HongKong[J]. Journal of Transportation Engineering,2003(5):196-202.

[54] Serge P. Hoogendoorn. Assessing Passenger Comfort and Capacity Bottlenecks in Dutch Train Stations[J]. Transportation Research Board of the national Academies,2007(3):107-116

[55] Nicole Ronald, Leon Sterling, Michael Kirley. An agent-based approach to

modelling pedestrian behaviour[J]. I. J of simulation,2007,8(1):25-38.

[56] 上海虹桥综合交通枢纽工程建设指挥部. 虹桥综合交通枢纽工程建设和管理创新研究与实践[M]. 上海: 上海科学技术出版社, 2011.

[57] 唐热情, 李鹏林, 郝满炉,等. 长三角地区综合客运枢纽发展的经验与启示[J]. 重庆交通大学学报,2012,6(12):15-18.

[58] 吴念祖. 虹桥综合交通枢纽开发策划研究[M]. 上海:上海科学技术出版社, 2009.

[59] 於昊,何小洲,杨涛. 苏南城市群综合客运枢纽整体发展战略与规划研究[J]. 江苏城市规划,2010,(07):11-15.

[60] 杜恒. 铁路客运枢纽地区路网结构比较研究[J]. 城市交通,2010,(04):23-32.